ZEN ET OCCIDENT

« Spiritualités vivantes »

DU MÊME AUTEUR

AUX ÉDITIONS ALBIN MICHEL

Satori, dix ans d'expérience avec un Maître Zen, 2e édition, coll. « Spiritualités vivantes », 1984.
La Magie des plantes, 2e édition, coll. « Espaces libres », 1990.
Alexandra David-Neel, Aventure et spiritualité, 2e édition, coll. « Espaces libres », 1991.
L'Arbre et l'Eveil. Entretiens avec Jean Biès, coll. « L'Expérience intérieure », 1997.
Maître Dôgen, moine zen, philosophe et poète, coll. « Spiritualités vivantes », 1998.
Polir la lune et labourer les nuages. Œuvres de Maître Dôgen, coll. « Spiritualités vivantes », 1998.

CHEZ D'AUTRES ÉDITEURS

L'Ordre des choses, préface de G. Bachelard, 2e édition, Julliard, 1986.
Les Arbres de France. Histoire et légendes, 2e édition, Christian de Bartillat, 1990.
Mythologie des arbres, 2e édition, Petite Bibliothèque Payot, 1993.
Les Maîtres Zen, coll. « L'Aventure intérieure », Bayard Éditions, 1996.
Le Bouddha, coll. « Chemins d'Eternité », Pygmalion, 1997.
Orphée ou l'initiation mystique, en collaboration avec Simonne Jacquemard, coll. « L'Aventure intérieure », Bayard Éditions, 1998.
Les Maîtres spirituels, nouvelle édition, Larousse-Bordas, 1998.
Les Tours du monde des explorateurs. Les grands voyages maritimes, 1764-1843, préface de F. Braudel, nouvelle édition, Larousse-Bordas, 1998.

JACQUES BROSSE

ZEN ET OCCIDENT

Nouvelle édition

Albin Michel

Albin Michel
▪ *Spiritualités* ▪

Collections dirigées
par Jean Mouttapa et Marc de Smedt

22, rue Huyghens, 75014 Paris

ISBN 2-226-10729-0
ISSN 0755-1835

À l'impérissable mémoire du Maître des maîtres,
Houei-nêng,
sixième patriarche du tch'an.

AVANT-PROPOS

Depuis 1978, j'enseigne le Zen parce que, trois ans après mon ordination, mon Maître, Taisen Deshimaru Rôshi, me l'a demandé. Lui-même avait été envoyé du Japon par son Maître, Kodo Sawaki. En remontant de maître en maître le cours du temps, passant du Japon à la Chine et de la Chine à l'Inde du ve siècle av. J.-C., il en fut toujours ainsi, grâce à une lignée ininterrompue qui prend sa source dans le Bouddha Shakyamuni.

Maître Deshimaru était japonais, il apportait le Zen à des étrangers ; nous, les disciples, ses successeurs, sommes les premiers Occidentaux qui tentons de présenter le message originel à nos semblables, en notre langue, conformément à leurs besoins, à leurs aspirations.

Le présent livre est né de cette expérience, au cours de vingt années d'enseignement. À travers l'écoute des pratiquants, leurs questions et leurs commentaires, mais plus encore grâce à l'exposé de leurs problèmes personnels et de leur évolution en zazen, j'ai pu mesurer l'exacte portée qu'aurait l'introduction du Zen au sein de notre civilisation. Le bouddhisme pourrait y jouer le rôle thérapeutique qui fut le sien dès l'origine, en proposant à nos contemporains une philosophie pratique, fondée non plus sur des spéculations théoriques, mais sur la transformation intérieure qui résulte nécessairement de l'expérience personnelle de la méditation.

I. L'EXPÉRIENCE

Sesshin, de la concentration de l'Esprit

On n'entre véritablement dans le Zen qu'en participant à une sesshin. Au cours de ces journées entièrement consacrées à la pratique de la méditation, celle-ci s'approfondit et révèle ses effets. Aussi, la première sesshin constitue-t-elle pour le débutant une épreuve initiatique qu'il a parfois longtemps différée, avant de se résoudre à l'affronter.

Sesshin signifie « concentration de l'esprit », mais l'idéogramme chinois *sin* dessine l'image d'un cœur, car, si le cœur est le siège de la vie, il est aussi celui de la conscience la plus intime et l'esprit en question n'est plus l'esprit de l'individu, mais l'Esprit universel* qui transcende toute dualité. L'assise prolongée rassemble le corps, en fait sa propre statue consciente. À l'esprit libéré peut enfin se révéler son Être véritable, immuable et permanent, fondement de l'existant et sa réalité ultime. L'eau de la source de

* Étant donné l'ambiguïté et les diverses acceptions très différentes de ce terme, nous utiliserons la majuscule pour désigner l'Esprit universel.

vie, troublée par un mouvement incessant, enfin s'apaise ; épurée, clarifiée, elle laisse voir tout au fond son surgissement.

Dans les monastères japonais où zazen rythme la vie quotidienne, les sesshins, souvent très longues, sont des périodes de pratique intensive, régies par une discipline stricte. Le zazen occupe la presque totalité de la journée et même de la nuit, quelques heures seulement étant concédées au sommeil. En dehors des séances de méditation assise, la concentration et le recueillement de l'esprit dans le silence ne sont interrompus ni par les repas pris dans le *zendo* * ni par le *samu*, le travail collectif.

Calquée sur ces usages, mais adaptée aux possibilités des laïcs occidentaux, la sesshin, telle qu'elle fut instaurée en Europe par Maître Deshimaru, dure d'un week-end à plus d'une semaine. Chaque journée comporte en moyenne de cinq à huit heures de *shikantaza*, littéralement « être assis sans rien faire », état d'attention soutenue, totalement disponible, détachée de toute pensée qui pourrait se présenter, de tout contenu conceptuel.

« *Shikantaza,* dit Maître Dôgen, est le zazen que pratiquèrent tous les Bouddhas du passé. » Maître

---

* Salle exclusivement destinée au zazen, mot plus précis que dôjô : « lieu où l'on pratique la Voie », et qui peut donc être consacré à d'autres disciplines, tels les arts martiaux.

Précisons une fois pour toutes que les termes sanskrits, chinois et japonais, peu familiers aux lecteurs, sont définis et expliqués dans le Glossaire, p. 265.

Deshimaru ajoutait : « C'est la plus haute dimension de l'être humain. » Dans le *Fukanzazengi (Enseignement du zazen)*, Dôgen Zenji précise :

> « Vous devez en conséquence abandonner une pratique fondée sur la compréhension intellectuelle, courant après les mots et vous en tenant à la lettre. Vous devez apprendre le demi-tour qui dirige votre lumière vers l'intérieur pour illuminer votre véritable nature. Le corps et l'âme d'eux-mêmes s'effaceront, et votre visage originel apparaîtra. Si vous voulez atteindre l'Éveil, vous devez pratiquer l'Éveil sans tarder. »

Parce qu'elle est retour à l'origine, la sesshin est vécue comme une rééducation, l'occasion d'une révision critique de notre comportement en vue de sa réforme délibérée. On y réapprend tout depuis le commencement, et d'abord à bien respirer. Les différentes écoles du bouddhisme attachent une importance extrême à la concentration sur l'inspir-expir, démarche primordiale, puisqu'elle est prise de conscience de l'acte réflexe qui fait de nous des vivants grâce au souffle que nous avons inspiré en naissant et que nous rendrons avec notre « dernier soupir ». La respiration profonde qu'enseigne le Zen est celle du nouveau-né, la première inspiration qui a déplissé ses poumons, à partir de laquelle il est devenu un être aérien, autonome, nu sur la terre. Elle représente donc une seconde naissance, le début d'une vie nouvelle.

Souffle, en grec, se dit *pneuma* ; ce même mot désigne l'Esprit et dans le vocabulaire chrétien le

Saint-Esprit. Aussi les maîtres rappellent-ils cette évidence : nous ne vivons que de l'« air du temps », mais ils ajoutent que l'air n'est pas seulement un composé d'éléments chimiques, c'est le conducteur de l'énergie cosmique. En conséquence, le novice est invité à se représenter le souffle inspiré, porteur de vie, circulant à travers l'organisme, le « ventilant » en toutes ses parties, observation qui ne peut devenir efficace que si le parcours du souffle est suffisamment prolongé. Il devra finalement aboutir et se concentrer au ventre, en une région bien précise, située à trois travers de doigt sous le nombril. Dans la physiologie chinoise, et particulièrement dans le taoïsme, ce point correspond au centre vital *, le *k'i-haï*, où se rassemble et s'emmagasine le *k'i*, l'énergie universelle qui est aussi l'Esprit cosmique. Le pratiquant devra donc passer progressivement de la respiration habituelle, courte, rapide et haute, celle de l'agitation contemporaine qui naît du « stress » et qui l'engendre, à un mode respiratoire tout différent, lent et profond. Le premier, fondé sur l'inspiration que développe la gymnastique scolaire, est pulmonaire et masculin, le second, abdominal et féminin, procure par lui-même détachement et sérénité [1]. C'est seulement si l'on visualise ce qui se passe que l'on devient capable d'en comprendre le sens. Dans ses *Conseils préparatoires à l'exercice du Zen* [2], le grand maître contemporain Hakuun Ryôko Yasutani (1885-1973)

---

* En yoga, cette zone est celle du *manipûra chakra*, qui correspond au plexus solaire.

indique : « Il vous faut prendre conscience que le centre de l'univers est votre propre nombril *. »

En ce point où pénètre l'énergie cosmique, la vie universelle, peut s'opérer naturellement la réunification du corps et de l'esprit (le souffle), peut s'initier la redécouverte interne du corps par l'esprit, l'écoute du corps. S'intériorisant avec le souffle, le regard parcourt de lui-même l'organisme entier jusqu'au plus intime des entrailles, mais dans une attitude idéale et idéalement objective, celle de l'Éveil. Maître Kodo Sawaki enseignait que « les genoux doivent pousser la terre et la tête le ciel », définissant ainsi la posture même de l'Homme primordial, symbolisée par l'Arbre cosmique qui fait communiquer par ses branches et ses racines l'empyrée et les profondeurs du sous-sol, le dedans de la terre, tête-cime et entrailles-racines.

En zazen, la conscience apprend à connaître le corps, ses points faibles, ses déformations, ses défaillances, mais aussi la force essentielle qui lui permettra de les surmonter. Dans cette représentation consciente du corps, le kyosaku ** qui défait les tensions peut être d'un grand secours. Le double coup, porté symétriquement sur des points d'acupuncture,

---

* En grec, le mot *omphalos* désigne à la fois le nombril, centre du corps, et le centre de la Terre que les Grecs situaient à Delphes, lieu tellurique de l'oracle, de la communication du divin avec l'humain. Nous verrons plus loin l'importance du nombril dans la méditation hésychaste.

** Le bâton consacré en bois poli, utilisé par le maître ou ses assistants.

permet de redresser le fléau de la balance, la colonne vertébrale, et même de la visualiser en tant qu'axe devenu lumineux, autour duquel se structure le corps.

Zazen, qui est retour à l'équilibre, permet de rectifier des distorsions devenues inconscientes, de procéder à un examen minutieux du fonctionnement organique et, par voie de conséquence, psychique. Grâce à l'écoute du corps, nous prenons conscience de ce que nous connaissions si mal, dont nous n'avions jamais évalué sérieusement les possibilités, donc que nous ne nous connaissions pas nous-mêmes. En sesshin, nous réapprenons à marcher — le *kin-hin* est la marche décomposée en ses phases successives —, à manger en silence en pensant à ce que nous faisons * —, l'ingestion de la nourriture, son assimilation —, et aussi à dormir. Alors, vivant d'une vie réduite à ses éléments les plus simples, nous sommes prêts à comprendre à quel point nous gâchons notre existence par inattention à l'essentiel, par précipitation, parce que nous ne vivons pas « ici et maintenant », concentrés sur l'instant présent, que nous nous préoccupons moins de ce que nous faisons que de ce que nous ferons, lâchant en somme la proie pour l'ombre, puisque sur l'avenir, encore irréel, nous projetons nos idées préconçues, déterminant par avance l'indéterminable, ce qui nous empêche de voir la réalité qui est là sous nos yeux. Ainsi le présent devient-il le passé avant même que nous l'ayons vécu et la vie nous échappe, ou plutôt nous nous échappons à nous-

---

* Y aide la récitation du sûtra des repas qui le rappelle.

mêmes. En zazen, nous redécouvrons ce qui nous manque, ce qui manque cruellement à l'homme aujourd'hui, l'attention et la patience. Nous apprenons à ne faire qu'une chose à la fois, mais à le faire au mieux. Nous apparaît ainsi la beauté du geste le plus humble, pour peu que nous le menions jusqu'à sa perfection ; il porte alors en lui-même sa récompense.

Désormais, la vie se retrouvera de nouveau sacralisée, elle redeviendra ce qu'en soit elle est, un rite cosmique, et non ce désordre confus d'où nous tirons si peu de satisfaction, reportant à d'hypothétiques lendemains la joie que nous aurions pu avoir le jour même. Dans cet esprit, sera abordée la cérémonie du matin qui est chant de victoire, la psalmodie des sûtras dans la fumée bleue de l'encens, la triple prosternation, ostensible manifestation de l'abandon du corps et de l'esprit. Il suffit d'avoir été témoin à ce moment-là de la gravité joyeuse des participants, de l'épanouissement des visages, d'avoir entendu le timbre de plus en plus énergique des voix, pour se persuader qu'il s'est réellement passé quelque chose.

La sesshin est une démarche collective, ce que souligne la participation de tous aux tâches nécessaires qui, dans le contexte, s'ennoblissent, cessent d'être des corvées pour devenir des *samus*, des dons faits aux autres. Pour ces tâches, il y a toujours plus de volontaires qu'il n'en faut.

Apparemment, en zazen, chacun est seul avec soi-même, absent du monde extérieur. Pourtant, il lui arrive de sentir la présence d'autrui avec une intensité qui l'étonne. Il s'aperçoit alors qu'il se trouve en communication privilégiée avec l'autre, avec tous les autres, sorte de communion silencieuse et si subtile qu'il se demande d'abord si elle n'est pas imaginaire, mais cette vague et douteuse impression ne fera que se renforcer, deviendra une certitude. Le lien avec le maître se conçoit facilement, puisque, pendant tout ce temps, il vous tient sous son regard et, en enseignant, il vous parle. Beaucoup plus mystérieuse reste la communion qui semble s'établir entre les disciples. Dès mes premières sesshins, j'avais été troublé par ce phénomène imprévu, puis j'avais cru lui trouver une explication. Le travail que chacun accomplissait sur lui-même, ou plutôt qui s'accomplissait en lui, avait pour résultat d'abaisser la barrière qui protège le moi contre les intrusions d'autrui et de ce fait l'isole, l'enferme en lui-même, empêchant la circulation d'énergie d'un être à l'autre. Ce devait être cette énergie collective circulant librement que je ressentais. Au cours d'une sesshin suivante, j'eus la confirmation tangible de ce qui se produisait. Sensei * m'avait fait placer près de lui, faisant face au dôjô. Au bout d'un instant, quelque chose m'obligea à lever les yeux. Une onde lumineuse, parfaitement visible, passait à la hauteur de mon visage. Partant du maître, elle faisait le tour du dôjô et revenait à lui. Croyant qu'il s'agissait d'un trouble de la vision, je fermai les yeux, mais quand je les rouvris, je la vis plus nettement encore, et je dus en conclure qu'il s'agissait de cette énergie supposée, que j'avais ressentie, mais que je ne pensais pas qu'on pût voir.

---

* Tel était le nom familier que nous donnions à Maître Deshimaru.

Dès lors, je ne pouvais plus douter du lien subtil qui, au cours d'une sesshin, arrive à se tisser entre les êtres, forme entre des étrangers une sorte d'unité qui les surprend, les rapports entre eux devenant spontanément harmonieux et fraternels. Chacun a le sentiment de faire partie pour un temps d'une petite société idéale, d'où sont exclues les habituelles tensions, et conçoit alors que les relations entre les hommes pourraient être radicalement différentes, donc qu'elles *devraient* l'être.

Le regard intériorisé

À propos d'hi-shiryô

Hi-shiryô, le « penser non pensé », est une expression qui semble au profane dépourvue de sens et même absurde, mais grâce à laquelle le maître définit l'état dans lequel les pratiquants sont censés se trouver, ou les incite à y parvenir. En japonais, *hi-shiryô* s'oppose à *shiryô*, « ce qui est pensé » et à *fu-shiryô*, le « non pensé ». Il correspond par conséquent à la trop fameuse absence de pensée qu'il s'agirait d'obtenir, et corrige cette notion erronée, car, faisait remarquer Maître Deshimaru, « tant que vous serez vivant, votre cerveau fonctionnera et vous ne pourrez l'en empêcher ». On peut ajouter que, selon les physiologistes contemporains, il continue même à fonctionner quelque temps encore après la mort apparente.

Du point de vue de la pratique du Zen, la notion d'absence de pensée est en soi dangereuse. Mal informé, le néophyte s'efforcera de l'atteindre et, plus il fera d'effort, moins il y arrivera. Au cours d'une sesshin, du temps où j'étais débutant, mon voisin se relevant à la fin d'un long zazen, apparemment angoissé, dit à mi-voix : « Je n'arrive pas à ne pas penser ! » Spontanément, me vint la réplique : « Eh bien, n'y pense pas ! » Je ne sais s'il comprit, mais moi, du moins, je me rendis compte que j'avais enfin compris.

Hi-shiryô constitue donc un état paradoxal que l'on est incapable de reconnaître, puisqu'il diffère radicalement de ceux que l'on avait éprouvés. On ne peut y parvenir que sans l'avoir voulu ni recherché. Il conduit donc à remettre en cause ce que nous savions du fonctionnement de la pensée et par là nous incite à réexaminer celui-ci à la lumière de cette nouvelle expérience.

Une première constatation s'impose : la remarquable imprécision du vocabulaire de la pensée, son caractère fluctuant. Comment pourrait-il d'ailleurs en aller autrement ? Pas plus que l'œil, la pensée ne peut s'examiner elle-même. Toute description de la pensée ne peut être que subjective, sauf à partir de la « non-pensée », concept purement théorique, puisque celle-ci ne peut exister chez le vivant, mais peut-être effectivement à partir d'*hi-shiryô*, l'« incommensurable rationnellement »[3].

Pour le bouddhiste, *hi-shiryô*, la pensée surgie du « tréfonds de la non-pensée », s'oppose au mental : il est le « non-mental ». En Orient, le mental a mauvaise réputation *. L'Inde classique le représente sous la

---

* En sanskrit, plutôt qu'à *manas* qui procède de la même racine que le latin *mens-mentis* mais désigne la « capacité de réflexion », le mental au sens où nous l'entendons ici correspondrait à l'*ahamkâra*, l'« illusion du moi », moteur de la pensée.

forme d'un singe qui gambade dans les arbres, passe sans cesse d'une branche à l'autre, oublie ce qu'il était en train de faire, toujours agité, incapable de s'arrêter, donc de réfléchir. Dans l'analyse bouddhique du psychisme humain, le mental est considéré comme totalement subjectif, obsessionnel, incapable de sortir du cercle dans lequel il tourne comme l'écureuil en cage, mais où il se serait lui-même enfermé.

Inévitablement, le mental est terni, obscurci, dans la mesure où il est la proie du désir, de la convoitise, soif permanente qui ne le laisse jamais en repos (*trishnâ*). Hypnotisé, il agit comme un somnambule, mû par une force irrésistible, sans savoir ce qu'il fait.

Trishnâ, la « soif existentielle », ne peut en effet engendrer qu'*avidyâ*, l'« ignorance », qui est « aveuglement »[4]. Or, non seulement *avidyâ* est incapable de discerner la réalité à travers les phénomènes, lesquels, n'en étant que les manifestations impermanentes, donc illusoires, la dissimulent, mais, ce qui est infiniment plus compromettant, parce qu'il ne peut se passer d'un système de références, le mental le crée, construisant une pseudo-réalité sur laquelle il croit pouvoir s'appuyer et qui, se substituant au réel, se fait prendre pour lui.

La psychologie bouddhique, fondée non sur des déductions rationnelles, mais directement sur l'expérience de la méditation, rend compte de ce processus pervers dans son analyse de la personnalité, qui n'est point homogène, mais née de l'assemblage provisoire des cinq « agrégats », les *skandhas*. Le premier est la forme, *rûpa*, la corporéité, l'incarnation, l'être tel qu'il apparaît aux autres avec son identité ; tout, dans le monde des phénomènes, a en effet une forme et une dénomination, *nâma-rûpa*. Puis, de l'extérieur vers l'intérieur, elle distingue la perception, *vedanâ*, la conscience, *samjnâ*, les phénomènes mentaux, *samskâra*, enfin la connaissance, *vijñâna*.

Intermédiaire entre conscience et connaissance, *samskâra* correspond au mental, mais cette notion particulière est conçue de telle sorte qu'elle en permet l'analyse. *Samskâra** comprend la totalité des activités du psychisme, considérées comme émanées de lui seul[5]. Ces productions mentales composent le caractère de l'individu, sa personnalité propre et s'interposent, tel un écran, entre conscience et connaissance. Intermédiaire obligé, *samskâra* constitue un obstacle, et même l'obstacle par excellence, à la claire vision des choses, à la lucidité. Si *samskâra* est l'équivalent de *shiryô*, le fonctionnement du mental, par opposition à *hi-shiryô* qui est sa mise à l'écart, il correspondrait en psychanalyse aux projections, automatiques et inconnaissables, puisque issues de l'inconscient, qui, elles aussi, déforment la réalité ou la masquent.

Or le pratiquant, mettant de côté le mental, non du tout qu'il l'abolisse, ce qui serait impossible, mais parce qu'il ne considère plus son fonctionnement que comme une sorte de spectacle, devenu alors spectateur, s'étant en quelque sorte placé au-dehors, ayant réussi à s'en abstraire, met du même coup hors de cir-

---

* Notons au passage l'assonance *samskâra-samsâra*, ce dernier terme désignant le cycle des naissances et des morts.

cuit *samskâra*, le voile qui dissimulait la réalité. Avec *hi-shiryô*, commence donc en principe la fin de l'aveuglement qui vient de nous être révélée.

Si un tel état résultant de la posture et de la respiration en zazen survient de lui-même, il n'en est pas moins nécessaire de le définir afin que le pratiquant soit à même de le reconnaître et ne commette pas d'erreur à son égard, car ce n'est là qu'une première étape. Aussi, les grands maîtres du tch'an chinois ont-ils explicité et sa nature propre et ses conséquences.

Le terme japonais *hi-shiryô* traduit le chinois *wou nien*, expression qui se trouve au centre de leur enseignement. *Wou nien*, c'est l'absence de pensée au sein de la pensée propre à l'Éveillé. Pour Chen-houei (668-760)[6] :

> « l'absence de pensée, c'est la pensée instantanée ; la pensée instantanée, c'est l'omniscience (*sarvajñâtâ*) : l'omniscience, c'est la très profonde *prajñâparamitâ*, c'est le *dhyâna* (méditation) du *Tathagâta* (le Bouddha) ».

Le maître de Chen-houei, le sixième patriarche, Houei-nêng (638-713), avait déclaré : « L'Éveil au dharma de la non-pensée atteint l'état ultime du Bouddha. »

Commentant la conception du *wou nien* dans l'enseignement de Houei-nêng, Paul Demiéville[7] précise : « Houei-nêng définit cette absence de pensée comme une suite ininterrompue de pensées "qui sont absence de pensée au sein même de la pensée" *. L'absence de pensée ne consiste pas, dit-il, à ne penser à rien, ce qui serait une manière de s'attacher à ce rien, mais à penser à toutes choses d'instant en instant avec un perpétuel détachement. Si le flux des pensées s'interrompt et que la pensée se fixe, on sera lié ; pour être délié (libre, délivré), il faut que les pensées glissent perpétuellement sur toutes choses sans jamais s'y fixer. » Demiéville ajoute : « Le néant de la pensée doit être une pensée totale et détachée, c'est penser tous les objets sans se laisser infecter par aucun d'eux. » La « pensée totale et détachée » est ce que les maîtres du tch'an appellent l'« omniscience ».

De telles vues semblent théoriques et même paradoxales si, pour les appréhender, on ne se sert que du raisonnement, si on les envisage du dehors. Mais, en zazen, nous en faisons directement l'expérience, et du dedans, ce qui change tout. Nous apparaît alors que ce que nous appelons pensée n'est que l'arrêt de la pensée, l'intérêt qu'en nous elle éveille et qui nous fait l'examiner, ce qui a pour effet d'interrompre la continuité de son déroulement. Nous voulons alors « retenir » ce que nous venons de penser ; par là, nous immobilisons un processus qui normalement se poursuivrait. Il en va de même avec l'audition de l'enseignement en zazen : c'est pourquoi les maîtres disent qu'il ne faut pas l'écouter, mais seulement l'entendre. Dans les deux cas, nous sommes victimes d'un vieux

* On pourrait qualifier de telles pensées de non conceptuelles, ou, plus exactement, de non conceptualisées par le mental.

réflexe qui ici n'a plus cours : la peur de perdre une idée qui nous est venue, une instruction qui nous semble utile, alors que nous nous rendrons compte presque toujours par la suite que c'est justement ce que nous n'avons pas isolé afin de le retenir qui se révélera le plus fécond, car ce n'est plus au niveau du mental qu'aura eu lieu l'assimilation, mais à celui bien plus profond et, pour ainsi dire, organique, d'*hishiryô*. Il semblerait que ce n'est plus tant avec notre cerveau que nous pensons et que nous absorbons, mais avec l'organisme entier, d'où la sensation d'une pensée surgie des entrailles dont la nature et les mécanismes ne sont plus du tout les mêmes.

Le *wou nien* est en effet l'activité qui émane de *wou sin. Sin* désignant le cœur en tant que siège de la pensée et des sentiments intimes, *wou sin* désigne la non-intervention de l'affectivité perturbatrice superficielle. *Wou sin* traduit le sanskrit *acitta, a* privatif et *citta*, la conscience empirique individuelle, objectivante et dualisante, qui se trouve remplacée par la conscience libérée de ses conditionnements et de ses projections (*samskâra*). Celui qui par la méditation met en pratique *wou nien* et *wou sin* réalise sa « nature de Bouddha », son « visage originel ».

Ce retournement n'a rien d'abstrait, il est très concrètement vécu. À *wou nien* et *wou sin* correspond en effet nécessairement *wou wei*, le « non-agir », principe de vie déjà illustré dans le *Tao tö king*, qui est inaction au sein de l'action, action spontanée, libre de toute détermination, donc finalement non productrice de *karma*, l'acte en soi, l'acte pur.

Vers le « visage originel »

Pour le profane qui n'a pu le vérifier par lui-même, tout cela demeure évidemment conjectural. Il peut, il doit même le mettre en doute. Pourtant, est-il bien sûr de ne s'être jamais trouvé en de telles dispositions ? Qu'il cherche en lui-même et il se souviendra de certains instants de paix et d'abandon, où, vidé de ses préoccupations, de ses obsessions, il s'est senti purifié et nu, n'étant plus qu'existence face au monde et y participant de tout son être. De cette présence autour de lui et en lui, il a eu, ne fût-ce que le temps d'un éclair, une lumineuse appréhension. Sans doute de tels états sont-ils devenus rares chez l'adulte. Parce qu'il ne peut savoir à quoi ils correspondent, ils l'inquiètent plutôt et le troublent ; aussi s'empresse-t-il de les oublier, ou, s'il se souvient, les qualifiera-t-il de « moments d'absence », donc de dépossession de lui-même, et c'est précisément de cela qu'il s'agit. En revanche, de tels états de disponibilité sont fréquents chez l'enfant, l'enfant « rêveur » à qui l'on demande : « À quoi penses-tu ? » et qui, en toute sincérité, répond : « À rien ! », ce qui est exactement vrai. En effet, dans l'enfance, le système de projections n'est pas encore au point, il n'a pas encore acquis sa cohérence, sa rigidité, son opacité. Le voile est léger, l'enfant voit au travers.

Mais à un sceptique, et qui encore une fois a raison de l'être, il faudrait pouvoir proposer une autre explication, qui soit pour lui convaincante, indubitable, « objective », en un mot « scientifique ». Or, une telle explication existe aussi. Des observations multipliées de moines en méditation[8] ont permis de déterminer avec précision les phénomènes particuliers qui surviennent au cours du zazen. D'une part, la posture a été définie comme la plus stable possible, la seule que l'on puisse conserver longtemps dans une immobilité totale. Le tronc prend appui sur une base large et solide, le centre de gravité se trouvant situé très bas, au milieu du triangle formé par les deux genoux et les fesses. De ce fait, la partie supérieure du corps peut contrôler son équilibre et le maintenir grâce à une tension minimale des muscles impliqués, effort qui diminue progressivement avec la pratique. Les autres muscles peuvent se relâcher au niveau des épaules, des bras et du ventre, ce qui supprime la contraction habituelle des viscères ; à quoi s'ajoute que le mode respiratoire du zazen permet une élimination de l'air résiduel vicié bien plus importante que d'ordinaire. Enfin, il a été constaté que le métabolisme est paradoxalement inférieur à celui même du sommeil, ce qui a surpris les observateurs, mais non les observés qui savent que la pratique réduit automatiquement le temps de sommeil du fait que sa qualité s'en trouve améliorée. L'organisme en repos produisant peu de déchets, les processus d'élimination, demeurés actifs, le décrassent. Ainsi, la diminution considérable du taux d'acide lactique, supérieur à la normale chez les dépressifs et les anxieux, explique en partie le sentiment de désintoxication, de purification éprouvé à la suite du zazen.

Les réactions de beaucoup les plus intéressantes se produisent au niveau de l'encéphale. Dès le commencement du zazen, l'électroencéphalogramme enregistre un changement très net du rythme des ondes cérébrales qui passent du rythme bêta, rapide (dix-huit à trente cycles par seconde), représentatif de l'affairement du mental, habituel dans l'état de veille, au rythme alpha beaucoup plus lent (environ dix cycles par seconde). Normalement, le rythme alpha, bien plus stable, est transitoire entre la veille et l'endormissement ; il n'intervient que lorsque le sujet a les yeux fermés, or en zazen, on les garde ouverts. Les ondes alpha se ralentissent ensuite progressivement pour passer au rythme thêta, plus lent encore (quatre à sept cycles par seconde). Celui-ci, caractéristique de l'endormissement, procure non seulement un calme profond et un grand bien-être, mais, lorsqu'il se prolonge, une disponibilité et une clairvoyance étonnantes que connaissent bien certains artistes et écrivains devant qui se présentent spontanément images et idées qu'ils auraient vainement cherchées à l'état de veille. Mais, peu après, quels que soient leurs efforts, ils succombent au sommeil, ce qui n'est justement pas le cas pour le pratiquant qui peut se maintenir dans cet état de lucidité, qui se situe entre *sanran*, l'agitation, et *kontin*, la somnolence, sans tomber dans l'assoupissement (passage au rythme delta).

La rééquilibration de l'organisme a un autre effet de grande importance : les deux hémisphères cérébraux fonctionnent alors à égalité, ce qui n'est pas du tout le cas dans la vie courante. Sperry a démontré — ce qui lui a valu le prix Nobel — que les fonctions du cerveau droit et du cerveau gauche étaient fondamentalement différentes. Celles du cerveau gauche, qui correspond à la partie droite du corps, donc à la main droite, à l'activité volontaire, prédominent largement chez l'homme moderne, tandis qu'on observe un fonctionnement réduit du cerveau droit, correspondant au côté gauche, celui du cœur, de la relation affective avec la nature. En simplifiant, on peut dire que l'hémisphère gauche est plutôt social, l'hémisphère droit plutôt naturel. Ainsi s'expliquent en partie les réactions de nos contemporains, peut-être même leur mentalité.

De ce fait, zazen pourrait compenser et corriger les déficiences de l'homme d'aujourd'hui. Grâce à un processus physio-psychique, il engendre une prise de conscience existentielle du fait que tous les êtres vivants ont même origine et que la vie individuelle est en même temps vie cosmique. Le neurophysiologiste américain Gellhorn a montré que la relaxation musculaire accompagnée du contrôle respiratoire provoque un abaissement de l'excitation corticale et une dominance du système parasympathique qu'il assimile à un « état de vacuité de la conscience sans perte de conscience », ce qui correspond à ce que le Zen appelle *hi-shiryô*.

C'est en effet sur le fonctionnement des zones profondes de l'encéphale que le zazen produirait ses effets les plus remarquables. L'expiration longue et approfondie entraîne une meilleure oxygénation de l'organisme : en profite particulièrement le cerveau qui consomme à lui seul vingt pour cent de l'oxygène absorbé par le corps, bien qu'il ne représente que deux pour cent de son poids. Or, on sait qu'il est loin de fonctionner à plein rendement et qu'en particulier le rôle de ses zones inférieures, dominées par les formations récentes, se trouve de ce fait considérablement réduit.

Le ralentissement du rythme respiratoire a pour effet d'allonger le parcours du sang qui parvient en des régions d'ordinaire peu irriguées. Si cet afflux sanguin supplémentaire ne peut agir directement sur les cellules nerveuses, au moins stimule-t-il la sécrétion des liquides intracellulaires qui les baignent et réveillent en quelque sorte les couches profondes, donc archaïques, de l'encéphale.

Au cours de l'évolution, le néo-cortex, formation récente, « s'est accru à tel point qu'il refoule et cache la plupart du paléo-cortex[9] », lequel n'occupe plus que vingt pour cent de la surface du premier. Pourtant, c'est là, plus précisément dans l'hypothalamus, qui contrôle le milieu interne, que se trouveraient inscrits « l'infrastructure du champ de conscience, le centre des émotions et des pulsions », donc notre « milieu privé », le siège de notre conscience la plus intime *, l'origine de notre comportement spontané ; alors que la pensée dite « réfléchie » se situerait au niveau du néo-cortex[10].

Il est intéressant de noter que les neurobiologistes parlent ici d'un « refoulement » du paléo-cortex, terme emprunté au vocabulaire de la psychanalyse. Or, n'est-ce pas ce que l'on ressent en zazen, l'im-

---

* Celle qui correspondrait à la conscience *âlaya* du bouddhisme.

pression d'un surgissement venu du tréfonds qui ressemblerait quelque peu à une « remontée du refoulé », la redécouverte d'une personnalité enfouie, laquelle n'avait cessé d'être là, mais silencieuse et inaccessible, et qui est bien évidemment en rapport avec le cerveau ancien et opprimé ?

Posture et respiration calme et profonde permettent le retournement du regard, rendu disponible, rien ne le distrayant plus, du dehors vers le dedans. De zazen en zazen, il pénètre plus avant et découvre des domaines jusqu'alors inconnus. Une telle démarche n'est elle-même que le reflet sur le plan psychique de l'accompagnement conscient du souffle. Physiologique et psychologique s'harmonisent ; de même s'unifient objectif et subjectif. Cette coïncidence imprévue peut, elle aussi, s'expliquer. Si le fonctionnement du néo-cortex est duel, dualiste, puisqu'il dépend de la structure bilatérale des hémisphères cérébraux, celui du paléo-cortex est unitaire comme sa structure. Qu'il redevienne actif et conscient permet de redécouvrir l'unité foncière de l'être, laquelle est préalable à la division en deux instances, certes complémentaires, mais aussi opposées et, dans la vie psychique, nous le savons maintenant, rivales.

On pourrait conséquemment avancer que le regard intériorisé en arriverait à refaire à l'envers le cheminement suivi par l'individu au cours de sa formation, qu'il remonte jusqu'à l'indistinction, le statut du petit enfant, avant que celui-ci passe de l'« Être essentiel » au sein duquel il baignait encore au « moi existentiel » [11] avec qui il tendra à s'identifier de plus en plus, en somme de l'absolu au relatif, passage aussi décisif que celui qui d'un fœtus fait un nouveau-né, en le détachant du milieu originel nourricier, le sein de sa mère. Une telle démarche pourrait être qualifiée d'involutive dans la mesure où l'on parcourt à rebours les étapes de l'évolution.

Selon les neurobiologistes, le néo-cortex n'acquiert une prédominance effective que vers l'âge de quatre ans, âge auquel, pour les psychanalystes, se constituerait un moi distinct et séparé. Auparavant, le système des projections, donc le *samskâra*, l'aspect négatif du moi, n'interviendrait que très peu, ce qui pour nous signifie que le petit enfant voit encore le monde à peu près tel qu'il est, non tel que plus tard il s'imaginera qu'il est, qu'il se trouve encore en communication directe avec lui et peut percevoir ce qui par la suite lui deviendra invisible. Dans ce contexte, s'éclairent singulièrement les paroles de Jésus : « En vérité, je vous le dis, quiconque n'accueille pas en petit enfant le Royaume de Dieu ne pourra y entrer [12]. » Or, comme il est dit par ailleurs, ce « royaume est au-dedans de nous ».

On peut aussi se poser la question de savoir si, le développement du néo-cortex étant un phénomène évolutivement récent, le paléo-cortex ne représenterait pas un mode de conscience archaïque, celui de l'« homme primordial » auquel la démarche du Zen donnerait accès. Il s'agirait bien alors du « visage originel », celui qui existait « avant la naissance de nos parents », état fondamental de l'être qui ne peut se retrouver que par le non-mental, le « penser du tréfonds de la non-pensée. »

Dans le Zen, *hi-shiryô* constitue en soi un *kôan*, mais plus encore la clef qui ouvre les *kôans* radicalement fermés à l'intelligence discursive.

Au sujet du vide

Pour peu que l'expérience s'approfondisse, le pratiquant un jour rencontrera le vide. Ce n'est pas une pensée qui traverse l'esprit, mais une sensation physique du même ordre que celle du baigneur qui, sachant à peine nager, veut reprendre pied et s'aperçoit que, sous lui, il n'y a rien. Alors, il suffoque et risque de se noyer.

Nulle aide à attendre du maître qui répète inlassablement : « Faites le vide en vous ! », quand il n'ajoute pas : « Lancez-vous dans l'abîme avec décision et courage ! », ce qui ne fait qu'accroître le désarroi, la panique contre laquelle on ne peut rien, tout simplement parce que, là encore, on a recours à des notions apprises, à des présupposés invétérés et invérifiables, ceux dont le Zen propose justement de nous débarrasser. Or, en zazen, cette expérience que l'on n'a jamais faite, on s'y trouve nécessairement confronté. Citant les propos des anciens, Maître Deshimaru disait : « C'est comme une boule de métal en fusion qu'on ne peut ni avaler ni recracher. »

Un matin, descendant du train à Lausanne où je venais diriger une sesshin, je vis s'avancer vers moi un inconnu : « J'ai obtenu, non sans peine, de vous "kidnapper" au passage. Vous deviez déjeuner avec le dirigeant du dôjô, mais, si vous le voulez bien, je vous invite, car j'ai une question importante à vous poser. » Au café, le docteur D. me dit : « Nous avons du temps avant que commence la sesshin, veuillez m'expliquer ce qu'est le vide… Maître Deshimaru en parle toujours, mais ne précise jamais ce qu'il entend par là… Et moi, ça me fout la détraque. Comme à Pascal, vous vous souvenez : "le vide des espaces infinis m'effraie"… Alors, je vais être obligé d'arrêter mon zazen. Non, ce n'est pas une menace, je viendrai tout de même à la sesshin. »

Comme je venais d'écrire pour une revue sur ce sujet, je répondis : « Puisque vous avez cité Pascal, vous devez vous rappeler qu'il fut, après Toricelli, l'auteur des premières expériences sur le vide. Toricelli avait déjà démontré, par celles qui avaient abouti à la reconnaissance de la pesanteur atmosphérique, que l'aphorisme des anciens physiciens "la nature a horreur du vide" n'avait en physique aucun sens. Et Pascal lui-même, dans sa fameuse expérience de 1646, qui est, notez-le, l'année de ce que l'on appelle sa "première conversion", que se proposait-il ? Sinon, ce que d'ailleurs il réalisa, de "faire" le vide, de réaliser artificiellement un état d'apesanteur qui n'existe pas dans la nature. Le "vide des espaces infinis" que vous invoquez est tout autre chose ; ce n'était qu'un présupposé d'ordre méta-physique, au sens de par-delà la physique. On imaginait à l'époque qu'au-dessus de l'atmosphère terrestre, régnait le vide. Mais de nos jours on en doute, ou plus exactement la notion de vide a beaucoup changé. Le "vide" actuel, qui est en fait l'espace cosmique interstellaire, n'est plus vide au sens où on l'entendait jadis. Puisque vous êtes médecin, c'est à la science actuelle qu'il faut vous référer, non à celle d'hier [13]. »

Aujourd'hui, je ne répondrais certainement plus de cette manière car la vacuité *(shûnyatâ)* dont parle le bouddhisme n'est nullement le vide au sens où nous l'entendons, mais bien plutôt celui dont le *Tao tö king* dit :

> Trente rayons convergent au moyeu
> mais c'est le vide médian
> qui fait marcher le char.
> On façonne l'argile pour en faire des vases,
> mais c'est du vide interne
> que dépend leur usage.
> Une maison est percée de portes et de fenêtres,
> c'est encore le vide
> qui permet de l'habiter.
> L'Être donne des possibilités,
> c'est par le non-être qu'on les utilise [14].

Notre organisme, lui aussi, ne peut fonctionner, donc vivre, que grâce à sa vacuité interne. Si les poumons n'étaient vides, comment respirerions-nous ? Il en va de même du tube digestif et aussi de notre psychisme. Le vide est la condition nécessaire aux échanges entre le dedans et le dehors. Si n'existait ce vide relatif qu'est l'espace, il n'y aurait ni mouvement, ni liberté, ni la moindre possibilité de changement, pour l'univers comme pour nous.

Vide interne et vide cosmique

Mais de ce vide qui est en nous, personne ne parle, et d'ordinaire, nous n'en prenons pas conscience, aussi le rencontrer en zazen a-t-il de quoi déconcerter.

C'est justement sous l'angle de l'expérience personnelle du méditant que l'aborde le bouddhisme. Le problème du vide *(shûnya)*, ou plutôt de la vacuité *(shûnyatâ)*, a toujours, pour lui, été central. Déjà, le *Théravâda* insistait sur le caractère empirique et provisoire de ce que nous prenons pour notre moi, qui est insubstantiel *(anâtman)*, composé d'interactions multiples, changeant, impermanent, donc essentiellement vide. Le *Mahâyâna* étendit cette conception à la totalité des phénomènes et *shûnyatâ* constitue le cœur de la philosophie de Nâgârjuna (II et IIIe siècles), le plus éminent penseur bouddhiste *, fondateur du *Mâdhyamika* (École du « Milieu »), appelé aussi *Shûnyatâvâda* (« doctrine de la Vacuité »).

Reprenant la loi de la Production conditionnée et interdépendante *(Pratîtya-Samutpâda)*, découverte lors de son Éveil et enseignée par le Bouddha, Nâgârjuna, pour qui elle s'applique à tout existant et au monde lui-même, démontre qu'aucun des éléments (*dharma*) de la chaîne n'a d'existence propre, puis-

* Reconnu par le tch'an comme son quatorzième patriarche.

qu'il dépend du précédent et engendre le suivant ; ce ne sont là que des étapes artificiellement distinguées pour la clarté de l'exposé, au sein d'un processus sans solution de continuité. « Si chaque *dharma* a sa réalité propre, comment pourra-t-il se nouer avec les autres dans le mécanisme de la Production conditionnée ? Ou bien donc les *dharmas* ont, chacun, leur propre nature *(svabhava)* et l'on ne peut plus rendre compte de leur mise en relation dynamique, ou bien il faut admettre qu'ils n'ont de réalité que mutuelle et relationnelle, que chacun pris à part est dépourvu de nature propre, inconsistant, insubstantiel, et alors le devenir [pièce essentielle du constat bouddhique] redevient possible [15]. »

Nâgârjuna n'avait nullement pour propos d'établir un « système » philosophique comparable à ceux que nous connaissons en Occident, moins encore de fonder une ontologie, fût-elle négative. Il souhaitait seulement mettre au point une critique capable d'évacuer radicalement l'illusion qui consiste à croire en une réalité solide, celle que nous percevons par les six sens, le sixième étant la conscience, et qui n'est qu'apparence, comme notre propre moi. Ce serait un contresens lourd de conséquences — il a été commis — de considérer le *Mâdhyamika* comme nihiliste, de confondre vacuité *(shûnyatâ)* et inexistence *(abhava)*, vide et néant. « La dialectique nâgârjunienne n'a pas de valeur intrinsèque et constitue un simple moyen pour déblayer la voie de l'expérience [contemplative]… Nâgârjuna ne soutient jamais l'annihilation, le rien, l'inexistence en soi, mais seulement l'inexistence des constructions [16] que nous surimposons à la Réalité [17]. » C'est pourquoi les philosophes du *Mâdhyamika* mettent en garde contre les dangers qui pourraient résulter de la divulgation de ces théories, dont le pire serait que l'auditeur fasse une entité du vide lui-même et s'attache à la vacuité. À leur tour, les maîtres du tch'an n'ont cessé de dénoncer une telle méprise. Le sixième patriarche Houei-nêng, après avoir parlé du « véritable vide de la nature de soi », ajoutait :

> « Doctes amis, quand vous m'entendez parler du vide, je vous prie, ne vous accrochez pas à ce vide. Il est de toute première importance de ne pas s'attacher au vide. Si vous êtes assis en méditation avec l'esprit vacant, vous tomberez dans une morne apathie [18]. »

Aussi Nâgârjuna prend-il soin de distinguer deux ordres de réalité :

> « L'enseignement du *Dharma* promulgué par les Bouddhas repose sur deux vérités : la vérité empirique et la vérité absolue. Ceux qui ne discernent pas la différence entre ces deux vérités ne distinguent pas dans l'enseignement du Bouddha la profonde Réalité. Le Sens absolu ne peut être enseigné qu'en prenant appui sur la vérité empirique. Et c'est seulement en comprenant le Sens absolu que l'on atteint le *nirvâna*. La vacuité mal appréhendée détruit l'être à l'intelligence émoussée, comme le serpent mal empoigné ou la science magique non maîtrisée [19]. »

C'est parce qu'il se situe entre ces deux extrêmes, qu'il les transcende par la non-dualité que le *Mâ-*

dhyamika est la « Voie du Milieu », la « Voie moyenne ». Le monde des phénomènes possède une certaine réalité, mais conventionnelle, seulement relative *(samvriti-satya)* et qui n'a rien que de provisoire, il faut donc la dépasser pour atteindre la Réalité définitive et absolue *(paramârtha-satya)*. En somme, ce que Nâgârjuna propose est une « théorie de la relativité générale ».

Spéculation abstraite ? Point du tout, incitation à la pratique, car on ne peut passer d'un ordre de réalité à l'autre, qui, pour le non-dualiste, est d'ailleurs le même, mais vu sous un angle différent, avec un autre regard que par celui qui naît du « pensé non pensé », de la non-distinction de l'objectif et du subjectif, de leur fusion. La vacuité n'est qu'un concept opérationnel : « Vacuité signifie production en interdépendance. »

Mais comment en un premier temps appréhender le vide et ensuite rejeter comme inutile ce concept provisoire ? Sinon, par le seul procédé efficient : la méditation. Autrement dit, il faut réintroduire les suggestions qu'elle a spontanément engendrées au sein de la méditation assise *(dhyâna)*. Prenant alors tout leur sens, elles l'éclairent et, par elle réciproquement, peuvent être vérifiées. Si l'on demeure incapable de percevoir l'irréalisme du moi et de comprendre que la vie ne peut être qu'écoulement ininterrompu de naissances et de morts s'engendrant les unes les autres, comment pourrait-on aspirer à la Délivrance ?

On n'y parvient que si l'on comprend la vacuité grâce à la « Sapience » et que la vacuité est par elle-même l'Esprit[20]. Chandrakirti[21] indique la voie à suivre :

« L'adepte reconnaît d'abord que la vérité empirique a pour fondement l'ignorance et elle seule, puisqu'elle n'a pas de nature propre, et il réalise sa vacuité. Ainsi évite-t-il les deux positions extrêmes : n'appréhendant pas de nature propre dans les choses, il n'a pas ensuite à réaliser le non-être ; il ne récuse pas la réalité empirique mondaine puisqu'il ne la conçoit que comme un reflet… Si la vacuité cause la perte de qui la saisit comme un non-être, l'imaginer comme un être et en faire le support de composés doués d'une existence réelle conduit à se fourvoyer au moment de prendre le chemin de la Délivrance. »

En fin de compte, disent les maîtres, la vacuité a la même nature que la conscience d'Éveil. La découverte et la compréhension de la vacuité en tant qu'Absolu conduisent à l'ouverture de conscience qui est *satori*.

À ce sujet, Lilian Silburn, l'un des meilleurs interprètes contemporains de la pensée bouddhique, écrit : « Certains auteurs, anciens et modernes, confondent espace, vacuité et néant.

À celui qui voit le monde à travers son moi, un moi conditionné soumis à la chaîne causale, l'extinction, le sans-signe apparaissent comme une négation, la négation de tout ce qu'il peut connaître ou imaginer. Or, par l'expérience de la vacuité, au contraire, le bodhisattva échappe à jamais à toutes les formes de négation, refus ou opposition, puisqu'il échappe à la dualité. Ses limites perdues, il évolue en toute liberté dans une vacuité aussi vaste que l'espace et devenue pour lui *le champ de tous les* *possibles* *, tandis que l'homme ordinaire pris dans l'étau de ses limites ne peut faire un pas sans heurter les obstacles dont l'environne la multitude de ses désirs et de ses pensées.

Un bodhisattva accepterait-il avec joie de s'exposer à tant de souffrances pour conduire les êtres au néant ? Identifier vacuité et néant, c'est ignorer l'omniscience, la compassion du bodhisattva, c'est ignorer l'Éveil [22]. »

De la « Lumière incréée » au « Big Bang »

Au cours d'une autre sesshin où j'enseignais, mais cette fois en Belgique, demanda à me voir en particulier un homme d'un certain âge dont j'avais remarqué la concentration en zazen, ainsi que l'originalité et la pertinence des questions qu'il posait au *mondo*.

« Il y en a que je ne pouvais formuler en public. Selon vous, ne pourrait-on dire que *shûnyatâ* est l'équivalent d'*Aïn Sôph* ? » Il parut surpris que je sache de quoi il me parlait. « C'est vous qui faites ce rapprochement. Sans doute n'est-il pas tout à fait dénué de fondement, mais reconnaissez que les contextes n'ont vraiment aucun rapport. Je me méfie de semblables comparaisons. On ne demande tout de même pas à un kabbaliste de découvrir en lui-même le vide. » « Mais si justement dans la Kabbale mystique. » « Bon, eh bien, je ne puis naturellement vous

---

* Souligné par nous.

interdire de mettre en parallèle *Aïn Sôph* et *shûnyatâ*, si vous estimez que cela peut vous aider à mieux comprendre. Seulement ne les confondez pas, et surtout pas la Kabbale et le Zen ! »

La Kabbale[23], cosmologie mystique, prétend, en décryptant les mystères divins qui se trouveraient cachés dans la Bible, pénétrer les secrets de la Création. Elle la représente sous la forme de l'« Arbre des séphirots[24] », schéma dynamique où les séphirots (les rayons) marquent les paliers parcourus par l'Énergie divine qui descend de l'incréé vers le créé, jusqu'au monde, jusqu'au corps, passant de l'Absolu au relatif. Intemporel, informel, insubstantiel, l'Absolu, que l'on peut dans une certaine mesure comparer à *shûnyatâ*, ou au *Tao*, ou à l'Énergie, correspond à peu près à ce qu'est dans le bouddhisme l'Esprit ; encore qu'il ne faille pas confondre des concepts que l'on ne peut superposer et dont il est indispensable de respecter les différences, même s'ils ne sont en fin de compte que des moyens d'appréhender la même insaisissable Réalité ultime, des traductions variées de celle-ci, ces nuances étant par elles-mêmes utiles et instructives. Si l'Absolu échappe évidemment à la compréhension humaine, la « médiation » kabbalistique ascendante, parcourant en sens inverse le processus créateur, peut toutefois l'appréhender comme sa source lointaine et invisible, au-delà de *Kether* (la « Couronne »), point de départ des émanations créatrices.

La Kabbale appelle cet indéfinissable et somme toute innommable *Aïn Sôph Aur*, la « Lumière illimitée », omniprésente et omnipénétrante, cercle sans circonférence dont *Kether* marquerait le point central ; au-delà d'*Aïn Sôph Aur*, s'étendrait *Aïn Sôph*, l'Infini, mais cependant le « premier stade de la manifestation du Créateur », issu lui-même d'*Aïn*, le Vide ultime, au-delà duquel il y a le Rien, et encore au-delà l'Absolu.

À *Kether*, qui contient déjà l'univers entier, comme un germe la plante, correspondrait la situation préalable à la manifestation, postulée par les physiciens modernes, celle qui précède l'hypothétique *Big Bang*, l'explosion, l'implosion qui aurait donné naissance au cosmos, lequel, allant de rétraction en expansion et d'expansion en rétraction, serait de ce fait, sinon éternel, du moins cycliquement immortel, ce qui correspond aux anciennes cosmologies hindoues et constitue peut-être une image de notre destin karmique.

Voilà peut-être ce qu'aurait voulu me dire mon kabbaliste belge que je renvoyais à son zafu et qui m'a entraîné trop loin.

À sa place, un physicien m'aurait peut-être fait remarquer que *shûnyatâ* était pour lui l'Énergie. En effet, par elle-même, elle est vide, indifférenciée [25], mais ce qui d'elle se réalise, donc se réifie, la matière, perd de ce fait ces qualités ; d'éternelle, elle est devenue mortelle, vouée à la destruction, mais, lors de celle-ci, se dégage l'Énergie à nouveau libérée. Autrement dit, la matière ne serait qu'une métamorphose temporaire de l'Énergie. Pourquoi n'en irait-il pas de même pour nous ? Notre incarnation est matérialisation, elle ne saurait donc constituer qu'un état provisoire.

En lui-même et par lui-même, le vide contient toutes les possibilités, il est riche de devenir, un devenir indéterminé, indifférencié, infini. Sa concrétisation dans le temps, son « présent » entraîne nécessairement un appauvrissement radical.

Quant aux philosophes, ils ont depuis toujours éprouvé un certain malaise, une certaine répugnance envers ce vide sur lequel ils se gardent bien de se prononcer. Ils ont d'ailleurs raison, car que pourraient-ils en dire ? C'est le raisonnement, la logique, le langage et le mental dualistes qui ont horreur du vide, non la nature. À l'aphorisme des anciens physiciens, seuls Épicure et son école rétorquaient avec bon sens que le mouvement serait impossible si tout était plein. Mais les cartésiens niaient énergiquement que le vide fût nécessaire au mouvement et même qu'il fût seulement possible. Il était désormais indécent d'en parler[26].

L'embarras des philosophes ne proviendrait-il pas du fait que le vide n'est pas de leur ressort ? Il échappe à l'analyse et n'est accessible que par l'expérience intérieure. Il se trouve donc au centre de la vie contemplative. Les mystiques, quelle que soit leur appartenance religieuse, ne peuvent l'éviter, ils y plongent. N'est-ce pas ce à quoi nous incitent les maîtres ? À nous vider de nous-mêmes, à nous perdre, et c'est ce qui nous fait peur.

Le karma en questions

Ce mot est en passe de faire partie de notre langage courant ; on l'utilise à tort et à travers, souvent dans un sens qui n'est pas le sien. J'appréhende le moment où en *mondo* quelqu'un interrogera : « Qu'est-ce que le *karma* ? » D'abord, j'élude, je remets à plus tard, j'attends que les participants, après de longues heures de zazen, aient une meilleure réceptivité, un esprit préparé à comprendre. Mais la question inévitable resurgit ; impossible de se dérober, il faut répondre.

En sanskrit, *karma* veut dire simplement « acte », que cette action soit physique ou psychique. Mais tout acte engendre nécessairement des conséquences, proches ou lointaines, à la manière d'un son et de ses harmoniques, d'une vibration qui peut se répandre à l'infini dans l'espace et le temps, car dans l'univers, rien jamais n'est isolé, tout se tient, est solidaire de l'ensemble, on dit « interdépendant », ce qui fait que la moindre action a son retentissement dans l'univers entier, l'Ordre cosmique, le *Dharma*.

Chez l'homme, le *karma* est la résultante de ses

actions, en cette vie, mais aussi dans les précédentes comme dans les suivantes. Là réside la possibilité d'un grave malentendu, l'évocation des « vies antérieures », terme aujourd'hui encore plus galvaudé, mais qui n'est point recevable dans le contexte du bouddhisme. Il faut donc bien préciser que, pour celui-ci, l'individu, puisqu'il est né, doit mourir. Ayant choisi de naître, il a par avance accepté de mourir. Espérer en une existence supplémentaire ne peut être qu'un leurre, une illusion intéressée d'un moi qui se refuse à disparaître.

Pourtant, l'existence actuelle résulte des existences passées, de toutes les expériences, de tous les actes (*karma*) antérieurs à elle et impersonnels. Comme toutes les autres, elle appartient au *samsâra*, l'interminable succession des naissances et des morts, la transmigration de vie en vie. Mais qui effectue cette transmigration ? Voilà le véritable problème qui ne pourra se résoudre que dans et par l'Éveil.

Illustrant la notion de *karma*, un adage zen conseille : « Puisque de toutes façons, vous avez à tuer votre père et votre mère, faites-le le plus tôt possible ! » Ce n'est pas seulement de l'humour noir. Mieux vaut se débarrasser au plus vite de l'acte le plus dangereux, le plus inexpiable que nous ayons à commettre. Sans doute en supporterons-nous les conséquences, mais au moins en serons-nous à jamais délivrés. À quoi, lorsque je citai cet adage, un disciple rétorqua : « Pour moi, c'est déjà fait ! » C'était une excellente réponse, tout à fait zen ! En vertu de la loi karmique, nous avons en effet à assumer la condition humaine en sa totalité, donc à être homme et femme, criminel et vertueux, adonné au plaisir et ascétique. Comment une seule existence suffirait-elle ?

Ce n'est pas seulement humains que nous avons été ou que nous aurons à être. Nous fûmes, ou nous serons animal ou plante [27]. Aucune barrière réelle ne sépare les êtres vivants. Nous savons aujourd'hui, quitte avec notre inconséquence habituelle à n'en tenir aucun compte car cela nous dérangerait, que les prétendues frontières qui sépareraient les règnes n'ont jamais été que des simplifications didactiques.

Le jeu de l'Oie

Une curieuse illustration du *karma*, généralement ignorée en tant que telle, nous est proposée par le traditionnel jeu de l'Oie. Qui est cette Oie, que l'on retrouve dans les *Contes de ma mère l'Oie*, archaïque monument du folklore dont l'origine se perd dans la nuit des temps ? Sinon l'oie sauvage, symbole d'une très ancienne sagesse, la messagère qui unit le ciel et la terre. En Égypte comme en Chine ou en Inde, *hamsa*, l'oie ou le cygne sauvages, qui parcourent le continent d'un bout à l'autre, symbolisent l'âme transmigrant de vie en vie.

Le jeu de l'Oie est donc le jeu du *samsâra*, du *karma* ; son lieu est le labyrinthe, spirale mystique symbolisant la difficile pérégrination de l'âme vers le centre, le sanctuaire intérieur et caché, où elle rencontrera son Être essentiel, la permanence de son impermanence, ce qui — le pratiquant en conviendra — ressemble à l'itinéraire intérieur accompli en zazen. Ce face-à-face est figuré tantôt par le Minotaure dévorateur, puisqu'un tel affrontement est périlleux dans la mesure où il sacrifie le moi, tantôt sous la forme d'un ange qui accueille l'âme du défunt. Ces figurations en apparence contraires évoquent soit la terreur du moi qui va être en effet anéanti, celle même qui, dans le *Bardo thödol,* empêche l'âme de reconnaître en la grande lumière blanche soudainement apparue la délivrance finale, soit l'enthousiasme de la conscience qui s'est préparée au cours de sa vie à cette ultime rencontre. Le monstre et l'ange se trouvent en somme dans le même rapport que celui qui dans le bouddhisme tibétain unit des êtres en apparence tout aussi opposés, les divinités terribles et les bodhisattvas compatissants, dont ces figures monstrueuses ne sont que l'un des aspects circonstanciels.

Que le jeu de l'Oie soit la représentation d'un parcours initiatique, même s'il n'a plus été par la suite — à la manière des récits hermétiques devenus finalement des « contes de nourrice », ceux de ma mère l'Oie — qu'un divertissement enfantin, en subsistent de suffisantes évidences. En effet, les imagiers qui, n'en connaissant plus le sens, ont pris la liberté de l'enjoliver de figures de fantaisie, ont dû cependant, à cause des règles du jeu, en respecter les principaux symboles.

Ce n'est pas ici le lieu d'en proposer le décryptage, encore faut-il, pour justifier notre propos, donner quelques exemples. L'Oie jalonne sept fois le jeu, de neuf en neuf. En numérologie sacrée, neuf est le chiffre du ciel, sept celui du renouvellement après la fin d'un cycle. Le joueur qui parvient dans les cases où se trouve l'image de l'Oie double le nombre de ses points, autrement dit progresse à une vitesse accrue vers un nouvel accomplissement. Mais, en chemin, il rencontre de nombreux obstacles. Il pourra, par exemple, tomber dans le puits, au trente et un, ou en prison, au cinquante-deux, et devra y attendre qu'un autre joueur le délivre en prenant sa place, belle image de la compassion, mais ici involontaire. Au quarante-deux, est représenté le labyrinthe, demeure du Minotaure dans le labyrinthe qu'est le jeu lui-même. Il a pour effet de faire retourner le joueur très loin en arrière, comme lorsqu'on s'est engagé dans un couloir sans issue et qu'il faut revenir sur ses pas. Enfin, au cinquante-huit, on rencontre la mort et la règle du jeu oblige à recommencer toute la partie, ce qui est une incontestable allusion au *samsâra* dans lequel, si l'on n'est pas parvenu dans cette vie à l'Éveil, il faut reprendre tout le parcours.

La Roue des existences

Toute proche, mais restée intacte parce que toujours utilisée selon sa destination, la « Roue des existences » (*Bhava-chakra*) est un motif bien connu de l'iconographie bouddhique. Le Zen y fait parfois allusion, parce qu'elle reflète l'enseignement fondamental du Bouddha, mais elle est surtout représentée dans le bouddhisme tibétain. Six rayons déterminent au-dedans de la roue autant de domaines peuplés d'être vivants. En haut, le « ciel » ou paradis des *dévas* (littéralement : les « rayonnants ») ; ceux-ci y jouissent d'une vie longue et heureuse, en récompense du bon *karma* précédemment accumulé, mais cette existence béatifique leur fait oublier le caractère transitoire de leur condition, ils ne recherchent plus la délivrance. En termes plus grossiers, on explique que les *dévas* ont fait le mauvais choix en décidant de profiter d'abord de leur *karma* positif car, au terme de cette vie de délice, ils devront s'acquitter du *karma* négatif qui leur reste ; en conséquence, il leur faudra rétrograder vers les cases inférieures, peut-être même jusqu'à l'extrémité opposée de la Roue, là où s'ouvre *naraka*, l'enfer ou plutôt les enfers, car l'imagination bouddhique, aussi fertile dans ce domaine que l'iconographie chrétienne médiévale, y distingue plusieurs cercles agrémentés de supplices raffinés, adaptés aux vices de ceux qui y sont envoyés ; mais nul ne les y a précipités sinon eux-mêmes et le temps d'expiation y est limité à la purgation des fautes. De ce point de vue, *naraka* correspond à ce qu'est, pour les chrétiens, non l'enfer mais le purgatoire.

Entre ces pôles s'insèrent, deux par deux, de part et d'autre du diamètre horizontal de la Roue, les quatre autres domaines : au-dessus, celui des *asuras* et celui des hommes ; en dessous, celui des bêtes et celui des *prétas*. Dans l'hindouisme, les *asuras* sont des démons, des esprits mauvais, mais d'essence divine, en fait d'anciennes divinités révoltées contre les dieux qui les ont supplantées*. Pour le bouddhisme Mahâyâna, les *asuras* correspondent à peu près à ce que furent dans la mythologie grecque les Titans insurgés contre Zeus et écrasés par lui, mais non sans peine et, dans le christianisme, à la légion des anges rebelles et à son chef Lucifer-Satan. L'iconographie tibétaine représente les *asuras* tirant des flèches contre le ciel, donc contre le *Dharma*, l'Ordre cosmique qu'ils voudraient anéantir. Ils expriment la violence humaine, ceux qui s'en servent et sont par elle asservis, les criminels, mais aussi les chasseurs qui tuent sans nécessité, ou ceux qui ont choisi le métier des armes ; ils symbolisent plus encore l'audace orgueilleuse et sacrilège, celle de la civilisation d'aujourd'hui.

S'il semble inutile d'expliquer pourquoi le domaine des hommes se trouve juste au-dessus de celui des bêtes, il est nécessaire de préciser ce que sont les *prétas* qui se trouvent sous les *asuras*. En français, on traduit souvent *prétas* par « trépassés faméliques », expression qui rend assez bien compte de leur condition, car les *prétas* sont perpétuellement affamés et incapables de satisfaire leur faim. Le mot signifie littéralement « décédés », autrement dit, les *prétas* correspondent aux revenants des croyances populaires, qui refusent d'accepter leur sort et de quitter la terre, exigeant des vivants qu'ils les nourrissent**. Plus généralement, les *prétas* symbolisent

---

* Probablement, comme cela est habituel, les divinités de la religion antérieure, ici prévédique.

** Au cours du repas, les moines zen leur réservent toujours quelques miettes qui seront ensuite répandues sur le sol.

l'insatiable convoitise, l'envie et la jalousie. Lorsqu'ils auront acquis un meilleur *karma*, ils pourront accéder au rang immédiatement supérieur d'*asura* ; de même la bête évoluée sera à même d'accéder au niveau humain. Dans les danses sacrées tibétaines, les *prétas* sont figurés de manière fort pittoresque, verts de peau, avec un cou démesuré et un ventre énorme d'où pendent de hideuses tripes roses déroulées. Leur arrivée sur l'aire de danse provoque toujours les rires du public, mais ceux-ci sont embarrassés.

Pour les bouddhistes, la condition humaine, qui se situe entre le statut des bêtes et celui des *dévas* — nous dirions entre l'ange et la bête —, est de loin la meilleure, supérieure même à celle des « rayonnants ». Si elle constitue une épreuve, et même la plus risquée, elle seule, en effet, donne la possibilité de se libérer, de sortir enfin du cercle vicieux qu'est la Roue, car seuls les humains sont capables de comprendre que le désir et l'ignorance sont les moteurs du *samsâra*. Pourtant, aucune section de la Roue, pas même les enfers, n'est tout à fait dépourvue d'espoir, ce que l'imagerie tibétaine symbolise par l'apparition en chacune d'une forme d'Avalokiteshvara, le bodhisattva de la Compassion universelle.

Si, aux yeux des profanes, il s'agit de domaines nettement séparés dans lesquels se rendrait successivement l'être incarné, selon une justice strictement distributive par laquelle « on est puni par où l'on a péché » — ce qu'illustre, par exemple, l'image du chasseur poursuivi par ses anciennes victimes —, pour l'initié, les six sections représentent surtout les différentes conditions d'existence (*gati*) que nous pouvons vivre ici et maintenant, même sous la forme humaine. Ne qualifions-nous pas certains êtres de bestiaux et d'autres d'angéliques ? car il n'existe pas de véritables dissemblances de nature ou d'essence, mais des conditions impermanentes régies par le *karma* de chacun. Les secteurs de la Roue sont moins des lieux définis que des états de conscience, des types, des caractères. Tel est le point de vue du Zen.

Au moyeu du *Bhava-chakra*, d'où partent les six rayons, figurent en une ronde perpétuelle trois animaux qui se tiennent l'un l'autre. Le porc incarne *avidyâ*, l'ignorance, l'aveuglement, premier stade de la Production conditionnée, donc le point de départ d'une nouvelle existence ; le coq, *trishnâ*, les appétits sensuels, cause de l'attachement au monde de la souffrance, enfin, le serpent, tel celui de la Genèse, symbolise la haine (*dvesha*), le désir de nuire. Ce sont là les « trois racines de l'erreur » qui mettent la Roue en mouvement, et déterminent la Production conditionnée dont les étapes sont imagées dans le grand cercle extérieur qui ferme la Roue des existences, ou des devenirs. À l'extérieur, les Tibétains peignent un être fantastique, couronné de têtes de morts et tenant entre ses crocs, ses mains et ses pieds griffus la Roue elle-même, c'est *Yama*, le maître des Enfers.

Par-delà cette imagerie pédagogique, pittoresque et naïve, quelles leçons peut retirer le bouddhiste occidental, le pratiquant du Zen, de la notion de *karma* ? Il faut d'abord éviter une erreur d'interprétation courante : le *karma* n'entraîne nullement un déterminisme sans remède. Dans le bouddhisme l'application du principe de causalité est toujours nuancée par la notion d'interdépendance ; les causes d'un effet sont toujours multiples, de même une cause engendre plusieurs effets. L'interdépendance entre les actes fait que des actions bonnes en soi ne donnent pas nécessairement des résultats favorables, car elles peuvent être contrecarrées par d'autres actes répréhensibles qui les empêchent de produire leur fruit. Ensuite, il est toujours possible de modifier son *karma*, ou de le neutraliser. Ainsi, le zazen est donné par les maîtres comme l'allégeant ou même le consumant graduellement. Enfin, le *karma* n'est pas l'unique facteur du conditionnement de l'existence. Selon le *Sîvaka sutta*[28], le Bouddha lui-même en reconnaît plusieurs autres : *utu niyâma*, la loi atmosphérique, *bîja niyâma*, la loi biologique, *dhamma niyâma*, la loi physique et même *citta niyâma*, la loi psychologique. Autrement dit, la loi karmique n'est qu'une des cinq déterminations du destin humain.

Là où le *karma* joue un rôle majeur, c'est dans la genèse d'une nouvelle existence. Nous naissons, et nous ne pouvons naître que porteurs d'un lourd héritage, les *vâsanâs*, traces des anciens *samskâras* réactivés dans le nouvel être. Ce sont les préformations du mental, les projections que nous émettons automatiquement et à notre insu sur le réel et qui le voilent à nos propres yeux. Les *samskâras* proviennent d'*avidyâ*, l'ignorance ; autrement dit, l'aveuglement teinté de désir engendre l'attachement persistant à l'existence, parce qu'elle nous apparaît comme la seule manifestation possible de l'Être.

Du point de vue bouddhique, nous ne naissons pas *ex nihilo*, mais du *karma* qui préconditionne notre devenir (*bhava*). Semblable conception n'évoque-t-elle par la notion d'hérédité, d'atavisme, telle que l'a étudiée et biologiquement localisée la génétique moderne ? Le rapprochement est d'autant plus tentant que pour le bouddhisme le *karma* détermine le choix de nos parents, donc des ancêtres, car il doit y avoir équivalence entre l'état karmique auquel est parvenu l'être au cours de son développement antérieur et le patrimoine de la lignée, transmis par les géniteurs ; il sélectionne également le milieu géographique, social, religieux, culturel de la nouvelle incarnation. Mais on voit immédiatement qu'il n'y a là que fausse ressemblance ; on ne peut comparer un coup de dés et un acte volontaire. Mais de qui ? Du résidu karmique encore actif, ou, pourrait-on dire, encore émetteur ? Plutôt de l'élan vital irrépressible qu'est *avidyâ*, moteur de l'existence.

En tout état de cause, le *karma* ne peut constituer une excuse. La responsabilité de notre naissance, nous ne pouvons la rejeter ni sur nos parents, ni sur une puissance extérieure qui nous aurait contraints à « descendre » sur cette terre, ni non plus sur le hasard * puisque c'est nous qui en définitive l'avons prise. Le *karma* ne saurait servir de justification à nos errements. Je pense à un jeune moine à qui je reprochais un comportement peu conforme à sa recherche et qui me répondit : « Qu'est-ce que tu veux ? Je n'y peux rien, c'est mon *karma* ! » Certes, nous avons à

---

* Voir Hasard, Vide et *Dharma*, p. 193.

l'assumer, mais aussi à le modifier, sans quoi notre vie aurait été vécue en vain. Le *karma* n'exerce aucune action déterminante sur nos actes présents ; il engendre des situations données, mais non notre réaction qui demeure libre ; il pose les questions, mais ne fournit pas les réponses.

En Zen, la notion de *karma* est d'une grande utilité, puisqu'elle souligne l'inanité de la croyance en une personnalité autonome. Si on lui retire tout ce qui lui est venu d'ailleurs, il ne subsiste plus rien, sinon une impression fallacieuse de continuité qui ne dispose plus d'appuis solides. Selon les maîtres, il est possible par la pratique de zazen de s'affranchir même de ces déterminations karmiques. En effet, ce n'est pas le moi conditionné qui fait zazen, mais notre « nature de Bouddha », l'être en nous découvert et libéré. Zazen peut exercer une telle action dissolvante, parce qu'il est, ou au moins devrait être, l'exemple même de l'acte désintéressé (en japonais, *mushotoku*, « sans aucune arrière-pensée d'un profit quel qu'il soit »). Par lui-même, zazen est *wou wei*, « non-agir », dans la mesure où l'on se trouve alors dans l'état de *wou nien*, « non-pensée ». Toutefois, son effet demeurerait illusoire, si ce désintéressement, nous ne l'étendions à la vie quotidienne.

Tout acte, mauvais ou bon, est producteur de *karma* négatif ou positif, ce dernier est lui-même dangereux, puisqu'il n'est pas libérateur, mais il existe aussi un *karma* qui s'éteint de lui-même (*akarma*), ne porte pas de « fruit ». Tel est un des enseignements fondamentaux transmis, dans la *Baghavad Gîta*, par le Seigneur Krishna à Arjuna sur le champ de bataille, alors que celui-ci hésite à s'engager dans une lutte fratricide qui sera meurtrière :

> « Celui qui dans l'action (*karma*) sait voir l'inaction (*akarma*) et dans l'inaction l'action, celui-là parmi les hommes possède l'intelligence [des choses] ; c'est uni [au Brahman] qu'il accomplit toutes les œuvres.
>
> Celui dont toutes les entreprises sont vides de désirs et d'intérêts, toutes ses actions étant consumées par le feu de la connaissance, les hommes éclairés l'appellent sage.
>
> Pour l'homme libre de tout attachement et qui, sa conscience fermement établie dans la connaissance, accomplit l'action en sacrifice, l'œuvre entière se dissout[29]. »

Ce qui, dans la *Bhagavad Gîta*, est exposé par un dieu dans une perspective religieuse et même dévotionnelle, se trouve repris, mais sans un tel recours, dans les sûtras bouddhiques. Ainsi, dans le *Samyutta-nikâya*, il est dit :

> « Si un ignorant a l'intention de faire un acte méritoire ou déméritoire, sa conscience tend vers le mérite… Au contraire, le sage ne s'attache pas à l'acte, ne se l'approprie pas [il ne s'en attribue pas le mérite]. Ne s'appropriant pas, il ne se tourmente pas ; ne se tourmentant pas, il est de par lui-même intérieurement tout à fait apaisé. »

Citant ce texte, Lilian Silburn[30] le commente ainsi : « Pour être apte à organiser la destinée individuelle, l'acte doit provenir d'une pensée intentionnelle, être volontairement assumé et accompli sciemment ; lui seul suscite la durée car les instants liés par l'intention ou le désir intense forment des synthèses plus ou moins organisées selon la tension qui les unit.

Mais, ainsi que le Bouddha le révèle, l'acte n'enchaîne pas [nécessairement] l'acte. À chaque instant, l'agencement peut être désarticulé, la durée brisée par celui qui, prenant conscience de l'instant naissant, examine le *dharma* sans se ployer vers ce qui précède ou ce qui suit. Affranchi du vouloir vivre, en pleine quiétude, il se tient à chaque instant à l'origine de lui-même, la pensée souple, vigilante, dressée hors du temps. »

Sur ce point essentiel, ont insisté avec force les maîtres du tch'an chinois adaptant à la perspective karmique du bouddhisme le principe taoïste du *wou wei*, tel qu'il est explicité dans le *Tao tö king*, du « non-agir » qui n'est point du tout passivité [31], mais action entreprise sans intentionnalité, action (*karma*) dans l'inaction (*akarma*) et inaction dans l'action, non-intervention dans le cours naturel des choses, donc respect du *Tao*, du *Dharma*, et finalement spontanéité totale, acte libre de toute détermination, de toute attache aussi bien en amont, par rapport au passé, qu'en aval, par rapport à l'avenir. Le *wou wei* est le complément naturel et nécessaire, l'illustration dans la vie de relations de ce qu'est le *wou nien*, le « non-pensé », dans la vie intérieure.

Ce non-agir est précisément ce à quoi nous nous exerçons en zazen, en particulier au cours d'une sesshin, où ne compte pas seulement la perfection de la posture, mais celle de la marche dans le *kin-hin*, de la manducation lors du repas pris en silence, et à la base de toutes les autres, la perfection de la respiration attentive et consciente. L'action menée à son épanouissement se suffit à elle-même, elle se résout en se consumant sans laisser de traces, ce qu'exprime Maître Dôgen dans un des poèmes du *San sho doei* :

> « Où qu'il aille, d'où qu'il vienne,
> L'oiseau aquatique efface son sillage,
> Mais jamais ne perd son chemin. »

Lorsque nous avons expérimenté la nécessité d'une réforme radicale de l'acte, de l'état d'esprit dans lequel il doit être accompli, nous comprenons subséquemment comment l'on peut se débarrasser des éléments nocifs du *karma (akushala)* que sont les actions reposant sur les bases malsaines que sont le désir, l'avidité (*lobha*), la haine, l'exécration (*dvesha*), la confusion d'esprit, l'égarement dans l'illusoire (*moha*), grâce à une interversion qui substituera à l'instance perverse son exact opposé. L'avidité sera transmuée en *dâna*, l'exercice de la générosité, la haine deviendra *maitri*, la bienveillance active à l'égard de tous les êtres, enfin la confusion d'esprit, *jñâna*, la discrimination clairvoyante. Ce mouvement de conversion est illustré dans le bouddhisme tibétain par la métamorphose des divinités terribles en bodhisattvas. Aussi, dans le Zen, dit-on couramment : « Ne vous appuyez pas sur vos qualités, mais sur vos défauts. »

Dans *Le Dharma du Bouddha. Un enseignement né d'une expérience*[32], Chantal Duhuy remarque : « Le Bouddha a été le premier à explorer complètement la temporalité en tant qu'obstacle à la délivrance et à sonder la nature de l'acte en rapport avec le temps. » L'acte habituel (*karma*) institue par lui-même le déroulement du temps, en ce sens qu'issu du passé, il détermine l'avenir, ne laissant entre eux qu'un intervalle théorique, le présent, le moment même de l'acte qui se trouve de ce fait éclipsé : « ainsi le flux impur du devenir s'écoule et se renouvelle ». Mais il ne dépend que de l'individu de l'arrêter. Le méditant s'abstrait de cette astreinte ; « il prend conscience que les expériences qui se succèdent en lui sont [seulement] contiguës, qu'elles ne se conditionnent plus. Il est donc délivré de toute construction temporelle[33] ».

Pour lui, désormais, l'acte s'accomplit dans l'instant même, s'y achèvent et s'y résorbent sans laisser de trace les *vâsanâs* et les *samskâras* qui, par leur nature, engendrent dans le futur projections et déterminations. Il y a donc « solution de continuité temporelle. Lorsque celle-ci devient permanente, on peut parler de la délivrance de la chaîne karmique[34] ».

L'instant par excellence, sans passé ni avenir, qui échappe totalement au temps est celui de l'Éveil. À partir de cet instant-là, le délivré demeure dans l'Éternel Présent. Il est en permanence « ici et maintenant » ; il peut donc « à chaque instant se situer dans l'initiative de l'acte sans l'achever ni se l'approprier. Il n'est plus que fulgurations d'actes momentanés jaillissant [directement] de l'intériorité. Son action, dite *kiriya*, est désormais efficiente parce qu'elle est pure, vide, car dénuée de conceptions, perspicace puisque sans confusion, intense parce que vécue à même l'instant, spontanée, agile, bondissante, bien ajustée[35] ».

Sans viser, et parce qu'il ne vise pas, le délivré touche la cible en son centre.

Cet état, nous pouvons en goûter la saveur unique lorsque nous pratiquons zazen, lorsque zazen commence à pénétrer insidieusement notre vie quotidienne et à l'imprégner. Sans doute ne s'agit-il que de brefs instants, mais ils sont déjà d'une certaine manière éternels, ils sont promesses d'Éveil.

En somme, ainsi qu'on vient de le voir, la conception du *karma* a réponse à tout. En cela, elle est suspecte et certaines de ses applications naïves sont en effet inadmissibles. Le scepticisme à son égard n'est que trop justifié par l'emploi abusif que certains en font. En Inde, par exemple, il arrive qu'on invoque le *karma* pour justifier l'injustifiable, la « non-assistance à personnes en danger » : venir en aide à ceux qui ont faim nuirait à leur *karma* ! Sans aller jusqu'à une aussi monstrueuse hypocrisie, la notion de karma peut servir de refuge à l'égocentrisme et même le nourrir, le dilater, alors qu'il devrait conduire à se méfier du moi, à se désidentifier d'avec lui.

De toutes manières, l'idée qu'on s'en fait ne peut être qu'erronée si elle n'est pas totalement désintéressée. Lorsque la conception du *karma* n'est qu'une façon d'arranger les choses, par exemple de nous laisser espérer un supplément d'existence, une continuation, une persistance de notre personnalité par-delà la mort, elle est même tout à fait nuisible. C'est pourquoi les maîtres sont d'une prudence extrême quand il s'agit de l'expliquer. L'enseignement de l'« ermite contemplatif tibétain », le *gomchen* de Lachen, qui fut son initiateur, rapporté par Alexandra David-Neel dans *Immortalité et réincarnation*[36] est, sous ce rapport, exemplaire. Pour conclure cet exposé, nous ne pouvons que citer ce texte, car toutes ses nuances sont importantes : « Ceux qui veulent se convaincre de leur durée en se fondant sur la croyance aux réincarnations et aux souvenirs qu'ils en conservent — ou que d'autres prétendent conserver — de leurs vies précédentes font fausse route. Ils croient que leur Moi est un bloc homogène, tandis qu'il est, comme le bouddhisme l'enseigne, un agrégat et que chacun des éléments qui composent ce groupe est essentiellement transitoire, n'existant, momentanément, qu'en dépendance de causes multiples… L'activité de ces éléments, comme toute autre activité physique ou mentale, engendre des forces [énergies]. Celles-ci rayonnent et alors qu'elles rencontrent des conditions propices et des groupes [des individus] réceptifs, elles s'incorporent à ces groupes — se réincarnent et poursuivent leur vie… Perceptions, sensations, consciences-connaissances voyagent à travers le monde et ne sont le bien propre d'aucun de nous. »

Notre personnalité présente est composée de pièces et de morceaux de provenance ancienne et diverse, rassemblés non au hasard, mais selon une certaine attirance karmique ; cependant, elle n'en est pas moins originale et unique, en ce sens qu'elle ne se reproduira jamais plus. On ne peut donc normalement « retrouver ses vies antérieures », mais seulement des bribes de conscience de ceux qui les ont jadis vécues.

À « la question du déjà-vu », de l'impression éprouvée par certains de « s'être trouvés en un lieu ou dans des circonstances avec lesquels ils n'ont pourtant eu aucun contact précédemment », le *gomchen* répond : « La "conscience" de s'être trouvé en ce lieu ou dans ces circonstances *a existé* *, elle a été ressentie par certains individus, elle a pu transmigrer et se "réincarner" ** dans la personne qui le ressent présentement et se manifester sous la forme de souvenirs plus ou moins lucides. »

Ainsi formulée, la conception du *karma* ne fournit guère d'arguments aux prétentions naïves d'esprits crédules ; elle semble même rationnellement acceptable, comme l'est la conclusion d'Alexandra David-Neel qui complète son exposé magistral, en faisant intervenir un rapport héréditaire avec l'évolution en tant qu'un des éléments constituants de la conscience *âlaya* : « Toutefois, ce dont nous pouvons être presque certains, c'est que les diverses actions et réactions, qui ont constitué l'activité des êtres tout au long des millions d'années qu'a duré leur évolution, ont laissé, sous une forme ou sous une autre, des traces dans la substance qui constitue chacun des êtres existants présentement. Des forces agissantes transmises par nos ancêtres habitent en nous, s'y sont réincarnées.

---

* Souligné dans le texte.

** Nous ajouterons : attirée par une certaine affinité.

Sans doute ne pouvons-nous pas remonter indéfiniment la longue file de ces réincarnations, bien que nous puissions trouver dans les données scientifiques un étai solide à notre conviction. Cependant par la méditation, par l'introspection assidue et lucide, nous pouvons arriver à discerner, active en nous, sous la forme d'impulsions de pensées, de façons de voir, la présence des personnalités multiples qui constituent notre Moi présent et assurent, par son intermédiaire, comme nous l'assurerons, à notre tour, en vivant en nos successeurs, une pérennité incommensurable… peut-être éternelle.

Ce qui est ne peut cesser d'être. »

Sagesse et compassion

« Pas de sagesse sans compassion : pas de compassion sans sagesse » est un des préceptes fondamentaux du bouddhisme *Mahâyâna.* La sagesse dont il est question est la Sagesse suprême, la « Sapience » (*Prajñâ*), de même la compassion (*Karunâ*) est universelle, elle s'adresse à tous les êtres, elle participe sans réserve à leurs souffrances — et tente de les soulager —, mais également à leurs joies, tandis que la charité chrétienne ne s'exerce qu'à l'égard de nos semblables et en tant qu'ils sont comme nous enfants de Dieu, ce qu'il faut d'abord reconnaître et accepter. La compassion, elle, ne demande, en principe, aucun effort, elle résulte de l'abolition du moi en tant qu'entité autonome, fermée sur elle-même et séparée des autres. Dans la pratique de la méditation, cet isolement cesse de lui-même, nous nous mettons à communiquer, à communier spontanément, naturellement avec tous les êtres de l'univers ; nous nous éprouvons comme exactement solidaires de tous. Cela est déjà en soi libération.

Dès lors, se trouve exclue l'idée d'un salut personnel. Le premier vœu du moine bouddhiste est : « Aussi nombreux que soient les êtres, je fais le vœu de les faire tous parvenir [avant moi] à l'Éveil *. » Le moine s'affirme ainsi en tant que bodhisattva (littéralement « être éveillé »), terme qui désigne celui qui, parvenu à l'Éveil, renonce à la perfection du *nirvâna*, tant qu'il n'aura pas réussi à délivrer tous les autres. Mais quels autres ? Tous les êtres vivants quels qu'ils soient ; un commentaire au premier vœu monastique précise : « jusqu'au moindre brin d'herbe », telle est l'extension du principe de solidarité universelle [37].

La première des vertus éminentes, transcendantes que pratiquent les bodhisattvas, les *Pâramitâs*, est *Dâna*, le « don », le don parfaitement désintéressé, parfaitement naturel aussi, puisque le bodhisattva ne possède plus rien en propre. *Dâna* équivaut à *Maîtrî-Karunâ*, bonté, bienveillance et compassion-miséricorde. La sixième et dernière *Pâramitâ* est *Prajñâ*, la Sagesse, engendrée par la cinquième, *Dhyâna* (en chinois, tch'an, en japonais zen). C'cst donc par *Dâna-Karunâ* que l'on entre dans la Voie qui conduit à *Prajñâ* et on ne peut atteindre celle-ci qu'après avoir pratiqué les *Pâramitâs* intermédiaires, *Shîla*, la moralité naturelle qui s'impose d'elle-même — mais que rappellent *Saîla*, les préceptes, les prescriptions —, *Kshânti*, la patience, l'acceptation qui supporte l'adversité sans se laisser détourner de la Voie, *Vîrya*, l'énergie, la force de volonté, la détermination.

---

* Et non comme on traduit souvent : « de les sauver tous », la notion de salut étant étrangère au bouddhisme.

Pour le pratiquant, l'apparition spontanée, qui parfois le surprend, d'une meilleure compréhension d'autrui, d'une plus grande tolérance à son égard, d'un désir sincère de lui venir en aide, est le signe le plus sûr du dépassement libérateur de l'illusion du moi. Il n'oubliera pas cependant le second terme de la proposition : « Pas de compassion sans sagesse », car une compassion non éclairée ne saurait être efficace. Les deux termes doivent être exactement égaux et symétriques, comme les plateaux d'une balance.

Par l'importance primordiale donnée à la compassion, le *Mahâyâna* s'écarte de l'*Hînayâna* en proposant un nouvel idéal, le bodhisattva. Sans doute, ce terme était-il déjà employé dans les textes du Petit Véhicule, mais il ne s'appliquait qu'au Bouddha historique, Shakyamuni, qui se conduisit en bodhisattva au cours de ses existences antérieures et l'était encore quand il naquit pour sa dernière vie terrestre, jusqu'à l'Éveil parfait qui, sous l'arbre de la Bodhi, fit de lui un Bouddha accompli. Ce préalable, le *Mahâyâna* l'attribue à tous les Bouddhas futurs — tel Maitreya, le « suprêmement compatissant », le Bouddha encore à venir, cinquième et dernier des Bouddhas terrestres —, ils existent déjà en ce monde sous la forme de bodhisattvas.

Se trouvait de ce fait dépassé l'idéal hinayâniste de l'*Arhat*, celui qui, arrivé au terme du Sentier surnaturel (*Arya-Mârga*), a acquis la connaissance parfaite et, définitivement purifié de toute souillure et de toute passion, est libéré du *samsâra* (le cycle des naissances et des morts) et prêt à entrer en *nirvâna*.

Cette préoccupation exclusive du « salut » individuel semble au *Mahâyâna* contraire à l'esprit du bouddhisme et même indigne de lui. Les *Arhats* ne peuvent être des Bouddhas accomplis. Le *Mahâyâna* fait pourtant une place entre ces derniers et les *Arhats* à ceux qu'il appelle des *Pratyekas Bouddhas* (littéralement, « illuminés solitaires »). Ils ont reçu la connaissance suprême surgie en eux spontanément, en fonction des progrès vers la compréhension réalisés au cours d'existences antérieures ; ceci sans qu'ils aient recours à l'enseignement. Leur acquis est de ce fait incommunicable ; aussi n'enseignent-ils pas. Reconnus en tant que tels, ils sont évidemment inférieurs aux « pleinement Éveillés » (*Samyak-Sambuddha*) qui, ayant découvert en eux-mêmes et par eux-mêmes la Vérité ultime, répandent pour le bien de tous la méthode qui permet d'y parvenir[38].

Plus important pour les pratiquants que ces distinctions subtiles est le rôle majeur joué par les bodhisattvas dans tout le *Mahâyâna* y compris le Zen qui, à la grande époque du tch'an en Chine, fut dénommé « Véhicule supérieur » ou « Véhicule des bodhisattvas ».

Êtres déjà éveillés ayant atteint la Connaissance suprême, les bodhisattvas, ne possédant plus de moi, peuvent se consacrer tout entiers au service d'autrui, dont ils ne se distinguent que par leur altruisme.

> « En considérant que le monde est souffrance, il [le bodhisattva] sait bien ce qu'il en est [du monde] et comment on lui échappe. Et pourtant il ne se lasse jamais,

le compatissant ! » — « Lorsqu'il est parvenu à un état de conscience égal envers soi et envers autrui, s'il en arrive à préférer les autres à soi-même et à considérer le bien d'autrui comme supérieur au sien, alors, pour le bodhisattva, où est le bien d'autrui, où est son bien propre[39] ? »

Sans l'avoir nullement cherché, les bodhisattvas montrent l'exemple, ils sont des modèles d'hommes parfaitement accomplis. C'est en référence à ces prototypes inégalables, mais qu'ils doivent imiter, que ce nom est conféré à ceux qui, dans le Zen Sôtô, sollicitent l'ordination de bodhisattva, préparatoire à celle de moine et qui ne s'en différencie que parce que leur engagement n'est pas définitif. Plus généralement, dans les pays bouddhistes, les bodhisattvas restent des laïques et demeurent dans le siècle, ce qui est une manière, la plus difficile peut-être, d'exercer leur compassion. Alors que dans le *Théravada* ou *Hînayâna* la délivrance ne pouvait être obtenue que par les moines, elle est dans le *Mahâyâna* à la portée des laïques eux-mêmes. C'est en raison de cette ouverture qu'il a été qualifié de « Grand Véhicule ».

À côté des bodhisattvas qui ont vécu ou vivent parmi les hommes, il existe des bodhisattvas dits « transcendantaux », propres au *Mahâyâna* et qui y sont très vénérés. Par la pratique des six *Pâramitâs*, ils ont atteint la condition de Bouddha, mais diffèrent leur entrée en *nirvâna*. Ce sont des émanations des cinq Bouddhas, régents et protecteurs de l'univers. Chacun de ceux-ci a donné naissance à un Bouddha terrestre, tel Shakyamuni, qui a répandu ou répandra la Doctrine (le *Dharma*), et à un bodhisattva qui représente sa compassion active.

Les trois les plus connus et les plus vénérés sont : Mañjusrî, le « noble et doux », le bodhisattva de la Sagesse, vainqueur de l'ignorance ; Samantabhadra, celui qui est « toute bénédiction », considéré comme le protecteur du *Dharma* et de tous ceux qui le répandent ; enfin et surtout Avalokiteshvara *, le « Seigneur qui regarde l'ici-bas », qui se penche sur les misères du monde, ou « la lumière du monde qui entend ses supplications ». C'est le bodhisattva de la Grande Compassion (*Mahâkarunâ*). En tant que représentant de l'inépuisable bienveillance de tous les Éveillés qui s'est concentrée et cristallisée en lui, Avalokiteshvara est l'objet d'un culte fervent et confiant dans toutes les Écoles mahâyânistes ; c'est par excellence celui que l'on n'invoque jamais en vain. Son action en tout temps, en tout lieu, en toutes circonstances est magnifiée dans le *Sûtra du Lotus de la Bonne Loi* (*Saddharmapundarîka sûtra*). On sait l'importance du mantra *Om Mani Padme Hum* qui lui est attribué, en particulier par le bouddhisme tibétain. Dans l'iconographie, Avalokiteshvara est souvent associé à Mañjusrî, puisqu'ils représentent les deux vertus fondamentales et complémentaires.

L'affectueuse vénération à l'égard d'Avalokiteshvara est telle que chacun des peuples pratiquant le *Mahâyâna* se l'est en quelque sorte approprié. En Chine, il est devenu Kouan-yin, « celui qui est atten-

* Ces trois bodhisattvas sont invoqués fréquemment dans le Zen, en particulier dans le sûtra qui est récité avant chaque repas.

tif aux voix du monde» et, à partir des VIIe-VIIIe siècles, a pris l'apparence féminine, sous l'influence, disent les historiens, du taoïsme populaire et de l'introduction dans le bouddhisme d'éléments tantriques, mais peut-être tout simplement parce que les Chinois avaient peine à concevoir la compassion sous une forme masculine. Comme on représente souvent Kouan-yin vêtue de blanc et tenant un enfant dans ses bras, certaines de ses statues ressemblent à celles de la Vierge. Mais Marie n'est-elle pas dans le christianisme la figure archétypale de la compassion ? Au Japon, Kouan-yin est devenue Kanzeon ou Kwannon, figure également féminine. Dans le sanctuaire national de Nikko, où Kwannon est représentée sous ses diverses formes, la plus singulière porte une tête de cheval blanc sur le front. Cette *Kannon-Batô* est vénérée comme protectrice des animaux ; lui est consacrée une jument blanche abritée dans l'« écurie sacrée » proche de son temple[40].

Enfin, sous le nom de Tchenresi, « celui qui regarde de ses yeux clairs », Avalokiteshvara est le protecteur du Tibet. Il est si étroitement lié au destin de ce pays que le grand roi Songtsen Gampo (620-649), qui introduisit le bouddhisme dans son royaume, est considéré comme l'une de ses incarnations. Encore aujourd'hui, il en va de même pour deux des plus hauts dignitaires religieux, le Dalaï Lama (« Océan de sagesse ») et le Karmapa (« homme à l'activité de bouddha »), chef spirituel de l'École Karma-Kagyu ; ils sont les représentants terrestres de la compassion du grand bodhisattva. Si Tchenresi est masculin, il est assisté par les Târâs (en tibétain *Dölma*, « celle qui sauve ») émanées de lui et dont les plus connues sont la Târâ blanche et la Târâ verte.

Dans le Zen contemporain, Avalokiteshvara est toujours présent. L'*Hannya Shingyo* (*Prajñâ Pâramitâ Hridaya Sûtra*), le « Cœur du Sûtra de la Sagesse suprême », que l'on psalmodie solennellement tous les matins, est censé renfermer les instructions données aux adeptes du *Mahâyâna* par Avalokiteshvara lui-même, appelé dans le texte sino-japonais *Kanjizai bosatsu*, le « bodhisattva de la Vraie Liberté et de la Grande Compassion ».

De l'enseignement

Pendant certains zazens, mais pas tous, le maître dispense l'enseignement. C'est le *kusen*, ou *teishô*, « exposition, déroulement » de la Doctrine *. Il ne s'agit en aucune façon de quoi que ce soit de comparable à une conférence académique, ne serait-ce que parce l'enseignement véritable ne peut se donner qu'en zazen. Du fait qu'il s'adresse non au mental mais à l'esprit *hi-shiryô*, son mode d'action est en effet très particulier. Aussi Maître Deshimaru précisait-il qu'on doit seulement l'entendre, le laisser venir à soi, non l'écouter activement et tenter de le retenir. Il s'agit donc d'un mode d'« attention diffuse » comparable à certains égards à celle du psychanalyste qui entend le discours de l'inconscient de celui qu'il traite et perçoit derrière les mots ce que l'inconscient veut réellement dire. Ainsi médite-t-on

* Le *kusen* est une instruction familière, dictée à l'enseignant qui perçoit des besoins actuels de son auditoire. Plus solennel, le *teishô* s'adresse à une audience plus étendue, généralement dans un temple.

sur un *koân* avec un esprit libre, ouvert, sans préjugés ni projections, comme on écoute le vent qui souffle dans les arbres. Alors seulement, le *kusen* peut produire son effet, c'est-à-dire toucher juste, au bon endroit, au point sensible, par-delà les mots.

Du temps que je suivais l'enseignement de Maître Deshimaru, je ne pouvais venir à Paris qu'un jour par semaine. Au cours de ma méditation quotidienne, il m'arrivait de buter sur un obstacle, s'élevaient en moi des questions auxquelles je ne pouvais trouver de réponses. Je me disais : « Je les poserai à Sensei mercredi. » Tandis que je faisais à pied le trajet qui me conduisait, à l'aube, de chez moi au dôjô, je me remémorais ma question, afin de ne pas oublier de la poser lors du *mondo*. Mais, bien avant, au cours du *kusen*, la réponse m'arrivait. La première fois, je crus à une simple coïncidence, d'autant plus qu'il s'agissait d'un point précis qui me semblait personnel et que Sensei n'avait pas jusqu'alors abordé devant moi. Comme le même phénomène se reproduisait presque toutes les semaines, je me dis qu'il ne pouvait y avoir chaque fois coïncidence. J'interrogeai un ancien. La chose lui était familière, il ne s'en étonnait même pas. Sans doute avait-il raison car, lorsque je me mis à enseigner moi-même, au bout de quelque temps, certains auditeurs vinrent me faire part de leur étonnement, il leur était arrivé la même chose. Il n'y a là rien de miraculeux ni de magique. C'est un effet normal de la communication, dite « *I shin den shin* », « de cœur à cœur », qui s'établit spontanément entre enseignant et enseigné. Par une sorte de télépathie, l'enseignant saisit intuitivement les besoins, les questions des pratiquants et y répond inconsciemment.

Je n'ai cité cette anecdote que pour mieux faire comprendre la différence qui existe entre la pédagogie habituelle et le véritable enseignement dans le Zen. Ne peuvent y suppléer ni les livres, même écrits par des maîtres [41], ni des conférences. À ce propos, on raconte l'histoire suivante. Au temps où le Zen commençait à éveiller une certaine curiosité aux États-Unis, on avait invité un maître japonais à faire une conférence. Devant une très large audience, le moine parut sur la scène, posa son zafu, le salua, salua le public et s'assit en silence. Comme le silence se prolongeait, on commença à s'impatienter, certains quittèrent la salle. Elle était à moitié vide quand, au bout des vingt-cinq minutes réglementaires, le moine se leva, salua le public et sortit de scène. Il n'avait en somme rien d'autre à dire. Son message, demeuré incompris, signifiait : « Faites comme moi et vous verrez ! »

L'enseignement est donné seulement en zazen et de manière orale. À ce titre, on peut le qualifier d'ésotérique, à condition de prendre ce mot dans son sens propre, « à l'intérieur ». Il en a toujours été ainsi avec les doctrines traditionnelles. En Grèce, le mot « ésotérique » désignait un enseignement transmis aux seuls disciples choisis qui entouraient le maître. Il eût été vain de le dispenser à ceux de « l'extérieur », puisqu'ils n'étaient pas assez mûrs pour en profiter. Pas plus que Jésus, le Bouddha n'a rien écrit. De l'un comme de l'autre, nous ne possédons que leurs paroles transmises oralement pendant fort longtemps avant d'être consignées par écrit. Il en va de même pour le Zen ; a fortiori, puisqu'il se donne pour une « transmission spéciale par-delà les Écritures » (*Kyôge Betsuden*), caractère qui le distingue des autres Écoles du bouddhisme.

Le *mondo* est le complément du *kusen*. Sans quitter la posture, les disciples se tournent vers le maître qui répond à leurs questions. Parfois, il n'y en a pas et l'on reprend zazen ; parfois, au contraire, le *mondo* est très animé et se prolonge si longtemps que le maître doit l'interrompre.

Qu'enseigne-t-on dans le dôjô ? Moins une doctrine qu'une expérience d'Éveil, moins un modèle que des exemples, l'expérience de ceux qui ont parcouru la Voie avant nous et qui, à ce titre, peuvent nous y guider, et, en dernier ressort, l'expérience originelle de l'Éveil, telle que la divulgua le Bouddha Shakyamuni.

Qui enseigne dans le dôjô, sinon lui ? C'est pourquoi la diagonale qui relie la statue du Bouddha sur l'autel à l'enseignant ne doit jamais être coupée, ce qui oblige les disciples placés à sa droite à faire le tour du dôjô pour ressortir par le côté gauche, car, normalement, le maître non seulement enseigne au nom du Bouddha, mais il se trouve en communication directe, « de cœur à cœur », avec lui, comme les disciples avec le maître. Celui-ci n'est donc qu'un intermédiaire. Ses références sont les expériences d'Éveil de ses prédécesseurs depuis Shakyamuni, les « patriarches » et les maîtres de la transmission jusqu'à son propre maître, en une succession ininterrompue depuis plus de deux millénaires, de l'Inde où elle prit naissance, à la Chine, puis au Japon, enfin en Occident.

Cependant, l'enseignement n'a rien d'impersonnel. Ce que transmet le maître, et il ne peut transmettre rien d'autre, c'est sa propre compréhension du *Dharma*, « ici et maintenant », donc immédiate, directe, et perçue comme telle par les disciples dans le moment où ils se préparent à faire une telle expérience. C'est pourquoi cette compréhension ne peut être exposée qu'en zazen et elle doit être comprise par-delà les mots, donc ressentie intérieurement (« ésotériquement ») plutôt qu'entendue.

Deux points de vue qui semblent s'exclure l'un l'autre en fait se complètent, car la compréhension du *Dharma* que le maître communique est celle que lui-même a reçue de son propre maître, qui l'avait reçue lui-même de son maître et ainsi, en remontant de maître en maître jusqu'au premier de tous, au fondateur, Shakyamuni.

De ce fait, l'enseignement est à la fois un et multiple, unique parce qu'il procède de la même source, différencié parce que chacun des maîtres de la succession l'a perçu avec son tempérament propre, filtré au travers de sa personnalité, et l'on sait que celle des maîtres du Zen fut toujours très forte. Tout se passe comme si, à chaque étape, le message était transcrit dans une nouvelle expression et de ce fait actualisé, adapté à l'écoute et aux besoins des contemporains. Ceux du Chinois du VIIIe siècle, du Japonais du XIIIe n'étaient pas identiques à ceux des disciples directs du Bouddha au Ve siècle av. J.-C. De même, l'écoute et les besoins des Occidentaux de la fin du XXe siècle diffèrent de ceux des Indiens, des Chinois et des Japonais. Le risque eût été grand, et il le serait aujourd'hui davantage, de divergences, de déviations, si précisément les maîtres n'étaient réellement unis par le lien indestructible qui les rattache les uns aux autres et tous au Bouddha. De ce fait l'enseignement demeure toujours diversifié, actuel et intemporel. Il n'abolit point le temps, il en tire profit ; de même se sert-il, en la surmontant, de la diversité des langages.

Kusen

Le corps médiateur de l'Éveil

C'est avec votre corps que vous méditez, non avec ce que vous croyez être votre esprit, qui est en fait votre mental. Celui-là, pour le moment, vous avez intérêt à le mettre de côté. Non seulement il ne vous servirait à rien, mais il ne pourrait que vous compliquer la tâche.

Qu'est-ce que mettre de côté le mental ? C'est simplement cesser de s'identifier avec lui, ne plus imaginer que nous sommes les pensées qui nous traversent et qu'il faut justement laisser traverser. On ressent cela en zazen. Spontanément, lorsque, la respiration s'approfondissant graduellement, nous parvenons dans la zone du calme qui doit être lucide et attentif, nous voyons les pensées effectivement défiler comme des nuages dans le ciel. Elles ne naissent pas de nous, elles passent, telles des images sur un écran, c'est notre petit cinéma intérieur, notre télévision portative ; parfois, il y a de bons films, mais c'est rare. Maintenant, au moins, nous n'en sommes plus dupes…

Méditez avec tout votre corps, pas seulement avec votre tête. Sinon, vous vous en apercevrez facilement, elle penchera vers l'avant. Maintenez-la bien droite ; imaginez-la fichée tout en haut de la colonne vertébrale à la manière d'une boule de bilboquet sur son manche. Elle se tiendra à sa véritable place, cessant de tyranniser le reste de l'organisme qui enfin pourra se détendre et s'exprimer, car elle ne lui laisse jamais la parole, sauf quand il crie parce qu'il souffre.

Si elle vous cause encore des ennuis, retirez-la et posez-la à côté de vous. Vous verrez comme les choses deviendront simples. N'oubliez tout de même pas de la reprendre avant de sortir du dôjô…

Il faut méditer avec son corps, pas contre lui. Peu à peu, il s'apprivoisera. Voyez en lui votre allié, pas votre ennemi. Pourtant, vos genoux vous font souffrir, vos articulations s'ankylosent et vous avez de plus en plus de peine à maintenir votre dos bien droit, parce que, dans la vie, nous nous tenons très mal. Mais le véritable responsable, ce ne sont pas eux, c'est encore votre mental, autrement dit votre moi. Il sait bien ce que vous complotez. Comment voulez-vous qu'il soit d'accord ?…

Je vous rappelle ce que répétait inlassablement Kodo Sawaki : « Poussez la terre avec les genoux et le ciel avec la tête ! » Plus vous vous appuyez fermement sur le sol, mieux vous pouvez vous déployer vers le haut. En zazen, il faut avoir les genoux, sinon les pieds sur terre.

La statuaire représentant le Bouddha au moment de l'Éveil le montre touchant la terre de la main. Que signifie ce geste ? Shakyamuni invoque la Terre-Mère, il lui demande de témoigner qu'il n'a pas rêvé ce qui vient de lui arriver, qu'il a bien atteint l'Illumination. Et la Terre lui répond.

En zazen, vous réalisez la posture idéale, vous êtes le Bouddha lui-même, l'Homme primordial, vaste comme l'univers, ne faisant plus qu'un avec lui ; vous êtes l'Arbre cosmique dont les racines s'enfoncent au plus profond de la terre, mais dont les branches atteignent le zénith. Cela grâce à votre corps qui unit Terre et Ciel. Ils communiquent entre eux par votre intermédiaire et en zazen, vous pouvez ressentir les courants cosmiques que vous êtes incapable de percevoir d'ordinaire, mais dont le conducteur privilégié est votre corps. Si vous êtes attentif, vous sentirez la Terre tourner, et vous avec.

Plus prosaïquement, en ce moment, vous êtes seul avec votre corps, qui est votre manifestation terrestre. Cette intimité est un instant rare et précieux. Le silence s'est fait tout autour ; maintenant vous pouvez l'entendre. Écoutez-le, car il a beaucoup à vous apprendre sur votre véritable nature, sur vos vrais besoins, sur vos vraies possibilités que masquent d'ordinaire les élucubrations du mental, ce grand bavard, ce grand menteur — mental et menteur ont même origine. Mais seul le mental ment, le corps, lui, ne le peut pas…

Respectez votre corps, il est le médiateur de l'Éveil, son instrument même. Un Éveil seulement mental, seulement sentimental, seulement intellectuel ne serait que le fruit de votre imagination. C'est là une tromperie dangereuse, la plus illusoire des illusions. Même si votre Éveil est véritable, il ne deviendra certain et opérant que lorsqu'il aura été confirmé par le corps, assimilé par lui, lorsque toutes vos cellules, jusqu'au fin fond de vos entrailles, en auront été informées, et cela prendra du temps, beaucoup de temps…

Étudiez les *satoris* des maîtres et vous verrez qu'ils furent d'abord physiques, souvent même violents. Maître Dôgen a écrit dans le *Fukanzazengi* :

> « L'ouverture à l'illumination dans l'occasion fournie par un doigt, une bannière, une aiguille, un maillet, l'accomplissement de la réalisation grâce à un chasse-mouches, un poing, un bâton, un cri, tout cela ne peut être entièrement saisi par la pensée dualiste de l'homme. »

En effet, celle-ci est si fermement attachée à notre mental que seul un choc imprévu peut lui faire lâcher prise. Les recueils zen fourmillent d'anecdotes qui le démontrent.

Parmi toutes ces histoires vraies, il en est une que j'aime beaucoup, celle d'un moine qui enseignait dans un monastère et qui, un jour, fut pris de scrupules. Que pouvait-il apprendre aux autres, puisque lui-même n'avait pas encore connu le grand Éveil ? Il décida alors de se retirer dans la montagne et de faire zazen sans discontinuer. Ses disciples construisirent avec lui un petit ermitage et le laissèrent seul, espérant le voir redescendre au bout de quelques semaines. Mais les années passaient. Plus il cherchait l'Éveil, plus l'Éveil le fuyait. Un soir, il vit la clarté de la lune filtrer à travers la cloison de bambous. Il sortit sur la terrasse. La lune en son plein illuminait le paysage, le rendait si beau qu'il lui semblait le contempler pour la première fois. Alors, le moine décida de rompre son jeûne. Il se fit chauffer une coupe de saké et la but à petites gorgées, confortablement installé. Il soupira d'aise, dénoua sa ceinture, étendit ses jambes et s'appuya sur la balustrade. À ce moment-là, il y eut un craquement et le moine se retrouva les quatre fers en l'air. Il éclata de rire, il avait obtenu l'Éveil.

Respiration et énergie cosmique

Zazen, c'est la posture, plus la respiration. L'une ne va pas sans l'autre et, finalement, seule la bonne posture permet la respiration correcte, point de départ de votre quête. Ce mode respiratoire particulier n'est nullement artificiel, c'est celui du nouveau-né — rappelez-vous ce qu'en dit le *Tao tö king*.

Seulement, cette respiration primordiale, vous l'avez perdue, on vous a appris à l'oublier. En Occident, on insiste à peu près exclusivement sur l'inspir : « Gonflez vos poumons, rentrez le ventre ! » Ici, c'est tout le contraire. On vous demande de ne porter attention que sur l'expir. Quand le piston sera à bout de course, il remontera tout seul. Dans le premier cas, il s'agit de la respiration pulmonaire, dans le second de la respiration abdominale. Comme il s'agit de la démarche inverse, automatiquement elle entraîne un mode de vie, un mode de sentir et de penser tout différents. Cela, je n'ai pas à y insister, vous l'expérimentez en ce moment, et vous en mesurez les conséquences.

N'allez tout de même pas trop vite en besogne. En zazen, vous partez d'un mode respiratoire qui est pour vous artificiel mais afin de retrouver la respiration originelle, la respiration naturelle. Donc, pas de hâte ! Allez doucement, patiemment. On ne modifie pas du jour au lendemain un processus vital, d'un coup, par la seule force de la volonté. Si vous allez trop vite, vous allez vous bloquer, autrement dit, vous risquez l'asphyxie. Ne retenez pas non plus votre souffle — nous ne sommes pas ici en yoga. Marquez tout au plus un léger temps d'arrêt pour prendre conscience des phases respiratoires. Vouloir trop bien faire tout de suite est la tendance de tous les débutants, alors qu'il faut seulement veiller à faire mieux, à ce que la respiration, comme la posture, soit toujours meilleure, de zazen en zazen, de sesshin en sesshin. Gardez toujours à l'esprit que vous pouvez faire mieux, mais plus tard, car jamais vous n'en aurez fini !

Ce que, pour le moment, vous avez à faire, c'est à prendre conscience d'un processus qui dans la vie courante est inconscient, parce que automatique.

Concentrez-vous sur lui, examinez-le attentivement. Représentez-le-vous, visualisez-le si possible. Ne soyez plus que votre respiration. Qu'est-ce que l'existence, sinon la respiration ? Qu'est-ce que le moi, sinon elle ? Votre moi est né, vous êtes « venus au monde », à l'instant précis où, alors que vous étiez à peine sortis du corps de votre mère, avec lequel vous ne faisiez qu'un, l'air est entré pour la première fois dans vos poumons, les ont déplissés. Ça vous a fait mal, vous avez crié. Eh oui, on naît en criant. Quelle leçon !

Ensuite, vous respirez, vous respirez pendant toute votre vie, sans un instant de répit, jusqu'à votre dernier soupir. Vous n'existez que parce que vous respirez, vous n'existez qu'entre votre première inspiration et votre dernière expiration. Vous savez que si vous pouvez vous passer de manger pendant plusieurs jours, de boire pendant toute une journée, vous ne pouvez vous dispenser de respirer pendant plus de deux ou trois minutes. Ce sont là, certes, des évidences, des banalités, mais justement zazen c'est aussi ça : découvrir l'étrangeté du banal…

Qu'est-ce donc que l'air que vous inspirez, qui vous donne la vie ? Pas seulement un gaz composé d'oxygène et d'azote, d'acide carbonique et de vapeur d'eau, comme vous l'avez appris à l'école ; il est traversé de rayons venus de très loin, du fin fond du cosmos. Y flottent toutes sortes de particules, d'atomes, d'électrons, de germes, en un mot, il est porteur de l'énergie universelle, origine et aliment de votre vie.

En pratiquant la respiration lente et approfondie de

zazen, vous absorbez cette énergie consciemment, vous la dirigez, vous suivez son parcours dans l'organisme, vous la faites descendre, afin qu'elle l'irrigue tout entier, qu'elle le nettoie et le nourrisse, vous la faites descendre jusqu'à l'abdomen, jusqu'à ce point situé à trois travers de doigt sous le nombril, que l'on appelle en japonais *kikaï-tanden* et en chinois *k'i-haï*. C'est le centre vital où se rassemble le *k'i*, l'énergie cosmique, d'où elle se répand dans tout le corps. Maître Deshimaru a dit : « Le Cosmos tout entier est empli de cette force que nous nommons le *k'i* et notre propre vie n'est qu'une vague au sein de la vie cosmique illimitée. Si nous comprenons cela, nous pouvons utiliser le *k'i*, cette force illimitée, à n'importe quel moment et n'importe où. Nous pouvons alors la transmettre. »

Ceux qui pratiquent les arts martiaux connaissent l'importance extrême du *kikaï-tanden*, plus couramment dénommé *hara*, et tout le monde sait ce qu'est lc *hara-kiri* — en japonais, d'ailleurs, ce mot est grossier, on doit dire : *seppuku* —, qui consiste à trancher d'un coup ce centre vital.

En zazen, il s'agit seulement de retrouver ce que nous avons perdu, de nous remémorer ce que nous avons su, en faisant consciemment ce que nous faisions instinctivement, mécaniquement. Là non plus, il ne s'agit pas d'apprendre une technique orientale qui nous serait extérieure, car le souffle, c'est l'âme, en latin *anima*, qui vient du grec *anemos*, « le vent » ; en grec, c'est *psychè*, qui a donné le « psychisme » et vient de *psychô*, « respirer », mais le souffle, c'est aussi l'Esprit, en latin *spiritus* et en grec *pneuma*, mots qui l'un et l'autre veulent dire le « souffle », mais ici il s'agit du souffle divin, comme dans la *Genèse* :

> « L'Éternel Dieu forma l'homme de la poussière de la terre, il souffla dans ses narines un souffle de vie. »

Dans l'Église d'Orient, toute méditation, toute prière s'appuient sur le souffle, sur l'expiration du souffle. Il en va encore ainsi aujourd'hui. Un auteur contemporain, Jean-Yves Leloup, dans ses *Écrits sur l'hésychasme* l'explicite en ces termes : « Cela ne veut donc pas dire… fermer les portes de la perception, mais au contraire les ouvrir, introduire du *pneuma*, du souffle dans chacun des sens pour qu'ils deviennent les organes de la connaissance de Dieu. »

De la vacuité

Tous les matins, en sesshin, vous récitez le *Maka Hannya Haramita Shingyo*. C'est la transcription sino-japonaise d'un sûtra sanskrit, le *Mahâ Prajñâ Pâramitâ Hridaya Sûtra*, ce qui signifie le « Cœur du Sûtra de la Sagesse suprême », car il s'agit d'une version extrêmement condensée d'une quarantaine de sûtras, censés avoir été prononcés par le Bouddha et qui renferment l'essence du *Mahâyâna*. Ce texte est donc commun à tout le « Grand Véhicule », les Tibétains le récitent, comme les Chinois, les Coréens, les Japonais, les Mongols, et nous-mêmes.

À la limite, vous pourriez n'étudier que ce texte qui contient tous les autres, mais il est, même en français, d'un abord abrupt et, pour les débutants, difficilement accessible. Ne vous inquiétez pas ; son sens se dévoilera peu à peu, en zazen et seulement en zazen.

Un des passages les plus énigmatiques de l'*Hannya Shingyo*, sur lequel vous avez buté, dit : « *Shiki fu i ku. Ku fu i shiki. Shiki soku ze ku. Ku soku ze shiki.* » — « Les phénomènes ne sont pas différents de la vacuité. La vacuité n'est pas différente des phénomènes. Les phénomènes deviennent vacuité, la vacuité devient phénomènes. » Ce que l'on traduit aussi souvent, mais de manière inexacte : « La forme n'est que vide, le vide n'est que forme. La forme devient vide et le vide devient forme. »

Proposition de toutes manières inadmissible pour le mental, et même absurde. Elle ne peut prendre de sens que grâce à la « pensée non pensée » (*hi-shiryô* en japonais, *wou nien* en chinois), autrement dit grâce à ce mode particulier de penser qui naît et se développe en zazen, car il ne s'agit pas d'une vue intellectuelle, mais tout intérieure, donc intuitive.

Cette vacuité, qui est absence de substance durable et autonome, qui est impermanence, c'est en vous que peu à peu elle se découvre. Elle est absence de détermination, transparence à soi-même, donc liberté. En prendre conscience, c'est se libérer, parvenir à la parfaite délivrance, qui est l'Éveil.

C'est aussi, en même temps, passer outre les apparences, passer derrière le voile des apparences, saisir que les phénomènes — tous les phénomènes, y compris nous-mêmes — émergent de la vacuité pour un temps et qu'ils y retournent, qu'il y a un aller et retour continuel de l'unité à la multiplicité et de la multiplicité à l'unité, et que l'une ne peut exister sans l'autre.

C'est pourquoi, dans le *San do kai*, Maître Shi-t'ou a écrit :

> « S'attacher aux phénomènes est cause d'illusion, mais s'attacher à la Vérité n'est pas le véritable satori. »

Il faut donc saisir ensemble, en même temps ces deux aspects qui semblent s'exclure l'un l'autre. Lors donc que vous commencerez à pénétrer le sens de l'*Hannya Shingyo*, votre pensée fonctionnera sur un mode différent, non dualiste, non plus strictement rationnel, mais intuitif, procurant une saisie directe, évidente, incontestable de ce qui vous semblait auparavant incompréhensible, parce que contradictoire. Alors vos propres contradictions se trouveront du même coup résolues. C'est avec cet esprit-là seulement que l'on peut résoudre les *koâns*.

Il s'agit d'une vérité d'expérience, d'une vérité expérimentale et expérimentée. Ainsi en va-t-il de tout le texte de l'*Hannya Shingyo* qui ne se dévoilera que peu à peu, au fur et à mesure que vous progressez sur la Voie. Vous n'aurez même pas à vous en occuper, les difficultés se dissoudront d'elles-mêmes, les barrières tomberont et tout à coup vous vous trouverez de l'autre côté, sans très bien savoir comment vous y êtes arrivé.

Ceux qui veulent apprendre

Il y a des gens qui viennent dans un dôjô pour apprendre. Naturellement, ils sont déçus, ils se sentent frustrés ; souvent, on ne les revoit plus. Ils se sont trompés d'adresse. Ici, ce qu'on vous apprend, c'est à oublier. Oublier ce que vous avez appris, ce que vous croyez savoir. Vous que je revois de sesshin en sesshin, vous l'avez déjà compris : le Zen est un peu fou !

Les projections inconscientes qui vous empêchent de voir clair, les idées toutes faites — mais par qui ?—, les préjugés solides comme des rocs, voilà ce dont il faut se débarrasser en zazen, par zazen. Pourquoi ? Afin de redevenir innocent, comme un enfant qui vient de naître, ou presque. Innocent étymologiquement veut dire « celui qui ne nuit pas », pas encore ; « celui qui est inoffensif », c'est-à-dire qui n'offense, qui n'agresse personne.

Lorsque, pendant une sesshin, vous sortez du zazen, hors du dôjô — ici vous avez de la chance, c'est dans un jardin —, je vous vois faire. Vous respirez à fond, vous écoutez les oiseaux, comme si vous ne les aviez jamais entendus, vous regardez les arbres, les nuages, le soleil, comme si c'était la première fois que vous les voyiez. Ce n'est pas une illusion, ce n'est pas un mirage, c'est la Réalité toute nue, celle que vous n'aviez pas encore perçue et que vous découvrez, parce que votre regard maintenant est devenu clair, même physiquement. Quand j'ai commencé zazen, lors de mes premières sesshins, c'est ce qui m'a le plus surpris, l'éclaircissement du regard des autres, d'où je pouvais conclure qu'il m'arrivait la même chose. Ici, quand je vous vois dans le jardin, je me réjouis : le zazen a porté ses fruits.

Pour certains, pour la plupart des débutants, ce n'est pas si simple. Il y en a qui ont le vertige, ou qui ont le souffle coupé, il y en a même qui se trouvent mal. Bien sûr, ce ne sont pas de véritables syncopes, mais tout de même ça leur fait peur. Alors, en moi-même, je me dis : « Voilà une bonne sesshin ! Au moins, il s'y passe quelque chose ! » Rassurez-vous ! C'est très rare qu'il y ait des morts, beaucoup moins que sur les routes. Et puis ceux-là, au moins, ils entrent directement en *nirvâna*, tandis que sur une route… !

Si quelques débutants subissent de tels troubles, lors du retour à l'origine, au point de départ, c'est qu'ils s'en sont trop éloignés. Il y a trop longtemps qu'ils les ont perdus de vue, qu'ils ont tout oublié. Quel choc de s'y retrouver, de tout retrouver d'un coup ! Parfois, pas toujours, bien sûr, il arrive que cela soit l'Éveil.

Parce que l'Éveil n'est pas forcément une partie de plaisir, il ne va pas sans risque. En reprenant la métaphore du Bouddha, avant de parvenir sur l'autre rive, celle du *satori*, l'au-delà du par-delà de l'*Hannya Shingyo*, il faut d'abord traverser le courant, traverser à la nage le fleuve, où il y a des remous, des tourbillons, des rapides. Et l'on n'est pas toujours très frais quand on retrouve enfin la terre ferme sous ses pieds. Pour se jeter à l'eau, il faut être passablement intrépide et même un peu casse-cou. Autrement dit, il faut ne plus pouvoir faire autrement. Tant que vous n'avez pas compris que l'eau vous porte, que vous êtes plus léger qu'elle — ce qui n'est pas a priori évident —, vous n'arriverez pas à nager et vous risquerez fort de prendre un bouillon.

En vérité, ce que vous avez à traverser, c'est le vide, ou plus exactement la vacuité, et vous ne pourrez y parvenir que lorsque vous vous serez vidés de vous-mêmes, lorsque vous serez devenus plus légers que l'air… En zazen, il n'existe pas de parachute, vous tombez en chute libre. Libre, vous m'avez bien entendu ? Sans attaches, libérés… Alors, vous vous apercevrez avec étonnement que vous êtes légers comme une plume, que vous planez, que vous volez. Bien sûr, pour en arriver là, il faut une certaine confiance, ou plutôt une confiance certaine, ou, si vous préférez, une certaine dose d'inconscience, ce qui n'est pas donné à tous !

De toute façon, pour le monde, par exemple pour vos proches qui vous ont regardé partir pour une sesshin, avec probablement quelque inquiétude, votre conduite, votre initiative semblent bizarres, suspectes même. Vous venez ici pour souffrir — vous payez même pour ça ! Du dehors, ça ressemble un peu à du masochisme, non ? Ce que vous faites ici n'a apparemment aucun sens, c'est même tout à fait extravagant. Alors, au bout d'un moment, les plus raisonnables s'enfuient. Il ne reste que les inconscients, vous et moi !

Seulement, puisque vous êtes encore là, c'est que déjà vous vous êtes rendu compte qu'au fond ce n'était pas si terrible que ça, que vous arriveriez à tenir le coup. Vous avez découvert que vous pouviez obtenir de votre corps, de vous-même bien plus que vous ne le pensiez. Finalement, vous en retirez une certaine fierté. Vous avez raison. Ce n'est tout de même pas rien, c'est déjà ça de gagné. Le reste suivra.

Vous connaissez le proverbe chinois : « Le plus long des voyages commence par un pas. » Ce pas, vous l'avez fait, aujourd'hui vous avez même sauté le pas. La sesshin vient de commencer, vous avez encore trois jours, tous les espoirs sont permis.

S'étudier soi-même

Dans le *Shôbôgenzô-Genjôkôan* — *Genjôkôan* veut dire : « La vie quotidienne est Éveil », autrement dit : « la vie quotidienne n'est pas différente de l'Éveil » —, Maître Dôgen écrit :

« Étudier la Voie du Bouddha,
c'est s'étudier soi-même ;
S'étudier soi-même,
c'est s'oublier soi-même ;
S'oublier soi-même,
c'est être reconnu par tous les *dharmas* ;
Être reconnu par tous les *dharmas*,
c'est se dépouiller de son corps et de son esprit
et en dépouiller autrui.
Les traces de l'Éveil se dissipent
Et pourtant elles se perpétuent intensément pour l'éternité. »

Voici donc, résumée en quelques vers, toute notre démarche en zazen et définies ses étapes successives.

Au départ, vous venez dans un dôjô, dans une sesshin pour tenter de répondre à la question « Qui suis-je ? », la question fondamentale, la seule au fond qui soit véritablement vitale car, si vous n'y avez pas répondu, vous vous rendrez compte un jour que vous n'avez rien compris au cours de votre vie, qu'en tant qu'être humain, vous avez vécu en vain.

Et qui donc peut répondre à cette question ? Un psychologue, un psychanalyste, un médecin, un prêtre ? S'ils veulent nous le faire croire, ils se trompent et ils nous trompent. Ici, en zazen, vous apprenez au moins ceci, que la réponse se trouve au-dedans de vous et qu'il ne dépend que de vous d'y avoir accès.

Mais, ajoute aussitôt Dôgen Zenji :

> « S'étudier soi-même,
> c'est s'oublier soi-même. »

Alors, direz-vous : c'est bien la peine ! Tel est le paradoxe du Zen, le scandale du Zen. Et pourtant, si vous étudiez lucidement, loyalement celui que vous croyez être, si vous dépiautez consciencieusement votre moi de toutes les pellicules successives qui le constituent mais ne lui appartiennent pas, qu'allez-vous trouver ? Enlevez la première couche, la plus superficielle, votre identité pour l'état civil. Qu'est-ce qui est à vous ? Votre nom de famille ? Mais êtes-vous le seul à le porter ? Votre prénom ? Êtes-vous le seul Jean, le seul Philippe, la seule Patricia, la seule

Danielle ? Retirez ensuite la croûte bien épaisse, formée par l'éducation que vous avez reçue, le milieu dans lequel vous avez été élevé, et, en dessous, la couche qui vous a été fournie par vos parents — votre existence —, celle de l'hérédité, tout ce que vous tenez de vos aïeux, de vos ancêtres que vous n'avez jamais connus, enfin les multiples alluvions nées du pays, du temps où vous êtes « venu au monde ». Au bout du compte, que reste-t-il ?

Vous avez déjà pelé des oignons… Eh oui, ça fait pleurer… Il est interdit de pleurer dans un dôjô. C'est contagieux. Imaginez un dôjô où tout le monde se mettrait à chialer, je n'aurais plus qu'à sortir.

Mais, quand vous avez retiré une à une toutes ces pelures, qu'avez-vous trouvé ? Un germe, un germe bien vert, une future petite plante qui, bien protégée par toutes ces peaux, ne demande qu'à pousser.

Pour vous, ici en zazen, c'est la même chose, ce germe, c'est ce que l'on appelle d'un mot savant, *Tathâgata-garbha*, le germe du *Tathâgata*, de celui qui est parvenu à l'Éveil, autrement dit du Bouddha. Voilà donc ce que vous êtes en vérité, telle est la découverte que vous faites en zazen. Vous êtes d'authentiques Bouddhas. Traduisons en français : de véritables Éveillés. Pour un observateur venu du dehors, vous êtes immobiles, vous vous taisez, donc vous êtes endormis, et pourtant, ici et maintenant, vous êtes on ne peut plus éveillés, vous êtes éveillés comme jamais encore vous ne l'avez été.

Mais attention ! Revenons à nos oignons, au germe qui se trouve au centre et à la base de l'oignon. Vous n'êtes encore que des germes de *Tathâgata*, des promesses de Bouddha. Si on ne met pas l'oignon en terre, le germe se desséchera, il mourra. Ici, nous ne cultivons pas des oignons, mais des Bouddhas. Zazen est le terreau des Bouddhas, la pluie fécondante qui les fera pousser. Pour le moment, vous n'êtes encore que le jardinier de vous-même. Si vous donnez à la plantule les soins qui lui sont nécessaires, alors elle croîtra, elle s'épanouira, elle fleurira, elle fructifiera. Cette plante en fleur, porteuse de fruits, c'est le bodhisattva, l'homme accompli, le seul être humain qui ait véritablement réalisé son destin, et son fruit est la compassion. Voilà ce qu'est s'oublier soi-même.

> « S'oublier soi-même, continue Maître Dôgen, c'est être reconnu par tous les *dharmas.* »

C'est-à-dire par tous les êtres, par toutes les choses dans l'univers entier.

Re-connu, connu à nouveau, comme ce que vous étiez véritablement sans le savoir, parce que le moi n'est finalement qu'appauvrissement, les philosophes diraient : déréliction, parce que le moi est séparation d'avec l'univers, mise à l'écart, enfermement en soi-même. L'effacement du moi en zazen n'est rien d'autre que la disparition de la cage, de ses barreaux, des barrières, la soudaine prise de conscience que tout cela n'était qu'imaginaire, que c'est nous qui nous étions enfermés dans une cage qui n'existe pas. Vous êtes libres, et vous ne le saviez pas. Désormais, plus de séparation entre l'univers et vous ni entre vous et les autres. Vous êtes identiques au cosmos, réunifiés avec lui. Le cosmos lui-même vous reconnaît comme son égal… Ce n'est pas là de la mégalomanie, c'est tout simple, tout naturel, c'est même le comble de la modestie, puisqu'il n'y a plus de moi pour se glorifier de ce triomphe final.

Est-ce seulement le Zen, cette pratique orientale, exotique, donc suspecte qui affirme cela ? Rappelez-vous l'adage delphique :

« Connaîs-toi toi-même
et tu connaîtras l'univers et les dieux. »

Or, on ne peut véritablement connaître que ce que l'on est devenu, et parce que, comme le dit Dôgen :

« On s'est dépouillé de son corps et de son esprit. »

Dôgen Zenji fait ici allusion à son propre Éveil. Certains d'entre vous connaissent déjà cette histoire, mais pas tous, alors je la résume. Dôgen, à vingt-trois ans, est parti pour la Chine afin d'y chercher ce qu'il considérait comme le véritable bouddhisme, comme l'enseignement fondamental du Bouddha, le tch'an, qui est devenu au Japon le Zen. Après avoir beaucoup cherché, il a trouvé un très grand maître, Ju-ching. C'était un vieux moine qui avait conservé intacte l'antique tradition. Il faisait faire à ses disciples zazen toute la journée, depuis le matin de très bonne heure jusqu'au soir très tard. Un jour, au petit matin, le voisin de Dôgen s'était endormi. Le maître s'approcha et lui hurla à l'oreille : « Abandonnez le corps et l'esprit ! » Bien sûr, Dôgen a sursauté, mais aussitôt après, il a été envahi par une joie irrésistible.

Le zazen terminé, il s'est présenté dans la chambre du maître, s'est prosterné devant lui, puis a dit : « Je viens d'abandonner le corps et l'esprit. » En réponse, Ju-ching s'est prosterné devant son disciple, qui s'est prosterné de nouveau. Alors, le maître a dit : « Voilà ce que l'on appelle abandonner le désir d'abandonner ! », et il lui a transmis le sceau de la succession.

Tout à l'heure, lors de la cérémonie, quand vous vous prosternerez — je rappelle que ne se prosternent que ceux qui le veulent, ceux qui ont compris le sens de ce geste, sinon ce n'est pas la peine —, rappelez-vous ces paroles, faites-le dans cet esprit-là.

Maître Dôgen ajoute :

> « C'est se dépouiller de son corps et de son esprit
> Et en dépouiller autrui. »

Naturellement ce n'est pas là de la méchanceté, c'est l'exercice même de la compassion. C'est ce qu'a fait maître Ju-ching quand il s'est prosterné devant son disciple qui avait manifesté physiquement qu'il avait abandonné son ego, parce que Ju-ching avait reconnu en lui son égal, un Éveillé comme lui. « Dépouiller autrui » de son ego, c'est le reconnaître comme son égal — ici, au *Dhagpo-kagyu-ling,* quelqu'un — je ne peux vous garantir qu'il s'agissait d'un lama — avait affiché une petite pancarte sur laquelle il avait écrit : « Tous les hommes naissent ego », c'était un *koân*. Donc Ju-ching, en se prosternant, authentifiait le geste du jeune Dôgen, il reconnaissait qu'il était devenu, comme lui-même, un Bouddha.

L'opération, la métamorphose doivent être exactement réciproques, voilà ce qu'est la compassion.

Est-ce que cela ne change pas radicalement les rapports avec autrui, le rapport à l'autre ? Imaginez une société où chacun reconnaîtrait en l'autre un Éveillé… Bien sûr, ce n'est pas possible, ce serait trop beau, ce serait le paradis sur terre ! N'importe, ça vaut la peine d'essayer, à notre échelle, autour de nous… On ne sait jamais. Il se pourrait que l'Éveil soit contagieux.

Enfin, Dôgen Zenji conclut :

« Les traces de l'Éveil se dissipent
Et pourtant elles se perpétuent intensément dans l'éternité. »

C'est cela au fond qu'il veut dire. L'Éveil se propage de lui-même. Même s'il semble n'avoir duré qu'un seul instant, cet instant était par lui-même éternel. L'Éveil est en dehors de l'espace et du temps. Il abolit l'espace-temps. Puisque nous sommes tous solidaires, ses effets se répercuteront à jamais pour tous les êtres.

Samâdhi n'est pas satori

Quand vous cesserez de souffrir des genoux, des articulations, du dos, parce que vous aurez enfin acquis la bonne posture, la respiration correcte, alors commenceront les difficultés. Un vieux moine à qui, débutant, je me plaignais de mes douleurs que je trouvais insupportables, me rétorqua : « Un jour, tu les béniras ; au moins, elles t'empêchent de penser ! »

Ce matin, parce que vous vous êtes levés plus tôt que de coutume, parce que vous n'avez pas eu de petit déjeuner et à peine le temps de vous laver, vous somnolez… tout au moins ceux qui n'ont plus tellement mal. Tant mieux pour eux ! Ils sont déjà parvenus à calmer l'agitation de leur esprit.

Au cours d'une sesshin particulièrement éprouvante, je rencontrai Maître Deshimaru dans un couloir, entre deux zazens, qui me demanda : « *How are you now* ? » — « *Not so bad, but I feel completely sleepy.* » — « *Much better* * *!* »

Toutefois, cette somnolence n'est qu'une première étape. Dormir n'est pas zazen. Maintenant, le soleil commence à se lever, c'est l'aube. Alors, réveillez-vous ! Zazen est l'Éveil, le grand réveil, le réveil définitif et absolu.

Malheureusement, beaucoup de pratiquants, une fois parvenus à ce stade, s'imaginent que ça y est et ils en restent là. Ils sont bien, ils ne souffrent presque plus, ils ne bougent plus. C'est à eux que pense Maître Dôgen quand il dit dans le *Fukanzazengi* :

> « Imaginez une personne qui se flatte de comprendre et qui se fait des illusions sur son propre Éveil, entrevoyant la Sagesse qui pénètre toutes choses, joint la Voie et clarifie l'esprit, et fait naître le désir d'escalader le Ciel lui-même ; cette personne a entrepris l'ex-

* « Comment allez-vous maintenant ? » — « Pas trop mal, mais complètement endormi. » — « C'est bien mieux ! »

ploration initiale et limitée des zones frontalières, mais son action est encore insuffisante sur la Voie de l'émancipation absolue.»

Vous êtes arrivés au pied de la montagne, maintenant il vous reste à la gravir afin d'atteindre la cime. S'arrêter là où vous êtes, ce serait nécessairement rétrograder tôt ou tard. On ne peut s'installer en zazen. Le Bouddha, après avoir atteint le but suprême, s'est-il arrêté ? S'est-il établi tranquillement dans son nirvâna, comme il en aurait eu le droit ? Shakyamuni avait alors trente-sept ou trente-huit ans, il est mort à quatre-vingts ans. Qu'a-t-il fait pendant tout ce temps, la moitié de sa vie terrestre ? Pas un jour, il ne s'est reposé. Ce qu'il avait découvert, il ne pouvait le garder pour lui, il devait le transmettre, non tant son Éveil lui-même, qui est en soi indicible, mais la méthode grâce à laquelle il y était parvenu, afin que chacun pût en faire son expérience personnelle.

Dans le Zen, il n'y a pas de terminus, la Terre s'arrête-t-elle de tourner ? Chaque jour est nouveau. Il n'y a pas un lever de soleil ni un coucher de soleil identiques. Ainsi doit-il en être de notre vie, et particulièrement en zazen. Chaque zazen est différent, doit être différent de tous les autres.

Au bout de quelque temps de pratique, c'est un point sur lequel il faut rester très vigilant, parce que alors il existe un nouvel obstacle à vaincre, la force d'inertie, qui est tellement humaine. L'habitude, la routine, voilà désormais les ennemis.

Sur ce point, insiste tout particulièrement l'ouvrage très stimulant de Shunryu Suzuki[42], dont le titre original, *Zen Mind, Beginner's Mind, Esprit Zen, esprit de débutant*, a été traduit en français *Esprit Zen, esprit neuf*, ce qui en atténue la portée, car cet « esprit de débutant » est celui que l'on doit toujours garder, même au bout de dix ans, de vingt ans de pratique, un esprit toujours frais, toujours ouvert, toujours attentif à ce qui peut survenir, toujours prêt à franchir une nouvelle étape, sinon on fait du surplace et à la fin naturellement on se lasse. Si l'on est présomptueux, on se dira que l'Éveil, on l'a déjà atteint, que ce n'est vraiment plus la peine de faire tant d'efforts. Si, au contraire, on est trop modeste, on pensera qu'on ne l'atteindra jamais, que l'on n'est pas capable de l'atteindre. De toutes manières, au bout de quelque temps, on s'arrêtera, alors que la Voie s'ouvre devant nous et qu'elle est infinie.

De manière didactique, on pourrait distinguer plusieurs paliers, plus ou moins distincts, plus ou moins prolongés, suivant les tempéraments.

Le premier auquel on accède assez rapidement permet de goûter la saveur du Zen, de profiter des avantages immédiats qu'on peut en retirer : se rassembler, se réunifier, acquérir une certaine sérénité, un certain détachement par rapport à son moi et même commencer à soupçonner son Être véritable. En somme, nous nous rendons déjà compte que nous étions dans un tunnel et nous apercevons dans le lointain une ouverture, une lumière, la sortie au grand jour.

La seconde étape peut être beaucoup plus longue.

Il s'agit de faire mûrir ce que vous avez découvert au cours de la première. Vous n'êtes déjà plus celui que vous croyiez être, vous entrevoyez votre véritable nature, vis-à-vis de vous-même, vis-à-vis du monde, mais aussi vis-à-vis d'autrui, considéré comme non distinct de vous-même.

Bien sûr, vous pourriez en rester là. Le profit est déjà évident. Pourquoi vouloir aller plus loin, au risque de tout compromettre ? Or, ce risque-là, le véritable disciple est prêt à le courir. Il sait qu'autrement il ne pourra plus progresser. Continuer zazen, c'est véritablement faire zazen. La continuité en zazen se dit *dôkan*, on la représente comme un cercle, mais un cercle qui n'est pas fermé, qui ressemble plutôt à une spirale. *Dôkan*, c'est mon nom de moine, celui que m'a donné Taisen Deshimaru Rôshi. Ce jour-là, il m'a bien eu. Qu'est-ce que vous vouliez que je fasse ? J'ai continué.

Tout est impermanent, y compris l'acquis que vous seriez tentés de regarder comme définitif. Encore une fois, la Terre s'arrête-t-elle de tourner, et nous avec ? nous qui jour après jour évoluons, que nous le voulions ou non, et qui chaque jour nous rapprochons de notre fin et qui chaque jour avons à nous y préparer, mais sans hâte, sans tristesse, et sans crainte, afin qu'elle ne soit pas un accident, mais un achèvement.

Cet état préalable dans lequel on aimerait séjourner, dans le vocabulaire du Zen on l'appelle *samâdhi*, défini comme la phase où l'on accède enfin au non-dualisme, à la fin de la distinction entre le sujet et l'objet. C'est un stade d'allègement, de prise de conscience d'une première délivrance, celui où les montagnes cessent d'être des montagnes ; mais vous savez comme moi qu'à la fin, les montagnes doivent redevenir des montagnes. Vous étiez au bord de l'extase (ou de l'instase), dans l'air pur des cimes ; maintenant, il vous faut nécessairement redescendre dans la vallée.

Or, *samâdhi* n'est pas *satori. Samâdhi* est la préparation nécessaire à la véritable méditation (*dhyâna* en sanskrit, tch'an en chinois, zen en japonais), à la méditation ultime. Alors, il ne reste plus qu'une ressource : assis à l'extrémité de la perche de cent pieds, il faut encore monter d'un pied[43], sauter enfin sur l'autre rive, celle de l'« émancipation absolue ».

II. L'HÉRITAGE

La dernière veille de la nuit

En ce temps-là, le Bienheureux se trouvait à Ourouvela, sur les bords de la rivière Naïrandjana, au pied de l'arbre de la Bodhi *. Pendant sept jours, jusqu'à la pleine lune d'avril, il resta là, assis, jambes repliées, fermement décidé à ne point bouger qu'il n'ait atteint son but. Après avoir éprouvé la Tentation, subi les assauts de Mara, le « Destructeur », souverain maître du désir, et l'avoir vaincu, le Bodhisattva ** s'engagea dans le long processus qui devait le conduire à l'Éveil.

Au cours de la première veille de la nuit, il commença par franchir les quatre degrés de la méditation. Alors se déchira le voile des illusions qui aveugle les humains et de son « œil divin, parfaitement pur », il embrassa l'infini du temps et l'infini de l'espace. Il

---

* Nous suivons principalement le *Lalita Vistara*, ainsi que le *Vinayapitaka*.

** Il ne deviendra Bouddha (« Éveillé ») complet et parfait qu'au terme de ses ultimes méditations qui le conduiront à la délivrance absolue.

put ainsi considérer l'univers entier, les êtres vivants qui le peuplent, leur incessante agitation, apparemment insensée.

Puis, explorant le temps au cours de la deuxième veille, il vit les centaines de milliers de millions (*kôtis*) de naissances et de morts, les existences antérieures, à commencer par toutes les siennes, « d'infinis *kalpas* de production et de destruction ». Il se souvint alors « avec une parfaite exactitude des innombrables espèces de demeures précédentes de lui-même et de tous les êtres, chacune avec son caractère et sa description ». Aussitôt après l'Éveil, Shakyamuni prononcera ces paroles :

> « J'errais sur le chemin sans fin des nombreuses renaissances, cherchant en vain l'architecte de l'édifice. Quel tourment que de renaître sans cesse ! Ô architecte de l'édifice, je t'ai découvert ! Tu ne rebâtiras plus l'édifice. Tes poutres sont toutes brisées, le faîte de l'édifice est détruit ! Cette conscience a perdu ses énergies fabricatrices * et est parvenue au terme des soifs [1]. »

À la suite de cette vertigineuse vision, « à la dernière veille de la nuit », le Bodhisattva fixa sa pensée recueillie, libérée de toute souillure et de toute corruption, parfaitement pure et lumineuse, afin de parvenir à la vraie connaissance capable d'obtenir la disparition de « cet amoncellement de douleurs ». Il lui vint à l'esprit :

---

* Les *samskâras*.

« Misérable, en vérité, est ce monde qui est produit, qui naît, vieillit et meurt, disparaît et est reproduit. Mais nul ne sait par quel moyen sortir de ce monde de douleur. Comment éviter vieillesse, maladie et mort, voilà, hélas, ce qu'on ignore ! »

Se plongeant plus avant dans sa réflexion, le Bodhisattva se demanda :

« Quelle est la chose qui existant fait qu'il y a vieillesse et mort (1. *Jarâ*) ? Quelle est leur cause ? »

Il lui vint à l'esprit :

« Vieillesse et mort n'existent que parce qu'il y a naissance (2. *Jâti*). La naissance est la cause (*Nidâna*) de la vieillesse et de la mort. »

Et ceci vint encore à l'esprit du Bodhisattva :

« Qu'est-ce qui fait qu'il y ait naissance ? L'existence (3. *Bhava*), puisqu'il ne saurait y avoir de naissance sans existence. Mais quelle peut être la cause de l'existence ?

L'existence est produite par l'attachement (4. *Upâdâna*), lequel a pour cause le désir (5. *Trishnâ*), né des sensations (6. *Vedanâ*) engendrées par le contact (7. *Sparsha*), qui procède des six sens (8. *Shadâyatana*). La cause des six sens est le nom et la forme (9. *Nâmarûpa*), qui découlent de la connaissance (10. *Vijñâna*), laquelle provient des concepts (11. *Samskâra*) qui sont produits par l'ignorance (12. *Avidyâ*). »

Une fois parvenu à ce point et constatant que par-delà il n'existait plus rien, le Bienheureux reprit en sens inverse cette succession :

> « Conditionnés par l'ignorance se produisent les concepts ; [...] Ainsi, la naissance déclenche vieillesse et mort, chagrin, lamentations, souffrance et peine. Telle est l'origine de ce monde qui n'est qu'une grande masse de douleurs. »

Au terme de cette analyse, le Bodhisattva fut à même d'examiner comment venir à bout de cet impitoyable conditionnement. « Par la suppression de quoi n'y aurait-il plus de vieillesse et de mort ? », car seulement en connaissant l'« origine prochaine » de chaque conditionnement successif, on peut découvrir comment le supprimer.

Il reprit donc cette dissection négative :

> « L'ignorance cessant d'exister, il n'existe plus de production de concepts, donc plus de connaissance... Ainsi a lieu la dissolution de ce monde, qui n'est qu'une grande masse de douleurs. »

Alors, et c'est l'instant crucial, le saut de l'autre côté du monde des apparences :

> « Ainsi, à force d'examiner en tout sens et à fond ces conceptions inouïes, ces lois jusqu'alors méconnues, s'ouvrirent chez le Bodhisattva la connaissance véritable, l'œil parfaitement clairvoyant, la science, l'intelligence, la sagesse. Et la lumière apparut. »

Le Bienheureux conclut :

> « Voilà ce que je reconnus selon la vérité. Voici la douleur, voici l'origine de la douleur, voici la cessation de la douleur, voici le chemin qui conduit à la cessation de la douleur »,

ayant ainsi formulé les « Quatre Nobles Vérités » qu'il aura à transmettre aux hommes comme le remède à leurs maux.

Toutefois, aussitôt après, il fut pris d'un doute sur la possibilité de les leur prêcher :

> « Il me vint à l'esprit : ce *Dharma* que j'ai acquis est profond, difficile à comprendre, caché, paisible, excellent, au-delà du raisonnement, subtil, accessible [seulement] aux sages ; mais l'humanité prend son plaisir dans *âlaya* *, se réjouit dans *âlaya*, se complaît dans *âlaya*… Il lui est donc difficile de percevoir la loi de Production interdépendante, ainsi que l'apaisement de toutes les énergies causales [qui engendrent du *karma*], le renoncement à l'attachement, la suppression de la convoitise, l'absence d'attraction, l'arrêt, le *nirvâna*. Si j'enseigne ce *Dharma* et qu'on ne le comprenne pas, mon effort et ma fatigue auront été inutiles. Ce que j'ai acquis à grand-peine, à quoi bon le révéler ? Ceux qu'aveuglent attraction et répulsion […] sont incapables de comprendre une telle doctrine qui s'avance à contre-courant, subtile, profonde, difficile à saisir, délicate [2]. »

---

* *Âlaya*, pour *âlaya-vijñâna*, la « conscience de tréfonds », désigne ici les tendances inconscientes et irrésistibles qui poussent les êtres ordinaires, c'est-à-dire non « réalisés », vers les objets de désir, considérés comme des « refuges ».

Or Brahma, le Créateur, craignant que son œuvre périsse, si le *Tathâgata*, ne remettait pas « en branle la roue du *Dharma* » vint le trouver et lui dit : « Daigne le Bienheureux enseigner la doctrine : la réaliseront ceux qui sont aptes à la comprendre. » Alors, par compassion pour l'humanité, le Bouddha acquiesça car, ayant tourné son regard vers le monde, il s'était assuré que certains étaient assez mûrs pour l'entendre. Quelques semaines plus tard, à Isipatana (aujourd'hui Sarnath, près de Bénarès), dans le parc des Gazelles, Shakyamuni enseigna ses quatre anciens compagnons d'ascèse qui devinrent ses premiers disciples.

> « Ainsi, moines, cette Noble Vérité de la souffrance, il faut la connaître, il faut la comprendre. Cette Noble Vérité de l'origine de la souffrance, il faut la connaître, il faut la détruire. Cette Noble Vérité de la cessation de la souffrance, il faut la connaître, il faut la réaliser. Cette Noble Vérité du chemin de la cessation de la souffrance, il faut la connaître, il faut la mettre en pratique[3]. »

À la dernière veille de la nuit, tandis que le soleil émergeait de la radieuse aurore, ayant grâce à son infinie sagesse embrassé l'espace et le temps,

> « tout ce qu'un homme, un surhomme, le taureau des hommes, l'éléphant des hommes, le lion des hommes, le héros et le champion des hommes, le chef et le conducteur des hommes, le lotus blanc des hommes [...] peut connaître, comprendre, atteindre, voir face à face et se représenter clairement, le Bodhisattva, s'illu-

minant de la suprême illumination, devint un Bouddha accompli[4] ».

Que peut tirer de cet exposé magistral l'étudiant en bouddhisme et, plus précisément, comment l'utiliser dans la pratique du Zen ? Afin de le faire comprendre, nous allons tenter de le formuler en un langage plus familier.

Précisons auparavant que pour les bouddhistes, il s'agit du « grand œuvre » de Shakyamuni, qui, ainsi que le précise le récit, entraîne l'Éveil et fait du Bodhisattva un Bouddha. Tel est le point essentiel de la Doctrine, son fondement, d'où découle tout l'enseignement, le sien et celui de ses successeurs. Par ailleurs, ce qui ne manquera pas de frapper nos contemporains, c'est le premier énoncé complet historiquement connu du principe de causalité[5], ce qui confère à cet exposé vieux de deux mille cinq cents ans un intérêt moderne, ou plutôt intemporel.

Il convient tout d'abord d'expliciter certains des termes qui donnent lieu à des variantes importantes dans les traductions, du fait qu'ils ont plusieurs acceptions possibles. *Nidâna* que, pour faciliter la compréhension, on traduit habituellement par « cause » veut dire « lien » et, ici, l'un des douze « maillons » de la chaîne de la « production conditionnée et interdépendante » (*Pratîtya-Samutpâda*).

S'il est inutile d'expliquer le départ de cette analyse existentielle, avec les deux premières étapes, *jarâ*, la vieillesse et la mort et *jâti*, la naissance, les difficultés commencent avec le troisième terme, *bhava*. Certes, il s'agit bien de l'« existence », mais en mouvement, comme dans le *Bhava-chakra* * ; « devenir » serait donc dans ce contexte plus exact. *Upâdâna*, souvent transcrit par « possession », désigne les attachements et ici le premier d'entre eux, l'attachement qui lie les existants à l'existence, d'où le désir de posséder, lui-même né de *trishnâ*, la convoitise, l'envie, les appétits sensuels qui, toujours insatisfaits, engendrent la tentation de vivre à nouveau. Le sixième maillon, *vedanâ*, c'est la sensation, mais aussi le sentiment, nés de *sparsha*, le contact, l'attouchement, qui désigne le choc entre les objets sensibles et les sens, *shadâyatana*, lesquels sont six, puisqu'ils incluent la conscience, *manas*, qui n'est au mieux qu'un super-sens synthétisant les données fournies par les autres, les contrôlant et les interprétant d'ailleurs de façon erronée. *Manas* est donc une conscience organique qui correspond au fonctionnement du système nerveux.

Dès la naissance, et même avant, les six sens sont à la disposition du futur individu ; ils lui permettent d'entrer en contact (*sparsha*) avec le monde extérieur. Ils composent celui qui a un nom et une forme, *nâmarûpa*, fondement de la personnalité distincte avec ses composantes physiques et psychiques, ses caractéristiques, lesquelles proviennent des *samskâras*, les « impressions » (au sens de ce qui s'imprime) innées, les préjugés, les tendances, en partie et d'abord issus des existences antérieures et constituant les projections qui s'interposent entre la réalité et

---

* Voir le *karma* en questions, p. 53.

vijñâna, la conscience, la prise de connaissance, mais de ce fait faussée, puisqu'elle naît d'*avidyâ*, l'ignorance, l'aveuglement[6]. Il s'agit donc non de l'ignorance de l'enfant innocent, mais d'un savoir apparent qui se prend pour une véritable connaissance et, selon un exemple classique en Inde, fait voir un serpent là où il n'y a qu'une corde.

Reste à préciser, ce qui est d'une extrême importance, que chaque maillon (*nidâna*) n'est pas seulement en relation avec celui qui le précède et celui qui le suit, mais avec tous les autres. À cet égard, la numérotation habituelle ne doit pas induire en erreur, la succession n'est qu'apparente, il y a en fait interdépendance, concomitance, *pratîtya-samutpâda* doit se traduire « Production conditionnée et interdépendante ». Chacun des maillons, relié à tous les autres, est moins la cause de ce qui suit que « la condition de son déclenchement, le facteur de son actualisation[7] ».

Ces précautions prises, on peut proposer la lecture suivante : De l'aveuglement (1), de la fausse appréciation du réel naissent les vues erronées, les projections (2), qui incitent l'être à se réincarner et constituent une nouvelle conscience (3) résultant du *karma* précédemment accumulé, des désirs encore insatisfaits. Cette conscience embryonnaire mais dynamique engendre nom et forme (4), nouveau composé psychosomatique prêt à s'incarner et pourvu des six sens (5) au travers desquels il acquiert le contact (6) avec le monde matériel. Ses sensations (7) éveillent les appétits sensuels (8) et déclenchent la volonté d'appropriation (9). C'est là l'instant décisif, le moi déjà formé, déjà distinct décide de se fixer dans un sein maternel. Dès lors, est constituée la personnalité en devenir (10), l'existant qui naît (11), vieillit et meurt (12), pour se réincarner à nouveau, s'il n'a pas réussi à briser le cercle, à arrêter le flux perpétuel qui l'entraîne vers d'autres morts suivies de nouvelles renaissances, c'est-à-dire s'il n'est pas parvenu au-delà de l'aveuglement engendrant le désir.

Il en résulte que toute naissance est un acte volontaire. On naît parce qu'on l'a choisi de naître, parce que l'on a obéi une fois encore à l'élan qui pousse vers l'existence incarnée considérée comme la seule forme d'être possible.

Cette analyse comprend en fait trois sections correspondant, par rapport à la naissance, au passé, au présent et à l'avenir. Les points 1 et 2 se rapportent à l'état intermédiaire (en tibétain, le *Bardo*) entre deux existences et correspondent aux résidus karmiques actifs ; résultant de la vie immédiatement antérieure, ce sont eux qui forment la nouvelle conscience en germe, à partir dc laquelle commence un nouveau présent caractérisé par la formation des conditionnements successifs, préalables à la naissance (4 à 8). La décision est alors prise, et commence le devenir avec ses conséquences inéluctables (9 à 12). On observera que cette analyse évite le problème de l'origine ; c'est qu'en effet celle-ci se trouve hors d'atteinte pour notre compréhension présente. Elle ne peut être saisie qu'à la suite de la remontée au travers des manifestations antérieures, qui précède et engendre l'illumination parfaite. C'est là évidemment un mystère incommunicable.

Seule une analyse aussi détaillée permet de saisir

la genèse du moi conditionné et impermanent, de distinguer l'existence de l'Essence, la réalité de l'apparence, le relatif de l'absolu. Toutefois elle ne peut avoir son effet qu'à condition d'avoir été vérifiée et expérimentée. Puisque le zazen est l'imitation de la posture du Bouddha en vue d'obtenir son Éveil, il devrait normalement conduire à semblable constat, hors des conditionnements de l'espace et du temps. L'Éveil est compréhension et, de ce fait, libération.

Une histoire de fleur

Un jour, vers la fin de sa vie terrestre, le Vénéré du monde, accompagné d'innombrables disciples, se rendit sur le pic de l'Assemblée des Vautours (*Gridhrakûta*) qui domine Rajagriha *, la capitale du Maghada dont il avait naguère converti le roi Bimbisâra, devenu son ami et son protecteur. Sur cette montagne sacrée **, « aux fraîches fontaines, aux rochers de formes extraordinaires, ombragée de bosquets d'arbres *kanaka* couverts en toute saison de fleurs aux pétales couleur d'or », le Bouddha avait déjà donné ses plus hauts enseignements, le *Sûtra du Lotus de la Bonne Loi* (*Saddharmapundarîka Sûtra*), les Sûtras de la Sagesse transcendante (*Prajñâpâramitâ*), et bien d'autres sûtras constituant la partie ésotérique de ses instructions.

Mais, ce jour-là, au milieu de la foule assemblée,

* Rajgir n'est plus qu'une modeste bourgade de l'État de Bihar, au sud-est de Patna (Pataliputra) et au nord de Bodh-Gaya.

** On y nourrit encore les vautours qui s'y rassemblent.

entouré de ses disciples les plus proches, assis dans la posture du lotus, il se taisait. Chacun respectait le silence de son *samâdhi*, mais, comme il se prolongeait, certains commençaient à s'impatienter, se disant entre eux : « Il s'est assoupi, il ne sait même plus que nous sommes là ! », ou « Il n'a peut-être plus rien à dire, il se fait vieux ! », mais les autres, silencieux, restaient attentifs. Ils espéraient du Bouddha, dont ils devinaient qu'il allait bientôt les quitter, le couronnement de l'enseignement, le suprême message avant les adieux.

Cependant, Shakyamuni obstinément se taisait, tandis qu'une lumière éblouissante émanait de lui. Calmement, il prit une fleur du bouquet qui venait de lui être offert, et la tourna très doucement entre ses doigts. Ses disciples pensaient qu'enfin il allait parler.

Pas un son ne sortait de sa bouche, il souriait. Nul ne comprenait, sauf le vénérable Kâshyapa qui sourit à son tour.

Alors, d'une voix solennelle, le Bienheureux proclama :

> « Je possède l'œil du Trésor de la Vraie Loi, l'ineffable et subtile vue du *nirvâna* qui ouvre la porte de la vision du sans-forme, ne dépend ni des écrits ni des mots et se transmet en dehors de toute doctrine. Ce Trésor, je le transmets à Kâshyapa. »

De ce jour, celui-ci fut appelé le grand Kâshyapa (Mahâkâshyapa) et, à la mort du Bouddha, devint le maître de la communauté (*Sangha*).

C'était la première transmission *I shin den shin*, « de cœur à cœur », ou « d'esprit à esprit », la transmission spéciale en dehors des Écritures (*Kyôge-Betsuden*), celle qu'a conservée, depuis plus de deux millénaires le *dhyâna* indien, devenu le tch'an chinois, devenu le Zen japonais.

On a, bien entendu, contesté l'historicité de cette scène. Il n'y est fait allusion que dans un sûtra chinois tardif et elle n'apparaît que dans les histoires du tch'an collationnées au XIe siècle, dont les *Annales de la diffusion de la lumière de la lampe* (1004). Les érudits supposent donc qu'elle fut inventée lorsque le tch'an commença à s'écarter des autres branches du bouddhisme et à s'implanter solidement en Chine, afin de répondre aux objections des Écoles rivales qui s'indignaient que le tch'an traitât aussi légèrement de l'enseignement doctrinal contenu dans les sûtras et leurs commentaires et fît prévaloir l'expérience directe et personnelle, bien que la primauté de celle-ci eût été proclamée par le Bouddha lui-même, selon des textes qui, eux, ne sont nullement contestés. Les autres bouddhistes faisaient valoir qu'il n'existait aucune mention autorisée de cette « transmission spéciale ».

Cette historicité douteuse est-elle si importante ? N'est-ce pas confondre, suivant un préjugé moderne, Histoire et Tradition qui non seulement sont distinctes par nature, mais se rencontrent rarement ? Si, historiquement, le tch'an est bien, en effet, né en Chine et de la rencontre de deux mentalités différentes — plus précisément du bouddhisme indien et de la philosophie chinoise —, il eut, tout aussi réellement, comme ancêtres directs ceux qu'il désigne comme les vingt-huit patriarches indiens du *dhyâna*, lesquels se seraient succédé de Mahâkâshyapa (Ve siècle av. J.-C.) à Bodhidharma (Ve-VIe siècle), maîtres dont la pensée a nourri et développé l'enseignement ésotérique que le tch'an représente et qu'il reconnaît en conséquence comme ses prédécesseurs, tel Nâgârjuna (IIe-IIIe siècle ap. J.-C.), l'un des plus grands, sinon le plus grand, philosophes du bouddhisme, fondateur de l'École *Madhyamika*, la « Voie du Milieu », dont l'influence se répandit jusqu'au Tibet, en Chine et au Japon et que le tch'an considère comme le quatorzième patriarche de sa lignée, tel Vasubandhu (IVe-Ve siècle), le vingt et unième patriarche, frère cadet et disciple d'Asanga, fondateur avec lui de l'École Yogâchâra, « l'exercice du Yoga de la méditation », ou Vijñânavada, « qui enseigne la Connaissance ». En d'autres termes, même si cette filiation ne peut être directement démontrée, elle est spirituellement authentique.

Rebelle à toute formulation rationnelle, proprement « indicible » (*fukasetsu*), le Zen se caractérise par les quatre particularités qui auraient été formulées par Bodhidharma :

— Une transmission spéciale par-delà des Écritures ;

— Aucune dépendance vis-à-vis des mots et des lettres ;

— Pointer directement au cœur de l'homme ;

— Contempler sa nature propre et ainsi réaliser l'état de Bouddha.

C'est donc un ésotérisme dans la mesure où il n'est accessible que par l'intuition, non par le raisonnement, qu'il constitue une expérience intime, par conséquent secrète.

Aussi Maître Wu-men[8] dit-il de celui qui a pris conscience de son « visage originel », qui est parvenu à l'unicité naturelle entre intérieur et extérieur, au terme d'une pratique longuement mûrie, qu'il « ne comprendra que par lui-même, tel un muet qui a eu un rêve », ce rêve plus vrai que la réalité qu'est l'Éveil.

De même, la transmission de maître à disciple s'opère-t-elle *I shin den shin*, « de cœur à cœur » et la parole du maître compte moins que son geste silencieux, que son sourire. On conçoit donc aisément que le *dhyâna* indien primitif ne puisse avoir d'histoire officielle et que celle-ci n'ait été établie que lorsque l'École sortit de son obscurité première. Il ne faudrait pas pour autant en conclure qu'elle rejette les textes sacrés, elle les utilise, mais seulement comme « le doigt qui montre la lune », non comme la lune elle-même.

Dès l'origine du tch'an, Bodhidharma et ses successeurs insistaient sur l'importance du *Lankâvatâra Sûtra* (*Sûtra de la descente à Sri Lanka*), au point que l'École fut un temps dénommée École du *Lankâvatâra Sûtra*. D'autres Écritures du *Mahâyâna* y furent étudiées et eurent une notable influence, par exemple le Sûtra de Diamant (*Vajrachchedikâ*) et les autres sûtras de la *Prajñâpâramitâ* dont son condensé le

Mahâprajñâpâramitâ Hridaya Sûtra, l'*Hannya Shingyo* du Zen japonais, et le *Mañjusrîpariprccha-prajñâpâramitâ Sûtra*, ou encore le *Vimalakîrtinirdesha Sûtra* (le *Sermon de Vimalakîrti*) où se trouve l'adage essentiel : « L'esprit recueilli est le lieu de l'Éveil. »

Même les maîtres du tch'an, ces grands silencieux, ont, pour la plupart, beaucoup écrit. Il n'empêche que, fidèle à ses origines, le Zen n'a jamais constitué une doctrine immuable et imposée ; il a toujours respecté la primauté absolue de l'expérience ; les textes ne peuvent être que des aides pour la pratique et en aucun cas ne peuvent la remplacer.

Se pose donc la question de savoir si le Zen, discipline personnelle, est encore bouddhiste ou non. Question apparemment saugrenue, elle est cependant très actuelle depuis que le Zen se répand en Occident. Jusqu'à présent, aucune autre École du *Mahâyâna* n'a nié une telle appartenance, même si plusieurs d'entre elles contestent des méthodes qui leur semblent aventureuses et un dépouillement excessif.

Point de rituel impressionnant et rassurant comme dans certaines Écoles, point non plus de ces interminables discussions sur le *Dharma* du Bouddha qui faisaient les délices des Chinois, moins encore une doctrine dévotionnelle de salut comme l'amidisme et ses nombreuses sectes dites de la Terre pure, tels le *Jôdo shû* et le *Jôdo-shin shû*, aujourd'hui florissantes au Japon, où la seule récitation du *nembutsu* (*Namu Amida Butsu*, « Hommage au Bouddha Amitâbha ») assure la renaissance sur la Terre pure d'Amitâbha, ou encore l'École ultranationaliste de Nichiren, dans laquelle la dévotion au *Sûtra du Lotus* est telle que la seule récitation fervente de la formule « Hommage au *Sûtra du Lotus de la Bonne Loi* » peut permettre de réaliser instantanément en soi la « nature de Bouddha ».

Les réserves que peut susciter le Zen s'expliquent donc aisément. Il est difficile et même dangereux et ne garantit rien ; cependant il constitue un garde-fou contre certaines déviations qui n'ont plus aucun rapport avec l'enseignement du Bouddha historique que le Zen prétend représenter en toute sa pureté, car sa seule méthode est celle de Shakyamuni, sa posture celle de l'Éveil, l'expérience que chacun fait celle qu'il a faite.

Le silence du zazen correspond à l'enseignement silencieux du Bouddha, et pas seulement celui de la Fleur qui n'est peut-être qu'une belle légende, mais le premier de tous les kôans ; il est évoqué dans les sûtras communs à toutes les Écoles du Mahâyâna. Ainsi dans le *Mahâyânasamgraha*[9] d'Asanga (IVe siècle), donc bien antérieur à la constitution de l'École tch'an, est-il dit :

> « Le Bienheureux en réalité n'a pas enseigné le Dharma qui doit être éprouvé intérieurement par soi-même. »

Le *Lankâvatâra Sûtra*[10], plus ancien, est encore plus explicite : « De son Éveil à sa totale Extinction (*Parinirvâna*), le *Tathâgata* n'a pas prononcé une seule parole ni n'en prononcera, car ne pas parler telle est la parole du Bouddha. » En quel sens allusif et profond, la non-parole est-elle parole de Bouddha ? À cette question, le Bienheureux répond :

> « Ô Mahâmati, c'est pour deux raisons : la première, l'essence de l'intériorité que réalisèrent les *Tathâgatas* et moi-même ne s'accroît ni ne diminue, ce royaume de la réalisation intérieure étant libre de parole et de différenciation, affranchi de toute dualité issue des mots. La seconde, c'est que l'essence des choses demeure éternellement. L'antique route de la Réalité est depuis toujours présente comme de l'or ou des pierres précieuses dans une mine ; le domaine absolu demeure à jamais, qu'un *Tathâgata* apparaisse ou non ici-bas. De même que le *Tathâgata* éternellement demeure, ainsi l'essence de toute chose… Ô Mahâmati, tout ce que les autres *Tathâgatas* et moi-même avons réalisé, c'est l'Ainsité [*Tathatâ*, l'Absolu, la véritable nature de toute chose], la réalité, la Vérité. Pour cette raison, le Bouddha n'a jamais proféré la moindre parole [11]. »

De leur côté, aucun des maîtres du tch'an ou du Zen n'a renié cette appartenance au bouddhisme. Tous ont affirmé qu'ils ne faisaient qu'enseigner la doctrine (*Dharma*), transmise oralement de maître en maître depuis le Bouddha. Maître Dôgen, qui introduisit au Japon l'École chinoise *Ts'ao-tung*, devenue le Zen *Sôtô* et fonda dans son pays le premier monastère zen, n'a cessé de protester que le Zen n'était même pas une École distincte, mais l'expression du bouddhisme le plus authentique, le « *Dharma* du Bouddha ».

À dire vrai, le problème ne se pose qu'ici et maintenant, et pour les raisons qu'énonce fort bien Alan Watts dans sa définition du Zen : « Le bouddhisme zen est une conception et un mode de vie qui n'appartiennent à aucune des catégories formelles de la pensée occidentale *moderne* *. Ce n'est ni une religion ni une philosophie, ni une psychologie ni une science. C'est un exemple de ce que l'on appelle aux Indes et en Chine un "Moyen de Libération" [12]. »

On voit donc que n'a aucun fondement l'affirmation de quelques-uns que le Zen n'est bouddhiste que de nom ; tout ce que l'on peut dire, c'est qu'il est étranger à notre mentalité actuelle, ce qui serait plutôt rassurant pour d'autres. En fait, ceux qui veulent dissocier Zen et bouddhisme ont d'excellentes raisons, mais elles sont loin d'être désintéressées.

---

* Souligné par nous.

Sôtô et Rinzaï

À l'origine du tch'an-Zen, un personnage à la mine farouche, ombrageuse [13], barbe hirsute, yeux globuleux au regard pénétrant sous d'épais sourcils, Bodhidharma, le vingt-huitième patriarche indien, lointain héritier du Bouddha Skakyamuni, qui, débarqué en Chine en 527, fit zazen devant un mur pendant neuf ans, avant de consentir à enseigner la pratique de la méditation, le *dhyâna*. Celui-ci ne se sinisera vraiment, sous le nom de tch'an, qu'un siècle et demi plus tard avec Houei-nêng (638-713), le sixième patriarche chinois, mais aussi le dernier, car, devant les luttes acharnées auxquelles donnait lieu la conquête du pouvoir, Houei-nêng renonça à transmettre la robe patriarcale et, au lieu d'un héritier unique, en eut cinq. Chacun d'entre eux fonda sa propre lignée, ce furent les « cinq maisons ».

N'en subsistent de nos jours que deux, l'école Sôtô et l'école Rinzaï, et en marge, une troisième, l'école Obaku, qui ne s'est détachée du Rinzaï qu'au XVIIe siècle et n'a jamais connu de grands développements. Qu'est-ce qui sépare aujourd'hui Sôtô et

Rinzaï ? Rien d'autre que leurs méthodes d'enseignement. D'ailleurs, les deux écoles ne se distinguèrent que peu à peu et ne devinrent rivales que beaucoup plus tardivement.

La première procède de Lin-tsi (mort vers 667), dont elle porte le nom (Rinzaï en est la transcription japonaise), lui-même héritier d'une lignée de grands maîtres dont le plus célèbre est Ma-tsu (709-788). Dès ses origines, elle se caractérisa par les procédés violents, parfois brutaux, employés par ses maîtres pour tirer le disciple de son sommeil, de son apathie. L'école Sôtô, en chinois Ts'ao-tung, porte le nom de deux maîtres qui se succédèrent, Tung-shan Liang-chieh (807-869), en japonais Tôzan Ryôkai, et Ts'ao-chan Pen-chi (840-901), en japonais Sôzan Honjaku. Les maîtres de cette lignée sont assurément moins brillants, moins connus, mais elle eut pour elle sa patiente continuité et son unité, alors que l'école Lin-tsi se subdivisa rapidement.

Ce n'est qu'au XIIe siècle que les méthodes des deux écoles en vinrent à s'écarter avec le débat qui opposa deux grands maîtres, qui n'en demeurèrent pas moins amis : Ta-hui Tsung-kao (1089-1163), en japonais Daie Sôkô, et Hung-chih Cheng-chueh (1091-1157), en japonais Wanshi Shôgaku. Conformément à l'esprit de l'école Lin-tsi-Rinzaï à laquelle il appartenait, Ta-hui préconisait l'utilisation des *kôans*, propositions énigmatiques tirées des dits des anciens maîtres, parce que, du fait que la raison ne pouvait leur trouver de solution, ils obligeaient le disciple à la dépasser.

Le premier à mettre en forme les *kôans* avait été

l'un des derniers grands maîtres de la même école, Yun-men Wen-yen (860-949) pour qui l'enseignement devait pouvoir se condenser en de très brèves sentences, ou même, si possible, en un seul mot « tranchant » comme un sabre l'ignorance. Considérant qu'avec Yun-men s'était éteinte la lignée des grands enseignants, ses successeurs jugèrent utile de rassembler pour l'avenir leurs dits les plus percutants. Ainsi naquirent les recueils de *kôans*, dont le premier, le *Recueil de la Falaise verte (Pi-yen-lou)*, fut imprimé en 1125.

Assistant du maître qui les compila, Ta-hui voulait utiliser les *kôans* de manière systématique, obligeant le disciple à méditer sur eux sans relâche. De son côté, Hung-chih ne contestait ni la valeur ni l'utilité des kôans — il en composa lui-même un recueil —, mais il soulignait le danger qui pouvait résulter d'un emploi qu'il jugeait excessif : remettre en jeu l'activité du mental, alors qu'il s'agissait de l'éliminer. Pour lui c'était un abus flagrant, puisqu'il reniait le second des quatre principes fondateurs du tch'an : « Aucune dépendance vis-à-vis des mots et des concepts. » La nécessité imposée du dehors de méditer assidûment sur un *kôan* excluait radicalement la méditation libre, vide, sans support, seule capable, selon lui, de conduire à l'Éveil véritable parce que spontané. Dès le VIIe siècle, le quatrième patriarche n'avait-il pas enseigné : « Rien ne manque en vous et vous n'êtes pas différent du Bouddha. Il n'y a pas d'autre manière de parvenir à l'état de Bouddha que de laisser à votre esprit la liberté d'être lui-même. Vous ne devriez ni le scruter ni le purifier. Évitez seulement qu'y pénètrent le désir obsédant ou la haine, et n'ayez ni crainte ni anxiété. Soyez sans limites et absolument libre de toute condition. Ayez la liberté d'aller dans la direction qui vous plaît, quelle qu'elle soit. N'agissez dans le but ni de faire le bien ni de faire le mal. Que vous marchiez ou que vous demeuriez, que vous soyez assis ou couché, quoi qu'il vous arrive, il s'agit de la merveilleuse activité du Grand Éveillé. Tout est joie et sérénité, voilà ce que l'on appelle Bouddha. »

À la suite de la controverse entre Ta-hui et Hung-chih, naquirent les dénominations de *K'an-houa tch'an* (en japonais, *Kanna Zen*), le « Zen de la contemplation de la Parole », et de *Mo-tchao tch'an* (en japonais, *Mokushô Zen,* le « Zen de l'Éveil silencieux », qui s'appliquèrent respectivement à l'école Rinzaï et à l'école Sôtô.

Toutefois, il n'y eut d'opposition nettement tranchée, de rivalité active que lorsque les deux écoles essaimèrent au Japon : l'école Rinzaï, introduite en premier lieu par Myôan Eisai (1141-1215) à son retour de Chine, puis par des maîtres chinois ou des moines japonais revenus de Chine ; l'école Sôtô établie par le seul maître Dôgen Zenji (1200-1253). La première, proche du pouvoir et installée dans la capitale, fut en conséquence très influente, tandis que la seconde se tenait à l'écart et demeura longtemps provinciale, mais moins dispersée, plus unitaire.

C'est elle qui compte aujourd'hui le plus grand nombre d'adeptes, quelque 7 millions, avec près de 15 000 temples et 31 monastères, tandis que le Rinzaï, avec près de 6 000 temples et 39 monastères, ne regroupe que 2 à 3 millions d'adeptes. Encore ne faut-il pas oublier que les adhérents aux deux écoles ne représentant que 8 pour 100 des bouddhistes japonais.

Cependant, même l'introducteur du Sôtô au Japon, Dôgen Zenji, n'excluait nullement les *kôans* de son enseignement, ils en étaient les germes et il en compila un recueil qui en contenait trois cents [14]. Ce ne sont que ses lointains successeurs qui, voulant restaurer dans sa pureté le Sôtô aux XVIIe et XVIIIe siècles, se montrèrent à cet égard très intransigeants, allant jusqu'à interdire toute référence aux *kôans*. Dans le même temps, le Rinzaï évoluait exactement en sens inverse. Le grand Hakuin (1686-1769) systématisa leur étude qui devint le mode d'éducation par excellence. Ses héritiers la formalisèrent encore davantage : le disciple devait résoudre une série de *kôans* de difficulté croissante au cours d'un très long processus qui pouvait prendre des années, jusqu'à ce qu'enfin « craque le fond du seau ». Telle est encore la pratique courante dans les différentes branches du Rinzaï. De moindre importance sont les particularités qui différencient les deux écoles. Par exemple, dans le Sôtô, on fait zazen face au mur, comme Bodhidharma lui-même, tandis que dans le Rinzaï, les pratiquants, tournés vers le centre du *zendô*, se font face ; dans le Sôtô, le *kin-hin* est une marche très lente, concentrée et attentive, alors que dans le Rinzaï, il est au contraire très rapide, exécuté au pas de course.

En fait, s'il y a opposition, c'est dans l'esprit même de la pratique qu'elle réside. Sans doute, l'une et l'autre école visent bien évidemment le même but : la guérison, la délivrance. Mais si le diagnostic du mal est le même : dans les deux cas, il s'agit de *duhkha*, la souffrance existentielle inhérente à la condition humaine, le traitement est différent. Dans la lignée de Lin-tsi, on ne le concevait que drastique. Les procédés employés par Ma-tsu, Houang-po ou Lin-tsi peuvent se comparer à ce que fut naguère en thérapie psychiatrique l'électrochoc, remède traumatisant et parfois pire que le mal. Certes, les maîtres Rinzaï y ont depuis longtemps renoncé. Toutefois, le non constamment opposé par le maître à la réponse du disciple au *kôan* qu'il doit impérativement résoudre donne lieu à un harassant et interminable harcèlement. Créant une fixation devenue obsessionnelle, il peut aboutir au résultat inverse de celui qui est recherché. De plus, l'attention au *kôan,* obligatoire durant le zazen, ne peut être motivée que par la recherche lancinante de l'Éveil, ce qui, dans le Sôtô, est considéré comme le plus grand empêchement à y parvenir. Cette manière de forçage, même si elle vise finalement le retour au naturel, est par elle-même artificielle, tandis que le Sôtô insiste sur le fait que zazen et vie quotidienne doivent absolument s'harmoniser, qu'entre l'un et l'autre ne doit exister nul décalage.

Dans le Sôtô, la position est donc inverse. Zazen est *shikantaza*, « être assis sans rien faire ». Pour Dôgen Zenji, pratique et réalisation ne peuvent se distinguer l'une de l'autre, elles sont par essence identiques : « Chaque instant de zazen est par lui-même totalité de la pratique et de la réalisation [15]. »

Mais ici le danger serait d'imaginer qu'on a obtenu l'Éveil, parce que l'on se trouve dans un état de bien-être, de lucidité et de sérénité jusqu'alors inconnu. C'est pourquoi le *kenshô*, la découverte de sa profonde nature propre, qui est « nature de Bouddha », « visage originel », doit être certifié par le maître et est souvent provoqué, communiqué par lui. Dôgen Zenji va jusqu'à écrire : « Tous, nous possédons une certaine réceptivité à l'Éveil, ce qui veut dire que nous n'avons pas à changer notre corps et notre esprit, mais seulement à suivre la réalisation d'autrui, cela s'appelle transmission directe, cela s'appelle aussi réceptivité. Parce que l'on se consacre à suivre la réalisation d'autrui, on n'a plus affaire à ses propres erreurs, à ses vieilles illusions. Parce qu'on se contente de mettre en œuvre sa réceptivité personnelle, on n'a pas à entrer dans un nouveau nid[16]. »

De nos jours, certains maîtres ont pensé que le temps était venu de mettre un terme à ce conflit séculaire, les deux méthodes d'éducation pourraient désormais se compléter. Ce mouvement prit naissance à l'initiative d'un moine Sôtô qui reçut ensuite une formation Rinzaï, Sôgaku Daiun Harada (1871-1961), qui dans son propre monastère japonais combina en une discipline rigoureuse les deux enseignements. Harada Rôshi eut pour principal disciple Hakuun Ryôko Yasutani (1885-1973), qui, à l'inverse, était passé du Rinzaï au Sôtô. Reconnu par Harada comme son successeur, Yasutani créa au Japon en 1954 une nouvelle école indépendante, *Sambô Kyôdan*, où sont pratiqués à la fois *shikantaza* et l'étude des *kôans*.

Si, au Japon, la nouvelle école n'a eu jusqu'à présent qu'une audience très limitée, elle prit une importance croissante aux États-Unis, où, invité par ses élèves américains, Yasutani Rôshi enseigna de 1962 à 1969. Suivant cet exemple, Taizan Maezumi (1931-1995), qui, bien que resté au sein de l'école Sôtô, fut le disciple de Yasutani, fonda avec le Zen Center de Los Angeles le *White Plum Sangha* qui prit bientôt une importante extension tant aux États-Unis qu'en Europe.

III. LE ZEN ET L'OCCIDENT

Un inévitable malentendu

En France, le mystérieux monosyllabe Zen n'est entré dans la langue qu'avec la publication complète en trois volumes des *Essais sur le bouddhisme zen* (1954-1957)[1] de Daisetz Teitaro Suzuki (1870-1966). Auparavant, le Zen n'était guère connu que de rares spécialistes japonisants, sauf dans les pays anglo-saxons, où les *Essais* de Suzuki, publiés vingt ans plus tôt, avaient suscité quelques réactions, celle notamment d'un jeune bouddhiste anglais, Alan W. Watts qui, à l'âge de vingt et un ans, publia en 1936 *L'Esprit du Zen (The Spirit of Zen)*[2].

La lecture, fort ardue, des volumineux ouvrages de Suzuki provoqua des approbations enthousiastes chez les penseurs de langue allemande. L'illustre Martin Heidegger, alors au faîte de la gloire, déclara : « Si je comprends correctement, voilà ce que j'ai essayé de dire dans tous mes écrits[3] », phrase qui provoqua consternation et désarroi parmi les disciples — c'était pour eux véritablement un *kôan* — qui n'en sont pas encore revenus. Plus réticent d'abord devant Suzuki, C.G. Jung, ayant lu sur son lit de mort *Les*

Enseignements du Tch'an et du Zen de Charles Luk[4], demanda à son élève, le Dr Marie-Louise von Franz, d'écrire à l'auteur pour lui dire son contentement : « Lorsqu'il [Jung] lisait ce qu'avait dit Hsu Yun [le dernier des grands maîtres chinois du tch'an, mort en 1959], il avait parfois le sentiment que lui-même aurait pu écrire exactement la même chose[5]. »

En France, l'accueil fut plus mitigé et, disons le mot, plus frivole. Aux *Essais* austères de Suzuki, on préféra généralement les livres de vulgarisateurs qui parlaient moins du Zen que de ses sous-produits pittoresques, la cérémonie du thé, l'*Ikebana*, le jardinage, les arts martiaux, et, au mieux, de l'influence exercée par le Zen sur la peinture, la calligraphie et la poterie en Chine au Japon. Quant à l'esprit Zen, on crut le pénétrer en se gargarisant d'*haïkus* et de *kôans*. Si certains *haïkus*, ceux admirables de Bashô *, par exemple, représentent bien des reflets — comme ceux d'un miroir brisé — de l'approche Zen, la solution des *kôans* requiert impérativement l'emploi d'une méthode, le zazen. Sans elle, les *kôans* ne sont rien de plus que des jeux de mots.

On ne voyait évidemment pas le rapport qui pouvait exister entre la solution d'une énigme et une posture corporelle, et l'on avait assurément des excuses, puisque Suzuki, le guide le plus sûr, n'en parlait pas ou, comme à regret, dans une note, alors que les monumentaux *Essais* comptaient plus de mille pages. Mais D.T. Suzuki n'étant ni un maître ni même un

* Bashô (1644-1694) fut ordonné moine Zen en 1681.

moine, son rôle n'était pas celui qu'on lui attribuait. Éminent érudit, il n'avait écrit qu'une histoire, d'ailleurs remarquablement documentée : son actualité ne le concernait pas. En vérité, Suzuki avait composé un mince ouvrage qui aurait dû mettre en garde les intellectuels, *Le Non-mental selon la pensée Zen*, mais, publié en France à petit tirage, il n'attira l'attention que de quelques-uns. Même là, Suzuki ne précisait pas comment atteindre pratiquement cet état qu'il définissait si bien.

Bien involontairement, l'honnête professeur japonais se trouvait à l'origine d'un malentendu qui est loin de s'être effacé. Il fut en effet entretenu par ses nombreux commentateurs occidentaux qui présentèrent leurs vues personnelles comme constituant l'essence même du Zen. Autrement dit, il y eut pléthore de maîtres et point encore de disciples. Quant au grand public, informé par ces propagateurs présomptueux, il put, en toute bonne foi, s'amuser de ces joutes verbales, de ces paradoxes et aussi de l'exotisme d'un Zen de pacotille. La cérémonie du thé, l'art des fleurs ou la contemplation par des touristes pensifs des jardins de pierres et de sable de Kyôto n'étaient qu'une mode qui, comme toutes les modes, passa.

Restaient les arts martiaux, qui exigeaient un véritable engagement, une autodiscipline, rude d'ailleurs et astreignante. Ceux qui persévérèrent n'avaient que trop conscience d'être des initiés et, dans ce champ bien défini, les malentendus ne manquèrent pas non plus. « La plupart des pratiquants et même des enseignants occidentaux n'établissent entre le Zen et le

Budo de rapport qu'indirect. Tout juste concèdent-ils qu'historiquement le premier est à l'origine du second, alors que ce lien est toujours actuel au Japon, où le zazen est encore nécessaire à partir d'un certain niveau pour progresser dans la "Voie du combat"[6]. »

Fort heureusement, il y eut une seconde vague. Certains s'étaient rendus au Japon afin d'en avoir le cœur net. L'Anglo-Américain Alan Watts y rassembla les matériaux de son second livre. L'Allemand Karlfried Graf Dürckheim (1896-1990) y rencontra des maîtres, reçut l'enseignement et le propagea dans son pays sous une forme très personnelle, agrémentée de diverses techniques corporelles et psychiques[7]. L'Américain Philip Kapleau[8], qui avait été l'élève de D.T. Suzuki aux États-Unis, passa douze ans au Japon. Il y reçut l'enseignement du maître Sôtô Yasutani Rôshi, qui lui donna l'ordination ainsi que l'autorisation d'enseigner dans son pays, après quoi Kapleau fonda le centre Zen de Rochester aux États-Unis.

Ces auteurs apprenaient au moins à leurs lecteurs que le Zen excluait le genre de divagations qui l'avaient accueilli lors de son arrivée et qu'il faisait l'objet d'une stricte discipline corporelle qui condamnait l'évasion aussi bien que l'extase, et exigeait patience et abnégation. Mais aussi que le zazen, tout indispensable qu'il fût, ne pouvait devenir efficace que si la pacification qui en résultait s'étendait à la vie quotidienne et, l'informant, la contrôlant, la réformait : à cela, les maîtres ramenaient impitoyablement leurs disciples[9]. Pourtant, le Zen n'était pas encore à l'abri de possible déviations. En Californie,

Alan Watts le répandit parmi les hippies, dont il était devenu le maître à penser. Ils l'acceptèrent avec enthousiasme, car Watts en avait fait une sorte d'autodiscipline hédoniste qui n'était que trop séduisante, mais, dépourvue de rigueur, finalement stérile. En sens contraire, des contemplatifs catholiques rapprochèrent, d'ailleurs non sans raison, les enseignements du Zen des écrits de certains mystiques, en particulier, les mystiques rhénans des XIIIe et XIVe siècles, et crurent retrouver dans le zazen l'équivalent des techniques corporelles de méditation, autrefois pratiquées dans le monachisme, mais depuis longtemps abandonnées *. À cela, il n'y aurait eu aucun mal si quelques-uns, trop zélés, n'avaient tenté de l'annexer, en lançant un « Zen chrétien », source inévitable de nouvelles méprises. Tel ne fut pas le cas du cistercien Thomas Merton (1915-1968), auteur d'études aussi profondes que désintéressées qui montrent le profit mutuel que peuvent retirer de telles confrontations des méditants, à quelque école qu'ils appartiennent [10].

Semblables rapprochements avaient incontestablement leur utilité, en ce sens qu'ils tiraient le Zen de l'isolement exotique dans lequel on aurait pu l'enfermer, en montrant, d'une part, qu'il s'agissait d'une ascèse qui avait été partout et de tout temps pratiquée, même si l'Occident l'avait oubliée, d'autre part, que le mode de pensée qui en résultait avait lui aussi portée universelle. On pourrait d'ailleurs, non sans

---

* Sauf par le monachisme oriental, v. p. 246.

bénéfice, multiplier de tels exemples, relever, par exemple, la proximité au premier abord surprenante entre cette forme de pensée et celle qui s'exprime chez les présocratiques, ces philosophes d'avant la philosophie, en des aphorismes, dont certains, en particulier chez Héraclite d'Éphèse (VIe-Ve siècle av. J.-C.), ressemblent fort à des *kôans*.

Cette période initiale, quelque peu anarchique, ne prit fin qu'avec l'arrivée de moines Zen japonais qui s'établirent à demeure. Deux de ces maîtres exercèrent une influence décisive qui dérangea fort ceux qui s'étaient eux-mêmes chargés d'expliquer le Zen, ils perdaient de ce fait leur crédibilité, puisque aucun d'eux n'avait reconnu que, comme le proclamaient les moines japonais, « le Zen, c'est seulement zazen ». Shunryu Suzuki [11] (1905-1971), maître reconnu au Japon, vint en 1958 aux États-Unis. Y ayant trouvé un auditoire possédant l'« esprit neuf », seul capable, selon lui, d'aborder valablement le Zen, il décida d'y rester, fonda le premier monastère Zen Sôtô d'Occident, le *Zen Mountain Center* de Tassajara, ainsi que le *Zen Center* de San Francisco et, peu avant de mourir en 1971, conféra la transmission à des disciples américains. Taisen Deshimaru arriva à Paris neuf ans plus tard et, jusqu'à sa mort en 1982, répandit l'enseignement dans toute l'Europe de l'Ouest. Ces deux maîtres étaient des moines de l'École Sôtô, ce qui signifie qu'ils privilégiaient avant toute chose *shikantaza* et le *Mokushô Zen* (« Zen de l'Éveil silencieux »), le plus capable de déconcerter les Occidentaux, qui n'avaient jusque-là entendu parler que du Rinzaï.

Aux États-Unis étaient venus d'autres maîtres zen, japonais et coréens. De 1962 à 1969, y enseigna Hakuun Ryôko Yasutani (1885-1973), fondateur de la nouvelle école indépendante, *Sambô Kyôdan* (« Société des Trois Trésors »), qui combine les méthodes du Sôtô et du Rinzaï. De son côté, Taizan Maezumi (1931-1995), venu aux États-Unis en 1956, fonda à Los Angeles le *White Plum Sangha* (« Sangha de la Prune blanche »), à la fois Sôtô et Rinzai.

Depuis que des maîtres venus d'Asie enseignent le bouddhisme à des étudiants de plus en plus nombreux, la situation s'est inversée. Ce ne sont plus des Occidentaux qui vont le chercher en Asie, c'est lui qui est venu jusqu'à eux. De ce fait, le bouddhisme est aujourd'hui moins l'affaire d'érudits distants que de pratiquants qui s'y plongent. Point n'est besoin de mentionner, car ils sont dans toutes les mémoires, les événements qui se sont déroulés au Tibet depuis 1950 et ont eu pour effet en 1959 le départ du quatorzième Dalaï Lama, accompagné d'un grand nombre de moines, mais plutôt leurs conséquences, sur lesquelles insistent les Tibétains eux-mêmes. Leur exil a permis de répandre les enseignements du Vajrayâna, jusqu'alors confinés au Tibet, dans le monde entier, particulièrement en Amérique et en Europe, où se rendirent des maîtres aussi éminents que Chögyam Trungpa aux États-Unis ou Kalou Rinpoché en France. La principale préoccupation actuelle du bouddhisme tibétain est la formation de lamas occidentaux, capables non seulement d'assurer la relève, mais d'enseigner à leurs concitoyens qui ont reçu au départ un bagage intellectuel identique. D'autres Écoles, venues principalement du Japon, ont elles aussi pris pied dans le monde occidental, en particulier le Zen comme nous l'avons vu précédemment.

Le bouddhisme vit donc en ce moment une époque à la fois favorable et critique, celle de la transmission du message. Bien des obstacles, apparemment contradictoires, restent à surmonter : un exotisme, qui est la cause au moins initiale de l'adhésion de certains, ou bien, en sens contraire, le bouddhisme ne pouvant constituer ni une fuite ni un refuge, une occidentalisation trop rapide de celui-ci qui aboutirait à une pure et simple récupération, ou encore la ferveur parfois exagérée de néophytes qui, dans un premier mouvement, peuvent manifester une intolérance absolument contraire à l'esprit du bouddhisme. Mais ces obstacles, le bouddhisme les a depuis toujours connus au cours de son expansion et a su les éviter, du fait qu'il n'est pas du tout une religion dogmatique comme celles que connaissent l'Occident ou le Proche-Orient. Il a toujours admis que toute voie spirituelle était bienfaisante, à condition qu'elle convienne à la personne qui la pratique et lui permette d'évoluer positivement.

Au demeurant, l'histoire du bouddhisme n'est-elle pas celle de ses adaptations successives ? N'ayant jamais été régi par un principe d'autorité centralisateur, il ne s'est pas opposé à la diversité, en son sein, d'Écoles qui font en somme sa richesse, puisqu'elles présentent sous tous les aspects possibles l'enseignement fondamental du Bouddha Shakyamuni. Lors de son expansion, le bouddhisme a toujours respecté le caractère propre, la mentalité et les traditions des peuples qui l'adoptaient ; aussi peut-on à bon droit parler d'un bouddhisme cinghalais ou birman (le *Théravada*), d'un bouddhisme tibétain (le *Vajrayâna*), d'un bouddhisme chinois ou d'un bouddhisme japonais, adaptés aux conditions locales, en précisant que les deux derniers, loin d'être unitaires, comportent dans l'un et l'autre pays une multiplicité d'Écoles très différentes.

Le Zen lui-même est la version japonaise du tch'an, né de la rencontre du bouddhisme, plus précisément du *dhyâna* indien et du taoïsme. Passée d'Inde en Chine et de Chine au Japon, non formaliste et réduite à sa plus simple expression, cette École, celle de la méditation qui engendra l'Éveil du Bouddha, est parfaitement capable de prendre en Occident la forme qui conviendra à ce dernier, à la condition expresse qu'on intervienne le moins possible dans ce processus d'adaptation.

Si le Zen ne faisait que délivrer l'esprit occidental de ses vaines erreurs et de préjugés plus ou moins séculaires dont on peut aujourd'hui mesurer la nocivité, il aurait déjà joué son rôle ; mais ce n'est pas là son véritable propos qui serait plutôt de changer l'homme afin de changer le monde, nécessité qui apparaît vitale à un nombre croissant de nos contemporains.

Doctrine bouddhique et philosophie

Le mot sanskrit *Dharma* signifie d'abord la Loi, présente au cœur de l'homme, qui régit l'univers entier, en d'autres termes, l'Ordre cosmique, et, par extension, l'enseignement du Bouddha Shakyamuni puisque, pour le bouddhisme, celui-ci le perçut clairement lors de son Éveil, le formula et le répandit. Mais cet aspect cosmologique, aussi indispensable qu'il soit, puisqu'il inscrit le destin humain dans l'ordre universel sans lequel il demeurerait inexplicable, n'était somme toute que secondaire. Ce que, selon ses propres dires, le Bouddha apportait était une méthode de guérison, fondée sur une analyse rigoureuse de la condition humaine, en vue d'y porter remède, c'est-à-dire de lui donner un sens, ou plutôt de permettre à chacun de le découvrir en soi-même. Il s'agissait donc d'une « philosophie » au sens étymologique de ce mot : « amour de la sagesse », mais aussi au sens le plus actif, recherche de la « connaissance essentielle », la *Prajñâ Pâramitâ*, la « Sagesse absolue ».

Dans la pratique du bouddhisme, nous nous

appuyons sur la doctrine, le *Dharma*. Sans elle, la pratique serait inefficace mais, réciproquement, il faut que la doctrine soit certifiée par la pratique et quotidiennement vécue. Il serait donc erroné d'assimiler doctrine et dogme car, s'il est loisible d'adhérer à un dogme sans en approfondir le sens — il s'agit d'un « article de foi » —, il ne saurait en aller de même pour la « doctrine » ; celle-ci doit faire l'objet d'une expérimentation personnelle. « La pratique du *Dharma* est une approche foncièrement comparable à une démarche scientifique expérimentale. Les enseignements sont issus de l'expérience de personnes arrivées à l'Éveil... Leurs découvertes... sont des protocoles qui nous indiquent la procédure expérimentale pour réaliser à notre tour la même expérience [12]. » « Le Bouddha lui-même a déclaré : "Ne croyez pas mon enseignement simplement parce que c'est moi qui vous l'ai donné. Mais, comme on teste l'or et s'assure de sa qualité en le battant et en le frottant, de même, mettez mon enseignement à l'épreuve de l'expérience et de la pratique, et si vous le retenez, que ce ne soit pas seulement par respect pour moi" [13]. » On voit donc que le mot de doctrine qui est d'usage courant peut prêter à confusion, car il évoque non tant des opinions qu'un système. L'enseignement du Bouddha est une philosophie de la vie, qui trouve son origine mais aussi sa fin dans l'Éveil.

Paradoxalement, l'Éveil a un effet rétroactif. Il faut d'abord le désirer intensément pour s'engager dans l'ascèse longue et difficile qui y conduit ; c'est seulement cet espoir, cette perspective qui donneront l'élan nécessaire pour surmonter les obstacles et persévérer dans la Voie. Toutefois, ce n'est que lorsque l'on aura perdu ce désir, renoncé même à cette espérance, oublié jusqu'à la notion d'Éveil, que l'on sera mûr pour l'accueillir. Alors seulement nous comprendrons que l'Éveil n'est pas un terme, mais un commencement, et aussi que depuis toujours nous étions éveillés.

Voilà qui semble nous éloigner considérablement de la philosophie telle que nous avons appris à la concevoir. La « philosophie » bouddhique, ou plus exactement les prolongements psychologiques et métaphysiques du *Dharma*, comme toutes les philosophies de l'Orient traditionnel, se développe en effet selon un mode très différent. Pourtant, il est communément admis que ces conceptions opposées sont comme deux branches divergentes issues d'un tronc commun, la *philosophia perennis* [14]. Toujours est-il qu'entre elles l'écart s'est creusé au point que sous le nom de philosophie, nous incluons aujourd'hui et la discipline rationaliste, dualiste, abstraite et spéculative qu'à travers les siècles elle est devenue en Occident, et une démarche fondée au départ sur l'intuition et l'expérience intime, non spéculative et surtout résolument non dualiste, qu'illustrent les deux grands systèmes de pensée du *Mahâyâna*, le *Madhyamika* (« Voie du Milieu ») de Nâgârjuna et ses successeurs, aussi bien que le *Yogâchâra* (« Exercice de la méditation ») ou *Vijñanavâda* (« Doctrine de la conscience ») d'Asanga et de Vasubandhu, lesquels vont beaucoup plus loin que le cartésianisme de la « table rase ».

Il en résulte logiquement que, dans le bouddhisme,

et tout particulièrement dans le Zen, l'enseignement est pour l'essentiel négatif. L'intervention du maître consiste principalement à faire place nette dans l'esprit du disciple, à le débarrasser des idées toutes faites, des préjugés de toutes sortes qui l'encombrent [15], processus nécessairement laborieux et qui n'aboutit pas toujours. Autrement dit, il s'agit d'abord d'un désapprentissage. C'est seulement en ce sens que l'enseignement a pu être qualifié d'ésotérique, puisqu'il n'est accessible qu'à ceux qui se sont préparés à le recevoir, en purifiant leur esprit. Ce long préalable est sanctionné par les *abhishekas* (« initiations ») et les *sâdhanas* (textes rituels faisant l'objet d'exercices de méditation que le maître donne l'autorisation d'étudier) successifs du *Vajrayâna* tibétain et dans le Zen, surtout dans l'École *Rinzaï*, par la progressive résolution des *kôans* ; ceci suppose une relation intime et prolongée entre maître et disciple. Dans le Zen, même lorsqu'il n'emploie pas les *kôans*, le maître communique l'enseignement personnellement, *I shin den shin*, « de cœur à cœur », car ce qu'il transmet est sa propre appréhension, intuitive et immédiate, de la Réalité, mais celle-ci n'est elle-même que le reflet de la compréhension directe de son maître, et ainsi de suite jusqu'au Bouddha.

Quant au *kôan*, il représente de manière exemplaire, presque caricaturale, le non-enseignement. Au lieu de répondre, il questionne, il harcèle de questions le disciple, afin de le renvoyer à lui-même, à son propre esprit, mais éveillé, et joue finalement le rôle d'agent provocateur de l'Éveil. L'humour, mais non concerté, apparaît ainsi spontanément comme une sorte de maïeutique qui déroute et déséquilibre l'auditeur. Ainsi que le remarque R.H. Blyth[16] : « Il est possible de lire la Bible ou le Coran sans sourire, et personne n'est mort de rire en lisant les sûtras bouddhiques, en revanche les textes Zen abondent en anecdotes hilarantes. L'Éveil s'accompagne d'ailleurs fréquemment d'un rire d'une essence particulière, qui pourrait être défini comme le rire de l'approbation étonnée. » J'ajouterai pour ma part que la concentration en zazen peut être telle que le moindre jeu de mots, surtout s'il est involontaire, survenant à propos, par exemple lorsque l'instructeur ressent dans le dôjô une tension trop forte, suffit à engendrer un fou rire enfantin qui fait plaisir à entendre.

En somme, on pourrait aller jusqu'à dire que le bouddhisme nous conduit à sécréter notre propre philosophie de la vie, à l'édifier au fur et à mesure des étapes de notre ascèse, qu'il se contente de guider pour nous éviter les faux pas, tout en affirmant qu'elle se trouve déjà au plus intime de notre être sous la forme de la bouddhéité cachée, non encore manifestée du *Tathâgatagarbha* (« germe de Bouddha »), du « visage originel » du Zen.

Voilà qui nous entraîne fort loin du *Cogito ergo sum*, de cet ego pensant, seule certitude inébranlable, pivot de toute philosophie future pour Descartes, lequel entérinait ainsi une évolution en marche vers un individualisme dont on ne pouvait prévoir à l'époque les funestes conséquences, ni que, ne s'appuyant plus que sur la raison, le mental, elle condamnerait à long terme une philosophie, réservée aux seuls spécialistes, à se dessécher progressivement.

De ce fait, il y a longtemps que celle-ci a cessé de remplir la mission qui lui semblait assignée à l'origine, d'être un guide de vie. Dans une phrase célèbre, Montaigne a écrit que « philosopher, c'est apprendre à mourir », le Zen ne le désavoue pas, bien au contraire, mais il ajoute qu'apprendre à mourir, c'est aussi et d'abord apprendre à vivre, que l'un ne peut aller sans l'autre. La philosophie s'est progressivement retranchée de la vie même, non seulement du corps, mais de ce qui dans l'esprit est véritablement vivant, véritablement créateur, l'intuition. Or, il se trouve qu'aujourd'hui s'opère un retour devenu indispensable vers les instances psychiques naguère récusées. Même la démarche scientifique, qui a subrepticement passé la frontière interdite entre physique et métaphysique, reconnaît les insuffisances opératoires de la raison prétendue objective, capable de démontrer mais jamais d'inventer, comme le remarquait dès 1909 Henri Poincaré.

Ainsi, sans même que nous en prenions clairement conscience, commence à se combler le fossé qui depuis tant de siècles séparait deux courants de plus en plus divergents et pourtant issus d'une origine commune, et s'ébauche, dans les limbes encore, la nécessaire philosophie du XXIe siècle. Dans ce domaine, il nous reste beaucoup à apprendre et notamment qu'il ne saurait exister de réflexion philosophique qui ne passe préalablement par la méditation, et même par une certaine attitude physique, seule capable de réunifier non seulement le corps et l'esprit, mais les différentes instances du psychisme, conscientes et inconscientes, de permettre le surgissement en nous d'un nouveau mode d'être, donc de penser. Cette « pensée non pensée » issue de la méditation est sinon identique, du moins toute proche de l'inspiration impersonnelle, « venue d'ailleurs », qui parle par la bouche du poète, qui meut la main de l'artiste.

Cette intuition fondamentale fut la source de toute pensée philosophique originale, donc originelle. On la retrouve aussi bien en Grèce, chez Héraclite et Parménide, et plus tard chez Empédocle, l'initié, qui la proclame en tant que telle, que chez l'Indien Nâgârjuna. C'est seulement après avoir médité pendant des années dans l'Himalaya que le plus profond des penseurs bouddhistes entreprit son œuvre gigantesque. La légende veut qu'il ait reçu la *Prajñâpâramitâ* du roi des serpents (*Nâgâraja*) ; dans son nom on retrouve *Nâgâ*, le serpent, mais aussi *Arjuna* désignant une espèce d'arbre en qui il faut peut-être reconnaître l'arbre cosmique, celui de la connaissance, auquel est toujours associé le serpent. N'était-ce pas symboliquement indiquer d'où lui venait son inspiration ?

Le mode de pensée du Zen, mettant à l'écart le mental depuis longtemps au pouvoir et qui a condamné au silence les autres instances, est de ce fait révolutionnaire. Son introduction dans le système intellectuel encore régnant, bien que menacé de toutes parts, pourrait avoir l'effet, sinon d'un détonateur, du moins d'un puissant agent de corrosion capable de dissoudre les vieilles rouilles, les calculs qui entravent la libre circulation des énergies vitales ou, en termes Zen, de faire tomber les liens dans lesquels l'esprit s'est lui-même de plus en plus étroitement emprisonné jusqu'à une immobilisation qui pourrait bien être létale. La pratique du Zen procure par elle-même l'éclairage nouveau qui peut-être nous manquait. Sa lumière est si vive qu'elle dissipe, tels des fantômes, les préjugés les plus enracinés, les hypothèses devenues dogmes, rend transparentes les apparences qu'elle transperce et restitue l'esprit à l'esprit[17].

L'âme et l'esprit

Dès la petite enfance, on nous a inculqué que nous étions composés d'un corps et d'une âme ; la plupart d'entre nous n'ont jamais sérieusement mis en doute ce qui semblait évident. Pour le christianisme, l'âme était prisonnière du corps ; immortelle, elle s'en évadait à la mort et retournait auprès de son Créateur. Le corps n'était pas seulement son enveloppe provisoire, mais la chair pécheresse contre laquelle il lui fallait lutter. Dieu n'était-il donc pas l'auteur de l'un comme de l'autre ? On n'osait tout de même pas le nier, mais on laissait entendre que le corps appartenait à la nature, comme si celle-ci était distincte de Dieu et même opposée à lui, comme si la création ayant échappé au Créateur était passée au pouvoir du mal. L'homme avait donc à soumettre la nature comme il devait maîtriser sa propre chair ; il n'y a que trop bien réussi : en témoigne l'état présent de la planète. La réaction maintenant nécessaire et même vitale ne pourra venir que d'une réconciliation, de la réunification de ce qui fut indûment séparé.

Ce concept d'une âme immatérielle, invisible, le

courant de pensée rationaliste-scientifique ne pouvait évidemment plus l'admettre. Pour lui, ce n'était qu'une hypothèse invérifiable, comme l'existence d'un Dieu créateur. Pendant les siècles « obscurs », ces superstitions archaïques obnubilant l'esprit humain l'avaient empêché de progresser. Il fallait donc en démontrer l'inanité et l'on vit un chirurgien célèbre proclamer : « Je n'ai jamais trouvé d'âme sous mon scalpel ! » La pensée n'était qu'une sécrétion organique comme les autres, produite par le cerveau que l'on étudia avec ardeur afin de déceler le secret de son fonctionnement. Pour désigner une activité d'une complexité si subtile qu'on pouvait difficilement l'assimiler aux mouvements organiques élémentaires, on recourut à un terme neutre et imprécis, le psychisme ; ce n'était d'ailleurs qu'une appellation provisoire, on comptait bien un jour démontrer que physiologique et psychique ne faisaient qu'un.

N'en fut pas pour autant aboli le dualisme antérieur, l'antagonisme latent entre les instincts et la conscience morale qu'eurent désormais à traiter, à la place des confesseurs, « directeurs de conscience », les psychanalystes, spécialistes patentés de l'âme laïcisée. Non seulement la perception duelle, donc conflictuelle, de la nature humaine, cause de tous les maux, tant publics que privés, n'en subsiste pas moins, le malaise existentiel qu'elle engendre n'a cessé de croître pour devenir de plus en plus insupportable.

C'est un tel dualisme grossier que remet radicalement en cause le regard intérieur développé par la pratique de la méditation et singulièrement par le mode de pensée *hi-shiryô*, dépassement des contradictions apparentes par la réunification du physiologique et du psychique, prise directe, parce que intuitive, du réel. Se trouvent alors automatiquement éliminées les spéculations du mental qui n'apparaissent plus que comme des projections, et mis à l'écart celui-ci dont le méditant prend conscience qu'il constitue le seul obstacle qui le sépare de l'ultime réalité, l'écran qui la lui dissimule.

La démarche du Zen conduit finalement à reconnaître la validité du concept matérialiste de l'unité du corps et de l'âme. Pour le bouddhisme, l'âme, le moi, n'est qu'un composé provisoire, réuni à la naissance et dissous à la mort, des cinq *skandhas*, ou agrégats, qui incluent la conscience elle-même. L'idée d'une survie personnelle n'est qu'un leurre né de l'instinct de conservation. Puisque nous naissons, nous mourrons.

Mais qui donc peut ainsi se désolidariser d'avec le moi, prendre par rapport à lui ses distances, le juger avec une lucidité inhabituelle, sinon ce que, sans idée « préconçue », découvre et expérimente le méditant, l'« esprit », le « tiers exclu » par l'évolution de la pensée occidentale, mais présent dans les philosophies de toutes les civilisations traditionnelles ?

La langue latine distingue dans l'homme trois éléments, et non deux : *corpus, anima, spiritus*, qui correspondent approximativement aux termes grecs : *soma, psyché, noûs. Anima* ou *animus* est le principe de vie en nous, ce qui nous « anime ». *Anima-animus* viennent du grec *anemos*, le « vent », le courant du vent, son souffle, et, secondairement, l'« âme », mais en tant qu'elle est agitée par le désir, par les passions. L'âme est donc formée par le souffle, par l'air que nous inspirons en naissant et que nous restituons en mourant. Entre inspir et expir : une vie, une vie « animale », puisque l'animal est ce qui a une âme, tout être vivant, donc « animé ».

Mais pourquoi ce terme double, pourquoi ces deux genres, *anima* et *animus* ? Pour les Latins, il s'agissait de deux instances dont les fonctions n'étaient pas identiques. À l'anima, principe vital de l'organisme, s'opposait l'*animus*, source dynamique de la pensée, réagissant contre la passivité de l'*anima* féminine [18], donc plus ou moins soumise au *corpus,* de genre masculin lui aussi, de sorte qu'elle obéissait tantôt à l'un, tantôt à l'autre. Au XIIe siècle, Guillaume de Saint-Thierry, ami de saint Bernard, distinguait encore l'*anima* vivificatrice et l'*animus* spirituel.

Au mot *anemos*, le vent, qui ne définissait qu'un aspect, le plus directement sensible, du psychisme, son agitation intérieure, les Grecs ont préféré *psyché*, au sens premier, le « souffle » encore, mais plus précisément l'air inspiré. Le verbe *psychô* veut dire « souffler », « respirer », mais aussi « rafraîchir », « refroidir » ; un mot de même racine, *psychros*, désigne le froid — l'air inspiré étant plus froid que le milieu organique dans lequel il parvient. *Psyché* est l'air en tant que principe de vie et ce mot désigne aussi la vie elle-même, la vie tout court. Sans *psyché, sôma* n'est qu'un cadavre et Homère emploie *sôma* avec cette signification. *Psyché*, c'est plus particulièrement le siège du désir qui est le moteur même de la vie, ce qui, notons-le au passage, se rapproche du point de vue oriental.

Mais *psyché* est encore autre chose : le papillon. Cette équivalence a nourri l'imaginaire grec * en lui fournissant un prototype ostensible, censé l'éclairer sur la nature même de l'âme, sur sa nécessaire évolution. Elle reposait sur l'observation de la métamorphose particulièrement frappante des lépidoptères. Le papillon, créature presque désincarnée et tout en ailes, s'envolant dès sa naissance vers la lumière, était sorti de sa prison, la chrysalide ; ainsi, l'âme devait se dégager de la geôle du corps. L'insecte ailé avait d'abord été une larve rampante, la chenille, grossièrement charnelle, exclusivement occupée à se nourrir et incapable de se défendre, comparable en somme au nouveau-né humain et même au fœtus. Dans la mythologie, Psyché était personnifiée sous la forme d'une belle jeune fille, représentée avec des ailes de papillon, amoureuse d'Eros, l'Amour, et tourmentée par lui, dont elle ne devait pas chercher à voir le visage. Quand elle le fit, il disparut et le rêve s'effondra. S'ensuivit une longue série d'épreuves, qui se termina par des retrouvailles. Psyché était devenue immortelle comme son divin amant. Cette légende fut utilisée par les néo-platoniciens en tant que promesse de renaissance dans la lumière éternelle.

Mais la *psyché*, féminine, en proie au désir, semblait encore trop charnelle pour désigner un principe

* À une époque relativement tardive, il est vrai.

immatériel. Au temps d'Aristote, les Grecs en vinrent à utiliser plutôt *pneuma*, un mot neutre qui désigne encore le souffle — *pneô* veut dire « souffler », *pnoè*, l'« haleine » et *pneumôn*, le « poumon », considéré comme le siège des sentiments, et particulièrement de l'amour ; tous ces mots venant du radical *pneu* — qui est une onomatopée correspondant à l'explosion du souffle lors d'une brusque expiration [19].

Mais, pour les philosophes, *pneuma*, principe de la pensée, résulte de la fusion de l'air inspiré et du feu vital qu'il entretient, feu immatériel, né du pur éther, donc d'origine cosmique — le cosmos étant lui-même considéré, suivant les croyances pythagoriciennes, comme un être divin, créateur, qui se démultiplie dans tous les êtres vivants. *Pneuma*, physique à l'origine, est devenu concept métaphysique, cosmique, universel et, en tant que tel, éternel, auquel cependant la nature humaine participe. Dans le christianisme, *Pneuma* désignera le « Saint-Esprit ».

En latin, *pneuma* correspond plutôt à *spiritus* qu'à *anima. Spiritus* (de *spirare*, « souffler », le radical *sp*- est lui aussi onomatopéique) est donc encore le souffle, mais, dès l'Antiquité païenne, il a désigné l'inspiration divine, c'est un souffle embrasé, supraphysique, sur-naturel, devenu donc sans difficulté le *Sanctus Spiritus* des chrétiens.

Dans ce sens, l'esprit, à l'époque classique, était plus habituellement désigné en grec par *noos* ou *noũs*, l'« intelligence », la « sagesse » et, depuis Anaxagore, le principe spirituel organisateur du cosmos qui continue à le mouvoir, l'« âme du monde » en quelque sorte[20], l'Unité dont l'infinie diversité des êtres n'est que le reflet démultiplié. Ainsi entendu, le *noũs* est assez proche de l'Esprit créateur planant sur les eaux de la Genèse. Ces eaux primordiales correspondent au Chaos des auteurs grecs, l'espace sans limites et ténébreux, préalable à l'origine des choses, des êtres distincts. Il est également proche du *Tao*, « principe premier qui embrasse toute chose et engendre tous les phénomènes ».

Les étymologistes ont rapproché *noos* du verbe *neuô*, « faire de la tête un signe d'assentiment » ; les deux mots procèdent de la racine *nu-*, qui a donné en latin *annuo (ad-nuo)*, « approuver », *nutus*, « signe de tête », expression de la volonté et, par suite, « volonté », et surtout *numen*, qui a le sens du mot précédent, mais exprime plus particulièrement le signe fait par la divinité qui marque ainsi ce qu'elle attend des humains, donc sa manifestation parmi eux, sa puissance agissante, et finalement la divinité (impersonnelle) elle-même. Le *noos* grec définit une instance supra-humaine, mais de laquelle participe l'esprit humain qui peut en devenir l'écho conscient.

Cette division tripartite, héritée de la pensée païenne, a d'abord subsisté dans le christianisme. Saint Paul distingue encore *sôma, psyché* et *pneuma* ; pour lui, *psyché* n'est que le principe d'animation du corps, tandis que *pneuma*, l'« esprit », communique naturellement avec l'Esprit-Saint qu'il reflète[21], vers lequel il s'élève. La confusion entre *psyché* et *pneuma* semble remonter à saint Augustin. Pour lui, l'homme est essentiellement *spiritus* et *caro*, esprit et chair en lutte l'un contre l'autre. L'élément spirituel — « *spiritus vel animus* », écrit Augustin, ce qui montre bien qu'il fusionne les deux instances séparées chez saint Paul, même s'il emploie le terme *animus* et non *anima*, car par la suite cette nuance elle-même disparaîtra — est par lui dénommé *mens, mentis*, terme latin qui désigne l'intelligence spéculative.

Mens vient du radical *men-* ou *mem-* qui désigne les mouvements perceptibles de l'esprit et a donné en latin *memini*, « avoir présent à l'esprit », donc se souvenir, et entre dans la composition de *memoria*, la « mémoire ». *Men-* a donné en sanskrit *manas*, la « pensée » mais considérée en tant que production du psychisme et non comme la source de cette production, la pensée faite de souvenirs et de projections, qui guide, mais de manière erronée, aveuglée, l'individu, et meurt avec lui. Le concept de *mens* est donc beaucoup plus restrictif que celui de *spiritus* ; de plus, il s'est opéré un glissement de sens ; l'esprit, c'est seulement ce dont on se souvient. *Mens* est l'intellect, la raison. Augustin fut en effet en son temps ce que nous appellerions aujourd'hui un « intellectuel » et, qui plus est, un penseur d'abord manichéen. Converti au christianisme, il est demeuré obsédé par le problème du Mal, par la lutte constante entre le Bien et le Mal, dans le cœur de l'homme comme dans le monde.

Sans doute est-ce sous l'influence d'Augustin, proclamé Père de l'Église et considéré en fait comme le Père de l'Église latine — opposée, notons-le au passage, aux Pères grecs, à l'Église grecque —, que la philosophie théologique de l'Occident ainsi que la psychologie qui en découle ont commencé à se détacher du tronc commun de la doctrine demeurée celle de l'Orient chrétien. En l'âme, désormais isolée, retranchée de son Principe, l'Esprit, lutteront le péché et la grâce. Considérée comme peccamineuse depuis le péché originel et de son fait, l'âme a perdu toute possibilité de se rédimer par elle-même ; seule peut la sauver la miséricorde gratuite de Dieu *. Aussi, en Occident, le culte s'adressa-t-il presque exclusivement à la deuxième Personne de la Trinité, modèle de l'*anima* incarnée et souffrante, tandis que le Père Créateur correspondrait plutôt au *Soma* et la troisième Personne à l'Esprit (*Pneuma* ou *Spiritus*). C'est sur le Christ crucifié, symbole de la misère humaine et de son sanglant rachat, que le chrétien occidental fixera son esprit, alors que, pour l'Église d'Orient, la Rédemption ** a déjà eu lieu et, depuis la Pentecôte, l'humanité vit sous le règne de l'Esprit, exclu, comme on vient de le voir, de la constitution de l'homme en Occident. Aussi, de la vie de Jésus, plutôt que la Passion, est-ce la Transfiguration, promesse de la possible « déification » de l'homme, que représentera l'imagerie orthodoxe.

Quant au *mens* augustinien, il aura en Europe occidentale une singulière fortune au temps de la scolas-

---

* Conception par elle-même dangereuse, puisqu'elle fonde la prédestination.

** Même la messe quotidienne, chargée de rappeler le sacrifice de Jésus, et qui en est le renouvellement, est d'abord réactualisation de son résultat, la Rédemption.

tique, lorsque la philosophie universitaire et rationaliste et à sa suite la future philosophie laïque abandonneront la voie mystique — laissée à la vie contemplative des moines et d'ailleurs étroitement surveillée — pour la voie spéculative qui triomphera dès le XIIIe siècle. Du *mens-mentis* est issu le mental, l'adversaire du contemplatif comme du méditant d'aujourd'hui.

Ce que ce dernier découvre spontanément en lui et qui lui apparaît immédiatement comme beaucoup plus que lui-même — lorsqu'il devient capable de répondre à la question : Qui suis-je ? —, c'est donc, par-delà l'âme (le moi) avec laquelle, en raison de sa formation, il s'identifiait jusqu'alors, l'Esprit (ou, si l'on veut, le Soi). L'existence tout à coup a un but, elle lui apparaît désormais comme un itinéraire vers l'Être, comme la démarche du moi vers le Soi, qui est finalement réalisation authentique du moi, car il n'y a pas en définitive anéantissement, mais fusion, identification finale et donc apo-théose (*nirvâna*), comme dans l'Église d'Orient le but montré par les Pères grecs est la transfiguration finale, la « déification » de l'être humain. Autrement dit, spontanément, le pratiquant est conduit à réintroduire de manière non mentale, tout empirique, le terme manquant, la seule résolution possible du dualisme qui lui fut inculqué dès sa prime jeunesse et dans lequel il se trouvait enfermé sans en pouvoir sortir, puisqu'il l'obligeait à s'identifier non avec l'Esprit éternel, mais avec l'âme mortelle.

En termes hindouistes, l'*âtman* individuel se

reconnaît en tant que *Brahman*, la divinité suprême sans attributs, il s'identifie à son Soi véritable, immuable et immortel. Remarquons qu'*âtman* désigne encore le souffle vital, le principe cosmique, donc divin, qui « anime tout être incarné ». Le radical *atm-* a formé, à partir du grec *atmos*, « vapeur humide », donc fécondante, « atmosphère » et *atmé*, « le souffle et l'haleine » ; en allemand, *atmen* signifie respirer, souffler. Certes, le bouddhisme nie l'existence d'un *âtman* en tant qu'entité indépendante et impérissable, en raison des abus qui étaient faits en Inde de cette notion (problème en somme correspondant à celui de l'âme et de l'esprit dans la mentalité occidentale) et des risques qu'elle pouvait faire courir, et affirme que l'individu est constitué de cinq *skandhas* réunis lors de la naissance — ou de la conception — et dissociés par la mort ; il n'en reconnaît pas moins l'existence dans le composé humain de la conscience d'Éveil, la *bodhicitta*, née de la *bodhi*, instance suprême située tout au sommet du psychisme, miroir où se reflète le Tout cosmique. Dans le *Mahâyâna*, la « nature de Bouddha », c'est-à-dire d'Éveillé, de Libéré, que possèdent tous les êtres, au moins sous forme de germe (*Tathâgatagarbha*), est finalement reconnue comme identique à l'*âtman* : « L'*âtman*, c'est le *Tathâgatagarbha*. Tous les êtres possèdent la nature de Bouddha : voilà ce qu'est l'*âtman*[22]. » Le bouddhisme tantrique tibétain ou Vajrayâna va même plus loin, il voit dans la *bodhichitta* le fruit de la conjugaison du principe mâle, *upayâ*, le « moyen », qui est aussi *vajra*, le « diamant-foudre », l'éclair de l'illumination, et du principe féminin, *prajñâ*, la « sagesse suprême », ou « sapience », de telle sorte que se trouve reconstitué au plus intime de l'être l'androgyne primordial, l'union originelle des deux principes complémentaires *.

Pour le pratiquant du zazen, le corps cessant d'être l'ennemi qu'il faut combattre, devenant l'allié sur lequel s'appuyer, l'unité primitive se trouve automatiquement rétablie, la fausse dualité corps-âme n'existe plus. Ensemble, ils représentent la présente incarnation, l'individuation provisoire qu'est l'existence. Cette ré-union est la condition préalable nécessaire à la révélation de l'existence du troisième terme du composé humain, prélude au passage du mode d'être existentiel au mode essentiel, à l'identification finale avec l'Esprit, lequel, n'étant soumis ni à l'espace ni au temps, est éternel et infini.

On conçoit aisément qu'une telle démarche, étant donné nos conditionnements passés et surtout la formation intellectuelle que nous avons reçue, soit difficile et vertigineuse. Il s'agit bien d'une « seconde naissance », mais, comme toujours en ce cas, précédée d'un renoncement, d'une mort à soi-même. L'appréhension de nous perdre n'est nullement injustifiée. Il nous faut d'abord admettre que l'âme étant mortelle comme le corps, l'esprit seul survit, non le moi.

---

* En termes jungiens, l'*animus* et l'*anima*.

Conscient et inconscient

Lorsqu'en zazen, l'adepte, pratiquant le retournement du regard, part à la recherche de sa personnalité la plus intime, employant pour cette introspection, non plus le mental, mais le mode de pensée *hi-shiryô*, la « pensée du tréfonds de la non-pensée », né spontanément de la posture et de la respiration, ce qu'il découvre, n'ayant aucun rapport avec ce qu'il a précédemment appris ou conçu, ne peut manquer de le déconcerter, puisque cela remet nécessairement en cause ce sur quoi il croyait pouvoir s'appuyer. Il est donc normal qu'il en soit troublé et qu'il s'inquiète, mettant en doute la légitimité de sa démarche, se demandant s'il n'est pas en proie aux fantaisies de son imagination.

Alors, l'enseignement lui est absolument nécessaire, moins pour le rassurer qu'afin de lui éviter de faire fausse route, de commettre des erreurs d'interprétation qu'il serait ensuite très difficile de rectifier. Depuis toujours, les maîtres du *dhyâna* ont été très attentifs à la nécessité de guider le disciple dans ce parcours initiatique, tout en préservant scrupuleusement sa liberté, puisque seule compte en définitive l'expérience personnelle [23]. Toutefois, ayant parcouru la voie avant lui, ils sont capables de lui montrer le chemin, le suivant étape après étape, lui signalant les obstacles propres à chacune et l'aidant à les surmonter.

Certains sont allés jusqu'à exposer une théorie précise de cette progression, s'appuyant sur leur expérience personnelle et destinée à faciliter celle d'autrui. Il en va ainsi, par exemple, des enseignements très développés de l'École *Yogâcharâ* ou *Vijñanavâda* fondée aux IVe et Ve siècles de notre ère par Asanga et son frère Vasubandhu, brahmanes convertis au bouddhisme *Mahâyâna* dont ils devinrent deux des plus grands penseurs. Asanga aurait reçu son inspiration du bodhisattva Maitreya, le « très bienveillant », qui est le Bouddha à venir *. Quant à Vasubandhu, auteur d'un des plus importants traités de cette École, *Vijñaptimâtratâ-siddhi* (« Démonstration qu'il n'existe rien en dehors de la conscience »), qui fut étudié au Tibet comme en Chine [24]. Dans *Yogâcharâ*, yoga est d'ailleurs entendu au sens de « pratique de la méditation » ; *Vijñanavâda*, l'autre nom de l'École, signifie « connaissance par la conscience ». À ce courant de pensée, se rattache le *Lankâvatâra-sûtra*, un des textes majeurs du tch'an.

---

* Pour certains auteurs qui n'admettent pas cette filiation spirituelle, le nom Maitreyanâtha ne désignerait pas Maitreya en personne, mais le maître humain d'Asanga.

Malgré son aspect théorique et classificateur*, la description des transformations qui surviennent dans l'esprit du pratiquant a essentiellement pour but de l'aider dans sa démarche, de lui permettre d'en reconnaître les étapes. À ce titre, elle demeure pour nous précieuse, puisqu'elle peut être vérifiée au fur et à mesure de notre progression. À la base de la pyramide, de l'assise matérielle, se trouvent les six consciences, dont la dernière est la conscience mentale (*manovijñâna*) conçue comme un sixième sens synthétisant les données fournies par les cinq autres. *Manovijñâna* qui contient le mot *manas* annonce le stade suivant, sert en quelque sorte de transition.

Par rapport aux précédentes, dont elle se dégage par son immatérialité, la septième conscience, *manas*, est conçue comme relativement pure et lucide, mais cependant troublée ; elle est la source de l'incessant discours intérieur, de la cogitation perpétuelle engendrée par l'amour-propre. En effet, *manas*, prise de conscience d'un moi distinct et séparé, origine de la croyance en la dualité, laquelle dissocie un sujet (imaginaire) de l'objet, celui-ci n'étant en réalité qu'une projection issue de la conscience, est la troisième étape de la formation de l'existant par la Production conditionnée interdépendante**. *Manas*, discernement, jugement, volonté, est la cause de l'action, néanmoins illusoire, puisque

---

* Sa difficulté principale provient de la distinction de plusieurs modes de conscience, alors que notre langue n'en connaît qu'un.

** Voir p. 113 et suivantes.

productrice de l'épais brouillard qui voile à nos yeux la réalité. *Mens-mentis* en latin, donc le mental, est issu de la même racine que *manas*.

Afin de rendre compte de l'expérience du méditant et de l'éclairer, le *Yogâcharâ* en est venu à postuler l'existence d'une huitième conscience (*vijñâna*), *âlayavijñâna*, fondement de toutes les autres, mais « ne se manifestant que par son activité, par ses effets », donc, sinon inconsciente, du moins « subconsciente », n'émergeant qu'exceptionnellement au niveau conscient dans la vie courante, mais accessible au regard intérieur du méditant.

Tentant de traduire *âlayavijñâna*, on l'a appelé « conscience magasin », « fonds universel repositoire des consciences » ou « conscience de tréfonds », ce qui montre la complexité de cette notion ; en sanskrit, *âlayavijñâna* signifie littéralement « conscience héréditaire ». Tel est en effet son aspect fondamental, puisqu'elle est transmise par les parents et, à travers eux, par toute la lignée ancestrale, laquelle est censée avoir été choisie par le futur être en fonction de son *karma*, mais aussi en un sens plus personnel, le nouvel existant étant l'héritier de la totalité de ses existences précédentes, le « fruit de [leur] rétribution » (*vipâka*) parvenu à maturation. Au total, *âlaya-vijñâna* constitue un vaste réceptacle qui inclut, par l'hérédité et par le *karma* accumulé à travers la suite de vies antérieures innombrables, les traces d'un interminable apprentissage existentiel, donc, sous forme de germe (*bîja*), la totalité de l'expérience du vivant, non seulement de l'homme, mais de tous les existants, quels qu'ils aient été, autrement dit, l'empreinte récapitulative de toute l'évolution.

Aussi, la conscience *âlaya* est-elle comparée à un océan dans les profondeurs duquel naît la vie.

> « Sans arrêt dansent les vagues dressées de l'océan agité par les vents de la sphère objective,
> Dansent les consciences sensorielles que sont les remous de la multiplicité »,

déclare le *Lankâvatârasûtra*, qui ajoute qu'il n'existe plus de tourbillon pour la conscience qui a cessé de se considérer comme un sujet et donc n'appréhende plus d'objet :

> « On voit clairement l'océan danser en vagues,
> Comment se fait-il que l'intelligence n'appréhende pas de même le tourbillonnement de la conscience de tréfonds ?
> Si l'on compare la conscience de tréfonds à l'océan, c'est pour se conformer à l'intelligence des êtres puérils,
> Le tourbillonnement des vagues n'est qu'une image. »

L'extrême richesse dont dispose, grâce à la conscience *âlaya*, le nouvel être lui est d'ailleurs nécessaire aux premiers stades de son existence, puisqu'elle contient en germe les éléments de sa genèse (*Pratîtya-samutpâda*), aussi indispensable à son développement que le jaune de l'œuf (*vitellus*, de *vita*, « la vie ») qui sert de nourriture à l'embryon de l'oiseau. Source de toutes les prédéterminations et, pourrait-on dire, de la

« pré-destination » karmique, elle est donc en soi contraignante et prend possession de l'existant dès le moment de la réincarnation. C'est pourquoi on la qualifie de « conscience appropriatrice » *.

Néanmoins, la conscience *âlaya* est aussi, au moins potentiellement, la source même de l'Éveil. En effet, les purs germes originels qu'elle renferme fondent de véritables lignées spirituelles (*gotra*) d'êtres destinés à y parvenir[25].

Au cours de l'existence, le contenu de la conscience *âlaya*, « masse de tensions, de turbulences », selon Asanga, ne cesse d'augmenter, puisque s'y emmagasinent les expériences nouvelles faites par l'être et interprétées par le mental (*manovijñâna*) qui les rattache au concept erroné du moi pris pour le Soi (*âtman*), dont l'image lui est d'ailleurs fournie originellement par la conscience *âlaya*. Se forment alors de nouvelles semences karmiques, les *vâsanâs*, « imprégnations » qui font partie des *samskâras* et jouent comme eux le rôle de projections. Autrement dit, dans *âlayavijñâna*, des facteurs divers entretiennent tous l'illusion d'un moi et corrélativement d'un monde sensible séparé de lui, ils « informent » (ou plutôt déforment) l'activité du psychisme. Se renouvelant sans cesse, ils produisent un nouveau *karma* qui engendrera à son tour une nouvelle transmigration.

Toutefois, grâce à l'un de ces retournements radicaux, du négatif au positif, que le Zen appelle « renversement du support », si familiers au bouddhisme qu'ils

---

* En particulier dans le *Samadhinirmocasana-sûtra*.

constituent l'essentiel de cette méthode de guérison psychique, la conscience *âlaya*, polluée et source de pollution, peut devenir ce qu'elle est véritablement en germe, la conscience immaculée (*amalavijñâna*), parce que libérée de ses voiles. En fait, si la huitième conscience n'est pas séparée des imprégnations (*vâsañâs*), elle « ne leur est pas non plus associée ». Bien que recouverte par elles, elle est par nature indifférenciée.

> « Les imprégnations issues de la conscience mentale sont comme des taches. C'est à cause d'elle que la conscience immaculée ne peut resplendir[26]. »

Ainsi s'exprime le *Lankâvatârasûtra*, le sûtra « de la descente à Ceylan » qui rapporte la grande assemblée tenue à Sri Lanka par les bodhisattvas, au cours de laquelle les Bouddhas définirent pour eux des points essentiels de la doctrine, dont le thème de l'*âlayavijñâna* qui constitue le cœur de leur proclamation commune. Ce sûtra fut composé vraisemblablement vers le milieu du ve siècle, il serait donc postérieur d'un siècle aux ouvrages d'Asanga et de Vasubandhu, mais exerça sur le tch'an naissant une influence si considérable qu'on l'attribua même à Bodhidharma. En tout cas, celui-ci le transmit à son disciple Houei-ko, le futur deuxième patriarche du tch'an. Depuis lors, le *Lankâvatâra* est demeuré l'un des textes fondamentaux du Zen et, à ce titre, devrait être étudié par tous les pratiquants *.

---

* Il n'en existe malheureusement qu'une traduction anglaise due à D.T. Suzuki.

Selon l'enseignement des Bouddhas, il y a complète équivalence entre la conscience *âlaya* purifiée et le germe, l'embryon de Bouddha (*Tathâgatagarbha*) présent dans tous les êtres ; elle est la « matrice des Bouddhas », c'est-à-dire notre véritable nature originelle. Pour le découvrir, il suffit en somme de vaincre la conscience mentale, responsable de la croyance dans le moi, « car pour agir c'est sur elle que prennent appui les autres consciences ». Elle « s'attache à la sphère des sens[27] qu'elle discerne en la délimitant à l'aide des imprégnations. C'est elle aussi qui alimente la conscience *âlaya*… Comme dans un grand torrent dont la source s'est tarie, il n'existe plus de vagues, cette [conscience] étant annihilée, la multiplicité des consciences cesse de se déployer ». Elles sont réunifiées en une seule, la conscience *âlaya* purifiée (*amalavijñâna*), qui, libérée, devient libérante.

Tel qu'il est décrit dans les sûtras, le processus qui conduit le bodhisattva Shakyamuni à l'Éveil, l'arrivée au but de l'*ârya-mârga*, le sentier spirituel sacré parcouru au cours de ses innombrables incarnations, correspond à la parfaite exploration d'*amalavijñâna*.

> « Le domaine du *Tathâgatagarbha-âlayavijñâna* [la conscience *âlaya* en tant que germe de Bouddha en tout être] est immaculé par nature et échappe aux raisonnements et aux visions des Auditeurs, des Bouddhas pour soi[28] et des philosophes, à qui il semble souillé par des impuretés adventices. Il n'en va pas de même pour les *Tathâgatas* qui saisissent avec une par-

faite clairvoyance ce domaine pour eux aussi évident que le serait un fruit *amalaka* posé sur la paume de la main. »

Seuls en effet, les *Tathâgatas* (« ceux qui sont venus », c'est-à-dire qui ont parcouru la Voie tout entière), les *Samyak-Sambuddhas* parvenus à l'Éveil parfait, sont à même de scruter en toute lucidité le cheminement précédemment suivi à travers le temps et l'espace, de voir avec une parfaite netteté l'enchaînement des causes, comme le fit le Bouddha historique, Shakyamuni. En eux, la conscience *âlaya* se révèle comme véritablement océanique, donc germe et préexistence du *nirvâna*.

En tant que source cachée des impulsions involontaires, *âlayavijñâna* paraît jouer un rôle quelque peu similaire à celui qu'attribue à l'inconscient la psychologie des profondeurs, avec toutefois cette différence essentielle qu'au cours de sa quête d'identité, le méditant peut la découvrir, tel un trésor oublié.

En effet, la psychologie issue du bouddhisme n'est jamais déductive ni spéculative, au sens kantien de ce mot, elle est vérifiable par chacun, à condition évidemment qu'il s'adonne à la méditation, car elle repose sur l'expérience intérieure des maîtres qui l'enseignent. Elle est donc, et des deux côtés, « subjective », ce qui a priori la rend suspecte aux yeux d'un Occidental, alors qu'en fait, c'est la garantie de son efficacité, mais aussi de sa crédibilité. Notre psychologie se prétend, elle, « objective », oubliant que l'esprit ne peut considérer l'esprit, pas plus que l'œil ne peut voir l'œil, sinon grâce au subterfuge du miroir qui ne lui en présente qu'un reflet.

Elle se considère comme scientifique, puisqu'elle se fonde sur l'observation du psychisme d'autrui, mais, aussi nombreux soient les cas « objectivement » étudiés, nul ne peut certifier que le psychologue ait réellement accès aux couches les plus profondes, les plus subjectives de la psyché qu'il examine ; elles sont seulement postulées connues en fonction de la grille commune qui leur est appliquée. Pour l'Orient traditionnel, et le bouddhisme en particulier, la psychologie ne saurait être que « subjective », mais elle dispose d'un moyen de connaissance que négligent ou rejettent les théoriciens occidentaux qui en contestent la validité, la méditation, qu'ils prennent pour une rêverie, alors qu'il s'agit d'une discipline rigoureuse, pratiquée depuis plus de deux millénaires et possédant ses méthodes et ses règles. Tandis que la psychologie occidentale s'applique de l'extérieur en vertu de présupposés et de catégories théoriques dans lesquels elle fait entrer de force les psychismes individuels, la psychologie orientale est résolument empirique et expérimentale ; elle n'a pas été conçue par des professeurs en vue d'exposés didactiques, mais communiquée au travers de leur enseignement par des maîtres spirituels à des disciples méditant comme eux, à qui ils transmettent leur expérience en vue d'éclairer la leur. Or, seule la méditation est capable de créer la distanciation qui permet d'un point extérieur, l'Esprit ou le Soi, d'observer « objectivement » les mécanismes du moi. La réalité de cette autoconnaissance par le « regard intérieur » est constatée par tout méditant qui s'aperçoit que plus il va profondément en son intimité propre, en sa singularité la plus personnelle, plus il retrouve ce qui est commun à tous les hommes, le contenu de la conscience *âlaya*. Par elle-même, la méditation transcende l'opposition, autrement irréductible, de l'objectif et du subjectif qui n'apparaît plus alors que comme une convention propédeutique. Dans la pensée de l'Occident, l'usage du mot « objectif » n'est d'ailleurs apparu que très tardivement, avec Kant, dans le sens actuel de « commun à tous les êtres pensants ». On sait que l'épistémologie moderne ne manque pas de contester ce qui n'apparaît plus de nos jours que comme un douteux reliquat du passé.

Dès lors, on conçoit combien fut utile en son temps la réaction qui donna naissance à la psychanalyse, instituant une nouvelle méthode d'approche, l'écoute du discours intérieur du patient, réintroduisant par conséquent une subjectivité dont ne tenait aucun compte la psychologie universitaire qui limitait ses procédés d'investigation à une simple science du comportement. Née d'une nécessité thérapeutique, la psychanalyse est essentiellement une psychothérapie. Mais n'est-ce pas comme une méthode de guérison psychique qu'au ve siècle av. J.-C., Shakyamuni présentait la doctrine qu'il répandait ? Mieux, s'il la transmettait, c'est que lui-même avait été préalablement guéri par elle, un peu à la manière dont on ne peut exercer la psychanalyse qu'après avoir été analysé, c'est-à-dire après avoir mis à l'épreuve sur soi-même l'efficacité du système [29].

Le concept de « conscience de tréfonds », sorte d'inconscient, mais susceptible d'émerger au niveau conscient à la suite d'une pratique assidue de la méditation, au cours de ce que les psychanalystes dénommeraient une « anamnèse », c'est-à-dire un « retour du refoulé », ne peut-il être envisagé comme le complément d'un déchiffrement du psychisme caché qu'aurait laissé inachevé la psychanalyse ?

Entreprenant, à des fins médicales, l'étude du psychisme profond, le fondateur de la psychanalyse remettait immédiatement en cause le préjugé de l'unicité et de la cohérence du moi. L'ego freudien n'a rien de fondamental, il naît seulement de la lutte entre deux forces opposées, le « ça » et le « sur-moi », donc entre la nature et la culture, entre la « libido », désignant une source énergétique indifférenciée, mais purement organique, et le milieu social qui s'efforce de la canaliser, sinon de l'étouffer.

En postulant l'existence de trois instances distinctes, ça, sur-moi et moi, le docteur Freud rejoint une notion depuis longtemps abandonnée, celle de la constitution triple de l'être humain. Si le ça correspond au *soma*, au *corpus*, Freud, rationaliste scientiste et matérialiste, donc dualiste, considère le sur-moi, qui pourrait jouer le rôle dévolu à l'esprit, comme ne résultant que de l'intériorisation d'un élément extérieur, la pression de la société. Entre ces deux facteurs impersonnels, le moi, instance médiane née seulement de l'interaction des deux autres, représenterait l'âme, attirée, comme dans le christianisme, tantôt vers l'une, tantôt vers l'autre extrémité pour lui également inquiétantes, puisque, cédant à l'une ou à l'autre, il serait submergé par l'une ou par l'autre, perdant ainsi son autonomie. Freud conteste au moi toute liberté d'action et ne voit en lui que le représentant du principe d'autoconservation[30].

Aussi, reprenant un schéma qu'il ne pouvait éviter, Freud lui donne-t-il un aspect dérisoire et somme toute caricatural, production d'une pensée profondément pessimiste, parce qu'elle nie l'existence de l'esprit en tant que tel, qui n'est pour elle qu'un facteur étranger, le sur-moi, et de plus oppressif. En définitive, bien qu'il admette cette triplicité, Freud est loin de renier la conception dualiste ; au lieu de la dépasser, il la rend plus dramatique, plus irrémédiable ; il souligne la rupture préalable entre l'homme et la nature, la raison et la spiritualité. La vie n'est pour lui qu'une lutte entre des forces irréconciliables, l'ego et l'inconscient, la psyché et le soma, le sujet et l'objet, la raison et l'instinct, le principe de réalité et le principe de plaisir.

Sa conception de l'inconscient ne fait qu'accentuer le conflit. Entité discernable seulement par ses effets, l'inconscient résulte du « refoulement », le « principe de plaisir » y règne en maître ; le conscient ne peut l'admettre dans la mesure où il est soumis au « principe de réalité », à la « raison » sous sa forme sociale répressive qui oblige l'individu à le dissimuler, à se le dissimuler et, si possible, à le proscrire. Pour la conscience, l'inconscient l'est doublement, puisqu'à la fois elle le refuse ou le récuse et qu'elle est elle-même inconsciente de cette dénégation.

L'inconscient constitue le refuge de la *libido*, le mot clef du système freudien, désignant l'énergie vitale, envisagée sous son seul aspect sexuel, mot repris tel quel du latin, où il désigne la sensualité dans ce qu'elle a d'irrésistible et d'effréné. Que la libido freudienne soit susceptible de « sublimation », une telle conversion n'est qu'artifice, elle ne peut avoir lieu que si les instincts sexuels inutilisés sont détournés de leur véritable but ; la sublimation est en soi irréaliste.

À ce propos, il est instructif de mettre en parallèle la libido freudienne et la *kundalini* du yoga. Celle-ci, représentée sous la forme d'un serpent lové, réside à la base du corps subtil et, lorsqu'elle s'éveille, pénètre dans le premier *chakra, Mûladhâra*, dont la situation correspond à l'anus dans le corps, puis dans le second localisé aux organes génitaux, elle s'élève ensuite, de *chakra* en *chakra*, jusqu'au dernier, *Sahasrara* (le « lotus aux mille pétales »), qui se trouve en « un lieu sans support », au-dessus du sommet du crâne. Là s'accomplira l'union de la *kundalini* féminine et de l'*âtman* (l'âme) qui est mâle, c'est-à-dire, sur le plan divin, de *Shiva* et de sa parèdre, conjugaison en apparence sexuelle, mais intériorisée, reconstituant l'Androgyne primordial, comme la fusion de *Shiva* et de son autre soi-même féminin, sa *Shakti*, reforme l'Unique, l'Absolu.

Cette comparaison permet de mieux mesurer les limites du système freudien, qui se veut strictement rationnel, donc matérialiste et demeure marqué par l'obsession due à la découverte de l'omniprésence et de l'omnipotence de la sexualité, découverte proprement scandaleuse à une époque et dans un milieu particulièrement répressifs et qui adoptait sur ce sujet un silence hypocrite. En résulte le pouvoir exorbitant attribué par Freud à l'inconscient, le moi lui-même n'étant même pas une formation totalement consciente et ne disposant d'aucune autonomie, puisqu'il est secrètement mû par des pulsions venues de l'inconscient. Dans la perspective freudienne, l'être conscient se trouve finalement dépossédé de lui-même et d'autant plus que conscient et inconscient sont hermétiquement fermés l'un à l'autre.

Une réaction devait fatalement s'ensuivre. Elle vint de celui que Freud considérait comme son disciple le plus doué et le plus proche, C.G. Jung. Sur ce point, les deux médecins divergèrent bientôt et en arrivèrent finalement à se séparer. Jung se refusait à admettre le concept restrictif d'une libido exclusivement sexuelle. Il voyait, lui, dans la libido, spontanément, semble-t-il, car il n'avait à l'époque qu'une vue des plus superficielles des mécanismes du yoga, la force psycho-organique en soi et en toute généralité, l'énergie, moteur de la vie universelle, donc antérieure à l'individu, à l'homme même. La notion d'inconscient personnel devait donc être complétée par celle d'un inconscient transpersonnel, « collectif », qui, dans le schéma proposé par Jung, forme un second cercle extérieur, lui, ouvert, alors que l'inconscient freudien était clos sur lui-même. Jung postule que, grâce aux images fournies par l'imagination active, stimulée par exemple dans le rêve, l'individu peut être en mesure de pénétrer au sein de sa propre intériorité, de parcourir les cercles concentriques qui la constituent. Après avoir dépassé celui de la *persona* (entendu en son sens latin de « masque de comédien »), « compromis entre l'individu et la société », l'observateur atteindra la zone de l'« ombre », obscure et, au premier abord, pleine de menaces, « immensité sans limites, indétermination inouïe », l'inconscient collectif dont Jung dénomme « archétypes » les contenus, les modes de manifestation. Ce sont, dit E. Perrot[31], des « virtualités formatrices qui modèlent la matière indifférenciée fournie par le flux de l'énergie psychique », définition qui ressemble à celle que l'on pourrait donner des *samskâras*, mais avec cette différence essentielle que ceux-ci, émis par la conscience *âlaya*, sont considérés dans la psychologie du bouddhisme comme illusoires, ce sont des « tendances fabricatrices » inconscientes, autrement dit des « projections » au sens analytique.

À la suite de ce que Jung appelle le « processus d'individuation », c'est-à-dire la démarche qui conduit l'individu vers sa maturation lui permettant de parvenir à la « forme de [son] unité la plus intime, à [son] unicité dernière et irrévocable[32] », de se réaliser lucidement soi-même, l'homme accède alors à son véritable centre intérieur, qui n'est plus son moi, ainsi qu'il le croyait auparavant, mais le Soi (*Selbst*), identique à « l'image de Dieu dans l'âme[33] ». Sans doute, la « voie de l'individuation » ainsi formulée paraît-elle se rapprocher de celle que nous suivons en zazen, mais une telle ressemblance n'est que superficielle et pas seulement parce que le terme d'individuation prête naturellement à confusion. Aussi Jung lui-même se croit-il obligé de préciser que « l'"individu" n'en est pas pour autant séparé des autres et de l'univers : vivant consciemment en contact étroit avec un domaine qui lui est commun avec l'humanité… et le monde, il est régi par les rythmes de celui-ci. À la loi arbitraire du moi et des influences extérieures se substitue une règle interne, aussi secrète et aussi puissante que celle qui gouverne la mer et les astres[34] ». Autrement dit, selon Jung, le processus d'individuation doit aboutir à ce que l'on pourrait appeler une forme de « conscience cosmique » — mais Jung se garde d'employer un mot aussi suspect.

Tel qu'il le conçoit, l'inconscient est aussi récapitulatif de l'évolution, de la totalité de l'expérience accumulée par l'humanité. Parlant de ce qu'il nomme des « images virtuelles » et définit comme les représentations « innées et préfigurées de la forme et de la nature du monde dans lequel l'être naît et grandit », il va jusqu'à écrire : « Ces images virtuelles sont comme le sédiment de toutes les expériences vécues par la lignée ancestrale, elles en sont comme le résidu structurel et non les expériences elles-mêmes[35] », conception qui rapproche singulièrement l'inconscient collectif de la conscience *âlaya*. Mais, par ailleurs, décrivant le processus d'individuation, Jung explique que celui-ci conduit à la fois à l'intégration des contenus archétypiques de l'inconscient, abusivement « projetés » sur le monde extérieur et au « retrait des projections ». Or, ces structures archaïques héritées sont elles-mêmes, dans la conception bouddhiste de la conscience *âlaya*, des projections et même celles qui sont les plus difficiles à déceler et à vaincre.

Dans le processus d'individuation, transformation du regard et de l'être lui-même proposée comme un remède universel, une voie libératrice, Jung considère prudemment qu'il serait extrêmement dangereux de s'engager seul, ce qui conduirait fatalement à la présomption intellectuelle, aux spéculations stériles et idéalistes et surtout à un isolement qui enfermerait l'être dans ce moi qu'il est invité à dépasser. Il préconise donc de ne l'entreprendre que sous la guidance d'un « médecin », seul capable de préserver « l'intégrité du Moi, face à l'irruption violente des contenus de l'inconscient » et d'« arriver à les ordonner judicieusement » ; ce « médecin » serait donc appelé à jouer le rôle de gourou [36].

En définitive, pas plus que Freud, Jung ne put admettre la possibilité d'un véritable dépassement de l'ego. Celui-ci ne pourrait être qu'illusoire, il s'agirait au mieux d'un oubli temporaire, d'une redescente vers un stade archaïque et dépassé de l'évolution humaine, celui de la conscience indifférenciée, de la « participation mystique », telle que l'a définie Lévy-Bruhl. Jung va jusqu'à affirmer que « si les membres des cultures traditionnelles de l'Asie peuvent se permettre de retrouver un tel mode de conscience indifférencié, ce n'est nullement par un retour à l'état primitif, mais au contraire grâce à leur maturité qui leur donne un ego très solidement structuré et contrôlant de manière satisfaisante leurs pulsions instinctuelles[37] ». Aussi déconseille-t-il formellement aux Occidentaux la pratique de techniques orientales : « Nous serions alors submergés par l'inconscient, précisément parce que nous l'avons trop fortement refoulé et que nous n'avons pas encore pactisé avec les moins respectables de nos instincts[38]. » L'inconscient, même transpersonnel, même « cosmique », tel que Jung le conçoit, demeure, pour d'autres raisons, presque aussi redoutable, presque aussi menaçant que l'inconscient freudien.

Finalement, Jung est resté à mi-chemin, en grande partie parce qu'il a constamment hésité entre son rôle de médecin, d'homme de science, et sa personnalité profonde à tendance mystique que développa de plus en plus son évolution personnelle, mais qu'il ne consentit à dévoiler qu'à l'extrême fin de sa vie[39]. Sa méfiance de principe à l'égard des techniques orientales ne l'a cependant pas empêché de s'en inspirer pour édifier, en toute bonne foi, mais non sans présomption, un système qu'il estimait mieux adapté aux esprits occidentaux. S'il n'a pas pu ni voulu aller jusqu'au bout de sa quête, c'est qu'il aurait ainsi remis en question des principes auxquels il se raccrochait de peur de s'égarer. Il en résulte que la méthode de guérison psychique qu'il a fondée, oscillant entre science et spiritualité, objectivité et subjectivité qu'il prétend réconcilier, ne satisfait vraiment ni les scientifiques ni les spirituels. Elle ne saurait être considérée que comme une transition, sans doute nécessaire, mais provisoire.

En définitive, ce qui survient dans la conscience transformée par une pratique persévérante de la méditation assise correspond à ce que la psychanalyse dénomme une anamnèse (en grec, *anamnesis*, « rappel, avertissement », du verbe *anamimneskô*, « se ressouvenir ») ; c'est donc la ressouvenance de ce qui avait été oublié, en psychanalyse, le « retour du refoulé ».

Mais ici, qu'est-ce qui a été refoulé ? et pourquoi ? Ce qui resurgit, tout pratiquant en a fait l'expérience, ce ne sont pas seulement les instincts primaires, qui nous enracinent à la terre par le biais de la sexualité, c'est-à-dire fondamentalement de l'instinct de reproduction, commun par définition à tous les êtres vivants. En fait, on ne les a jamais vraiment oubliés, ils sont là, toujours prêts à se manifester, et cette prise de conscience est en zazen accessoire. Ce qui surgit du tréfonds, c'est l'appréhension directe, donc vertigineuse, de l'immensité cosmique qui nous entoure de toute part, des « espaces infinis » dont le silence effrayait Pascal, de l'énergie universelle qui anime tous les existants, de l'incessant élan de l'évolution, végétale, animale et humaine, donc ancestrale, présente en chacun de nous et dont nous sommes le produit, réalité ultime à laquelle seule a accès la conscience *âlaya*. Nous pouvons maintenant définir la conscience *âlaya* comme étant non seulement à l'origine de toutes les autres consciences — elle est héréditaire, innée — mais les enveloppant toutes, formant, pour reprendre le schéma jungien, le plus extérieur, le plus étendu des cercles concentriques du psychisme à condition de la considérer également comme le plus intérieur de tous les cercles, le plus intime, et de ne pas la concevoir comme enfermée dans une circonférence, puisque la conscience *âlaya* devient, lors de l'Éveil, illimitée. Conscient et inconscient fusionnent alors sans distinction aucune. C'est cela le *wou nien* (*hi-shiryô*), la pensée surgie du « tréfonds de la non-pensée », l'état de la conscience libérée à qui la réalité ultime peut apparaître enfin.

Commentant les enseignements de Houei-nêng, D.T. Suzuki[40] écrit : « Aussi longtemps que notre conscience demeure séparée de la Réalité qui est derrière elle, ses efforts, consciemment ou inconsciemment, sont égocentriques et le résultat final donne un sentiment de solitude et de douleur. La conscience doit, en quelque façon, être mise en rapport avec l'inconscient si elle ne l'est déjà ; et si elle l'est, le rapport doit être réalisé et la réalisation est *wou nien*, littéralement un état sans pensée. »

De son point de vue, Jung n'avait donc pas tout à fait tort de mettre en garde les Occidentaux que leur culture ne prépare nullement au choc brutal et désarçonnant d'une telle rencontre. Leur conception du monde — du moins jusqu'à ces derniers temps — excluait de tels aspects métaphysiques, ceux sur lesquels précisément se fondent les cosmologies orientales. Pour elles, le monde est sacré, alors que depuis longtemps nous avons cessé de le considérer comme tel. Or, il est bien évident que, face à ces perspectives ouvertes sur l'infini, le moi, perdant ses assises, ne peut rester intact. Implosant, il se désagrège en ses éléments constituants. C'est pourquoi est sans cesse rappelée dans les enseignements la nécessité d'un maître. Un sûtra va jusqu'à dire que même les Bouddhas ont eu besoin de l'aide d'un guide qui, ayant cheminé avant eux sur la Voie, pouvait la leur montrer.

Lorsque conscient et inconscient cessent d'être séparés, disparaît du même coup la distinction entre principe de réalité et principe de plaisir. Pourquoi en effet s'opposeraient-ils ? Et de quelle « réalité » s'agit-il ? Sinon, chez Freud, de celle imposée par le milieu social, une sorte de consensus neutre, abstrait et conventionnel. Ce conflit ne résulte au fond que d'une vue manichéiste de l'existence, d'un dualisme absolu. Pour la mentalité indienne d'où procède le bouddhisme, la réalité est *Mâyâ*, illusoire assurément, mais seulement relativement, parce qu'elle est impermanente, en perpétuel mouvement, en incessante évolution. *Mâyâ* dérive de la racine *mâ-*, « mesurer, construire », en européen *mag-*, « pétrir, façonner », qui a donné la « magie ». La *Mâyâ* est magie divine, le monde est une divine création magique, il n'en est pas moins réel. *Mâyâ* est aussi *Lîlâ*, le « Jeu », le monde des phénomènes est le jeu, l'acte gratuit de Dieu, celui auquel se livrent Shiva et sa parèdre Parvati sur les cimes himalayennes, jouant aux dés l'avenir de l'univers, la manifestation cosmique. *Lîlâ* est aussi la danse créatrice et destructrice de Shiva Natarâjan, le « roi de la danse ».

« Il se pourrait que la Vérité fût triste », a soupiré Renan, transfuge déçu du christianisme, mais il se pourrait aussi qu'elle soit joyeuse, comme l'affirme un autre transfuge, Alan Watts[41]. En fait, pour l'Éveillé parvenu, avec la connaissance suprême, à l'équanime sérénité, la Vérité n'est plus triste ni joyeuse, elle est. Ce n'est que pour le moi qu'elle est déconcertante, inattendue, vertigineuse. S'il ne peut la supporter, c'est qu'il lui faudrait d'abord renoncer à lui-même.

Hasard, Vide et Dharma

Le hasard semble avoir causé bien du tracas aux philosophes occidentaux, du temps où il y en avait encore. Il n'est que d'en rechercher une définition dans leurs écrits pour s'apercevoir que toutes celles qu'ils proposent demeurent confuses. De l'un à l'autre, on a l'impression qu'ils ne parlent pas de la même chose *. Mais était-il possible d'appréhender rationnellement un concept aussi équivoque et finalement aussi fugace ?

Les mathématiciens font preuve de plus d'assurance. Pour eux, le hasard est réductible à la probabilité mathématique. Seulement, celle-ci est une logique de relations entre des éventualités abstraites, non du tout entre des phénomènes concrets. En 1916, dans *Le Hasard*, l'illustre mathématicien Émile Borel rappelait ce point essentiel : « Toute probabilité concrète est en définitive une probabilité statistique définie seulement avec une certaine approximation. Bien entendu,

* Cf., par exemple, l'article « Hasard » dans le *Vocabulaire technique et critique de la philosophie* d'A. Lalande.

il est loisible aux mathématiciens, pour la commodité de leurs raisonnements et de leurs calculs, d'introduire des probabilités rigoureusement égales à des nombres simples, bien définis ; c'est la condition même de l'application des mathématiques à toute question concrète ; on remplace des données réelles, toujours inexactement connues, par des valeurs approchées à partir desquelles on calcule comme si elles étaient exactes : le résultat est approché de même que les données. » En fait, ce qui est du ressort du calcul des probabilités, c'est l'incertitude, non le hasard, et les mathématiciens eux-mêmes évitent aujourd'hui ce mot.

On pourrait donc s'étonner de l'avoir vu récemment resurgir dans l'œuvre du biochimiste Jacques Monod, en tant que cause unique de l'apparition de la vie et de son évolution. C'était là remplacer un mot par un autre, substituer arbitrairement le hasard au principe de causalité ; un tel tour de passe-passe ne saurait dissiper comme par miracle les énigmes que continuent de poser à la science la genèse de la vie, les mutations, l'avènement de l'espèce humaine. Il s'agit tout au plus d'une échauffourée d'arrière-garde, d'une résurgence anachronique du vieux combat scientiste contre la finalité et ses abus. Il est aisé de démontrer, et l'on n'y a pas manqué, que les probabilités ici invoquées étaient tellement improbables qu'elles n'avaient pratiquement aucune chance de se produire. Aussi bien les scientifiques actuels préfèrent-ils se servir du terme récemment apparu de « stochastique », au sens d'« incertain », d'« imprévisible ». Il vient du grec *stochastikos*, de *stochasmos*,

« action de viser », puis « action de conjecturer », ce qui est donc fort éloigné du hasard tel que le concevaient leurs prédécesseurs.

C'est d'ailleurs dans une tout autre direction que s'oriente la démarche de la science contemporaine. Les découvertes qui la jalonnent ont en effet entraîné un complet bouleversement des concepts sur lesquels elle s'appuyait jusqu'alors. La notion de matière, par exemple, s'est, si l'on peut dire, volatilisée ; de même se sont effondrées les conceptions classiques de l'espace et du temps, de la cause et de l'effet, à partir du moment où l'investigation a quitté l'échelle humaine pour aborder les champs inexplorés de l'infiniment grand et de l'infiniment petit. Peut-être plus important encore est le fait que l'on ait été obligé d'abandonner la séparation, naguère si stricte, de l'objectif et du subjectif, garantie d'une objectivité dont la science se prétendait seule détentrice, et que parallèlement on ait dû renoncer à la scission entre l'organique et le psychique. Afin de ne pas se trouver bloquée dans son avance, la science contemporaine a été amenée à éliminer des distinctions qu'elle avait elle-même instillées dans la mentalité, au point que l'on était arrivé à croire qu'elles faisaient partie des structures fondamentales de l'esprit. Or, de cette réaction, l'on ne fait aujourd'hui qu'entr'apercevoir les conséquences.

« Les concepts [...] qui ont cours en physique atomique et subatomique n'ont presque rien de commun avec nos idées classiques correspondantes », remarque le physicien Fritjof Capra [52] qui ajoute : « et leur transformation radicale a ébranlé toute notre façon de voir le monde ». Certains savants se sont même aperçus, non sans surprise, que « la vision nouvelle qui émerge de ces changements se révélait très proche de la pensée orientale… de l'hindouisme, du bouddhisme et du taoïsme ». La nécessité de faire intervenir un système de pensée différent du nôtre était d'ailleurs apparue depuis longtemps dans les travaux de savants aussi éminents que Niels Bohr, Werner Heisenberg et Jacob Robert Oppenheimer, qui déjà tournaient les yeux vers les philosophies traditionnelles de l'Extrême-Orient. Or, précisément, ce qui, entre autres, les caractérise, c'est qu'elles excluent le hasard, qu'elles en nient l'existence.

Quant au vide, pour la physique contemporaine, c'est une notion dépourvue de sens. À la question : mais alors le vide n'existe plus ?, l'astrophysicien Michel Cassé répond : « Le vide vide n'existe plus. C'est une notion désormais abandonnée qui est laissée aux mathématiciens comme le zéro. » À quoi il ajoute : « Le vide est plein de possible. L'espace libre n'est plus identifiable au néant. Il est conçu maintenant comme un océan de particules virtuelles, qui porte en lui toutes les naissances, mais potentielles. Le vide est l'état latent de la réalité, la matérialité en est l'état manifeste[53]. » Une telle formulation correspond à la définition de la vacuité (*shûnyata*) des philosophes bouddhiques du début de notre ère et, comme le rappelle Jean-Claude Carrière, fait écho à la phrase de l'*Hannya Shingyo* :

« La forme est vide, et le vide est vraiment forme. Le vide n'est pas différent de la forme, la forme n'est pas différente du vide ».

Hasard et langage

On oublie que dans l'histoire de la philosophie européenne, la notion de hasard n'est intervenue que très tardivement, « entre la Renaissance et l'Âge classique ». Le mot lui-même n'apparaît dans notre langue et dans les autres parlers d'Europe occidentale qu'au XIIe siècle ; il ne devient courant qu'au XIIIe et toujours dans une acception très limitée, celle du mot arabe dont il dérive, *az-zahr*, le « dé », le « jeu de dés », par l'intermédiaire de l'espagnol *azar*, employé notamment dans le *Livre du jeu d'échecs* (*Libro del ajedrez*) de 1283, œuvre d'Alphonse le Sage, « la plus ancienne traduction européenne d'un livre de jeu oriental ». Guillaume de Tyr (mort en 1184), auteur d'une *Histoire des croisades* (*Historia rerum in partibus transmarinis gestarum*), rapporte qu'un jour, près d'Alep, en Syrie, des croisés prirent le château de Hazard et trouvèrent à l'intérieur un jeu de dés. « Qu'est-ce qui a bien pu se passer dans le château de Hazard pour que son nom s'installe dans notre langue ? » s'interroge Cyrille Javary qui poursuit : Le « vrai Dieu, celui des croisés, ne pouvait pas s'occuper des dés des mahométans… Il existerait donc des causes qui échappent au pouvoir de Dieu ? Des causes totalement étrangères à l'univers de pensée médiéval. Un concept nouveau vient de naître. Il gardera dans son nom le souvenir du lieu oublié de sa naissance, et du jeu de dés une métaphore qui lui servira d'emblème. Aucune civilisation ne modifie impunément l'idée qu'elle se fait de la cause des choses... L'irruption, en Occident, du hasard ne sera pas sans conséquences. Il va si bien y acclimater l'idée de causes extérieures à l'ordre religieux qu'il va être à l'origine de ce que nous appelons l'"esprit scientifique"[44] ».

En effet, la raison cartésienne va se poser en tentant d'éliminer le hasard. Comme le remarque Karl Popper[45], « s'articulant autour de la notion de déterminisme, elle va substituer l'idée de nature à celle de Dieu ». Si les intentions divines sont insondables, il n'en va pas de même des lois naturelles qu'il est possible de découvrir, s'assurant ainsi un pouvoir sur elles et même, comme l'imagine l'homme moderne, de les transgresser. Dès lors, le futur pourra être prédit — il le serait même par les prétendus « futurologues » —, et le hasard définitivement vaincu.

De l'histoire du mot, il résulte que : « c'est le hasard, jeu de dés qui a dénommé le hasard, chance, événement fortuit ; et non l'événement fortuit qui a dénommé les jeux qui se jouent sans calcul », remarque Littré. Faut-il ici rappeler que le calcul des probabilités est né de l'observation des jeux de hasard, en particulier des tentatives faites par Pascal et le chevalier de Méré, afin d'en mathématiser les données. Si un coup de dés survient en effet au hasard (par définition), si « un coup de dés jamais n'abolira le hasard », puisqu'il est lui-même le hasard, c'est bien en vertu de la règle que les joueurs se sont imposée et sans laquelle il n'y aurait plus de jeu. D'un tricheur, on dira qu'« il corrige le hasard ». Le hasard est donc bien une convention, c'est à partir d'elle que fut établi le calcul des probabilités.

Dans la pensée de l'Antiquité classique, sur laquelle vivait le Moyen Âge, une telle notion n'existait pas, car si on consultait les oracles, si l'on avait constamment recours aux méthodes de divination, c'est bien parce que l'on ne croyait pas au hasard, mais à un ordre secret que l'on sollicitait pour qu'il se manifeste. En grec, le mot *stochasmos*, « action de conjecturer », a pour sens premier « action de viser », or, on ne vise pas au hasard. Même le mot latin bien connu *alea* signifie le « dé », le « jeu de dés » et seulement par extension le « risque », la « chance », mais point du tout le hasard au sens où nous l'entendons. Cet ordre caché qu'on tentait d'évoquer était représenté par une déesse, *Fortuna*, et le mot « fortune », même dans notre langue, avant de désigner la richesse (au XVIe siècle seulement) a signifié longtemps « l'aventure de la vie, bonne ou mauvaise, celle que vous prédit en anglais le "fortune teller"[46] ». Le mot ne se répandit donc qu'au XIIIe siècle qui fut, comme nous le verrons, une période de rupture, ce qui ne saurait être l'effet du hasard.

Hasard — vide — mort

Les conditions de la découverte du calcul des probabilités ne sont pas sans rappeler celles qui, à la même époque — ce qui n'est pas non plus un hasard —, ont permis de définir le vide, grâce aux expériences de Toricelli, reprises et complétées par celles de Pascal. Ce n'est pas l'existence du vide dans la nature qui fut alors démontrée, mais son contraire.

La possibilité de réaliser expérimentalement un état d'apesanteur dans un milieu clos qui entraînait, *ipso facto*, la reconnaissance de la pesanteur terrestre. Le vide réalisé était relatif, et l'on projette aujourd'hui d'utiliser un vide plus vide encore, l'« ultra-vide » des physiciens.

Il importe donc de ne pas confondre ce vide expérimental, artificiel avec un prétendu vide cosmique qui n'a pu être détecté nulle part, même avec les moyens dont disposent actuellement les astrophysiciens, les fameux « trous noirs » n'étant probablement, au contraire, que d'extrêmes condensations de matière. Il n'en est pas moins vrai que l'idée que nous nous faisons du vide, du vide immense qui de toutes parts nous entoure, donne le vertige et fait naître une sorte d'effroi. Il suffit d'y arrêter sa pensée pour se sentir attiré par lui, corps pesant tombant sans fin dans l'apesanteur. Cette chute dans le néant, c'est notre mort. On pourrait gloser sur le « trou » qui, dans le langage populaire contemporain, désigne ce lieu innommable où nous nous rendrons fatalement un jour, objet d'épouvante confuse, de désespoir inavoué, mais qui, dans le symbolisme traditionnel, correspond à l'organe féminin d'où nous sommes un jour sortis. Ce « trou », cause déterminante de notre angoisse existentielle, sur lequel les psychanalystes auraient beaucoup à dire, est, bien sûr, « noir », mais, comme nous venons de le voir, les « trous noirs » dans l'espace cosmique correspondent vraisemblablement à des contractions extrêmes et d'ailleurs inimaginables d'un je-ne-sais-quoi dont on ignore s'il s'agit de matière ou — pourquoi pas ? — d'énergie.

Si le concept intellectuel de vide, comme celui de hasard, est à l'origine de considérables progrès scientifiques, le premier surtout dans le domaine technologique, le second principalement dans le champ des mathématiques, l'un et l'autre ne trouvent que trop facilement leur écho dans le psychisme moderne, l'un et l'autre sont ressentis comme rendant illusoire la dense contexture sur laquelle nous croyons pouvoir nous appuyer. Nous prenons conscience du vide comme d'une faille dans le tissu de l'univers et du hasard comme d'une brèche incomblable dans notre propre destinée. Hasard comme vide compromettent gravement le sentiment vital de notre sécurité. Si le vide évoque finalement le trou béant de la tombe, le principal risque que nous courons est bien le hasard de notre mort.

Si le hasard, l'imprévisibilité de la vie, ce que les philosophes ont appelé la « contingence du futur », est un caractère fondamental de l'existence, comment ne tenterions-nous pas de le conjurer ? Si nous sommes croyants, au moins pourrons-nous nous en remettre à la Providence divine, qui par elle-même l'exclut : « Ce qui est hasard à l'égard des hommes est dessein à l'égard de Dieu[47]. » Si nous ne le sommes pas, nous nous efforcerons de réduire au minimum la part du risque et nous essaierons de percer le voile de l'avenir. C'est bien en effet ce qui se produit à une époque où l'homme se trouve confronté, seul et sans aide, à l'angoisse existentielle, sa vie étant devenue absurde dans la mesure où il refuse sa mort. Si, sur le plan proprement scientifique, les vues de Jacques Monod sont contestables, au moins ce biochimiste reflète-t-il l'opinion commune pour qui la vie n'est que l'effet du hasard, puisque naissance et mort en sont les produits.

Ainsi s'explique le développement parallèle du commerce des assurances, fondé sur le calcul des probabilités, et des techniques de voyance, « superstitions » dont on pensait que l'avènement de la raison les aurait éliminées. Les incertitudes de l'avenir, les hommes d'aujourd'hui veulent les prévoir et contre elles se prémunir. Jouant la carte sûre de l'insécurité, les « assureurs » gagnent à tout coup. La publicité de certaines assurances vie est même rédigée de telle sorte qu'on pourrait croire qu'elles vous garantissent contre la mort ; ce qui constitue, au moins pour le subconscient, un argument irrésistible. En fait, c'est sur de telles ambiguïtés que repose l'édifice socio-économique derrière lequel s'abrite le pouvoir. Il faudrait être aveugle pour ne pas se rendre compte que la sécurité promise n'est qu'illusoire, qu'elle ne profite qu'aux habiles illusionnistes qui savent l'exploiter. L'assurance ne « couvre » que les conséquences financières du risque, elle ne l'élimine pas, et, bien évidemment, on ne saurait se garantir de tout. En croyant se libérer des aléas de l'existence, l'homme contemporain n'a fait que resserrer ses liens. Vouloir à tout prix éliminer le risque a toujours des conséquences plus néfastes que sa courageuse acceptation. La hantise de l'insécurité ne peut conduire qu'à la passivité, à l'irresponsabilité de l'individu, elle le prépare insidieusement à abdiquer ses droits. Dans le domaine si sensible de la santé, le souci d'être pris en charge aboutit inévitablement à des situations aberrantes, l'« acharnement thérapeutique », où le malade devenu anonyme n'est plus qu'un cobaye. De plus, au lieu de conforter les défenses spontanées de l'organisme, l'allopathie les paralyse et les atrophie ; de même, le refus des risques naturels par l'agriculture industrialisée et soigneusement endoctrinée entraîne la ruine durable des équilibres biologiques par des interventions aussi brutales qu'intempestives, avec, pour résultat final, une surproduction inévitablement suivie de la destruction des surplus.

Le véritable bénéficiaire de telles opérations n'est évidemment ni le consommateur abusé ni même le producteur, mais le pouvoir financier, économique et technocratique qui gouverne l'État lui-même et lui impose ses exigences. Quant à l'État, devenu État-Providence à des fins électorales, sa principale mission consiste à secourir un nombre toujours croissant de citoyens, qui exigent d'être traités en personnes assistées. En fin de compte, une société qui se prétend encore libérale est amenée par la force des choses à se conduire comme un régime oppressif, sinon totalitaire.

Les hasards de la vie

Selon l'opinion commune, on ne peut guère contester les hasards de la vie. Notre vie quotidienne nous en fournirait à tout instant la preuve, et c'est sur eux que se fonde, en dernière analyse, notre croyance au hasard. Mais les faits que l'on rassemble sous ce titre, rencontres imprévues, lettres qui se croisent, phrases surgies à l'improviste dans l'esprit, et autres menus événements, sont-ils bien les effets du hasard ?

Remarquons tout d'abord qu'il est facile de constater qu'ici la part de l'interprétation subjective est déterminante. Le même incident, plaisant ou fâcheux, qui pour l'un est l'effet du hasard, sera pour un autre une coïncidence, ce qui n'est déjà plus tout à fait la même chose — un hasard surprend, une coïncidence intrigue —, mais un troisième y verra un signe du destin. Bien mieux, notre appréciation dépend de notre humeur du moment, et le hasard n'est souvent que le produit de notre distraction. « Ce que nous appelons hasard, écrit Voltaire, n'est peut-être que la cause ignorée d'un effet connu [48]. » Cette cause ignorée, elle n'est, la plupart du temps, hors d'atteinte que parce qu'elle demeure inconsciente. Freud a pu le démontrer par des exemples précis dans sa *Psychopathologie de la vie quotidienne* [49] et c'est sur de prétendus hasards, qui n'en sont point, que repose la technique des associations (verbales) libres, base du traitement analytique. Mais Freud lui-même signale au passage une possible voie d'interprétation complémentaire, ce que l'on appellera par la suite la parapsychologie. On sait que, depuis lors, cette dernière, grâce aux travaux de quelques véritables chercheurs, est parvenue à prouver que, dans bien des cas, de soi-disant hasards pouvaient être attribués aux effets, encore si mal connus, de la télépathie. Ainsi les « causes ignorées » diminuent-elles, dès lors que l'on s'efforce de les connaître, et le champ du hasard s'en amenuise-t-il d'autant.

En définitive, le hasard serait réductible à deux facteurs : notre ignorance de la cause de l'événement, la multiplicité de ces causes. Dans la première catégorie, entreraient les cas apparemment fortuits, si fréquents dans notre vie quotidienne et si peu importants que nous ne prenons pas la peine d'en rechercher la cause et les attribuons automatiquement au hasard ; ce n'est que dans la seconde catégorie que résiderait le véritable problème, celui que Cournot, à la fois mathématicien et philosophe, qui espérait unifier science et philosophie, grâce au calcul des probabilités, a longuement et pertinemment étudié [50].

Si pour lui le hasard est aussi réel que l'ordre, dont il constitue en quelque manière la contrepartie, il n'en est pas moins possible d'y percevoir des lois, ce qui revient implicitement à reconnaître dans le hasard un certain ordre, mais que nous ignorons. Pourtant Cournot n'est pas allé jusque-là ; sa formation d'universitaire du XIXe siècle le lui interdisait, car il restait lié à la description mécaniste et matérialiste de l'univers conçu comme une énorme machinerie assemblant des objets inertes et des êtres vivants, eux-mêmes considérés comme des machines. Dans ce système rigide, Cournot n'introduisait pas moins quelque souplesse grâce aux lois probabilistes. On sait l'extraordinaire développement que celles-ci devaient prendre par la suite, le rôle qu'elles jouent aujourd'hui en biologie et dans les sciences sociales. Mais ce n'est là, somme toute, qu'une concession devenue indispensable, puisqu'elle permet de sauvegarder malgré tout un système évidemment périmé. Si l'ère des grandes philosophies mécanistiques n'a pas dépassé le XVIIIe siècle, la conception mécaniste du monde a duré bien plus longtemps et une vue mécaniste des phénomènes prévaut encore dans la pensée de l'homme contemporain. D'elle découle la croyance au hasard.

Selon Cournot, la réalité ne constitue « ni [...] un système doué d'une rigidité absolue et qui, pour ainsi dire, ne serait capable de se mouvoir que tout d'une pièce [...] ni un tout dont chaque partie serait capable de se mouvoir en tout sens avec une indépendance absolue ». Cournot se garde bien de définir positivement la réalité. Il ne propose point d'alternative, de voie médiane, puisque celle-ci ne pourrait que remettre en cause les fondements de la pensée de son temps. Cette voie médiane ne serait plus, en effet, mécaniste mais organique et, en tant que telle, se rapprocherait des philosophies orientales.

Du dedans vers le dehors

D'où provient donc cette opposition entre la pensée de l'Occident et celle de l'Orient ? Il semblerait qu'elles soient parties de deux points de vue contraires. En simplifiant beaucoup — ce à quoi nous contraignent le propos et les limites de ce livre —, on peut dire que c'est en effet ce qui s'est passé. Donnant la priorité à la conquête du monde extérieur, l'Occidental procède du dehors vers le dedans, il part de l'« objectif » qui lui semble plus sûr, parce que sensoriel, matériel, quantitatif, donc mesurable et non du « subjectif », du sujet conscient dont il se défie. Il analyse d'abord, ce qui l'entraîne soit à opérer des synthèses prématurées, soit à les remettre indéfiniment à plus tard, l'analyse du réel étant nécessairement interminable. Chez l'Oriental — l'Oriental traditionnel, précisons-le bien, car il s'agit d'une espèce en voie de disparition —, la vie compte plus que le raisonnement, la sagesse plus que la connaissance. Aussi procède-t-il de l'intérieur vers l'extérieur, utilisant non plus tant sa raison, *manas*, le mental discursif, tenu d'ailleurs pour un sixième sens et donc pour une instance inférieure du psychisme, que, d'une part, une certaine sagesse organique, instinctuelle, qui est celle du corps, lequel n'est pas séparé du psychisme ni non plus de tous les autres êtres vivants, et, d'autre part, la *bodhi*, au sens propre la faculté d'Éveil, reflet en chacun du Principe suprême et qui est intelligence pure, intuitive, suprarationnelle et supra-individuelle.

Un tel mode d'appréhension du réel n'est point du tout théorique, mais empirique, il naît de l'expérience intérieure. C'est seulement grâce à l'Éveil que l'individu sera à même de prendre conscience des obstacles qui s'interposaient entre lui et la réalité, non seulement *manas*, mais les *samskâras* (fabrications psychiques) et aussi l'*ahamkâra*, la faculté d'individuation, l'illusion de constituer un moi séparé. Alors seulement, il pourra les franchir, il cessera d'être soumis à l'ignorance (*avidyâ*).

Le hasard n'est qu'une grimace du mental due à l'agitation permanente qui le caractérise. Pour l'ignorant seulement, toutes choses surviennent au hasard ; pour l'Éveillé, chez qui prédomine l'intuition, la connaissance directe et désintéressée, celui-ci n'existe plus, il n'a jamais existé.

Hasard et karma

Dans les traditions extrême-orientales, qu'elles soient hindouistes, bouddhistes ou taoïstes, et plus généralement, pour la mentalité asiatique dont elles sont issues, mais qu'elles ont à leur tour modelée, rien n'arrive jamais qui ne soit la résultante de nos actions passées. Le *karma*, c'est l'acte lui-même, mais aussi toute parole, toute pensée qui, aussi infimes soient-elles, produisent des conséquences à long terme, car il n'existe pas d'effet sans cause. Le principe de causalité oriental est beaucoup plus rigoureux, beaucoup plus exigeant que le nôtre ; il n'assigne pas, comme nous le faisons si souvent, un effet à une cause unique, mais à un ensemble de causes interdépendantes, elles-mêmes susceptibles d'engendrer une multiplicité d'effets ; mieux, il insiste sur le lien qui, dans les deux sens, les unit. La non-perception des causes ne provient que de notre ignorance ; devant le regard de l'Éveillé, se dénoue l'enchevêtrement causal qui occultait jusqu'alors sa lucidité, se révèle l'enchaînement des causes et des effets et apparaît clairement leur interdépendance *.

Si le *karma* exclut le hasard, il rend aussi inutile

---

* Voir la Production conditionnée, p. 113 et suivantes.

le concept de Providence. Aucun événement de notre vie, quelles que soient les apparences, ne nous est imposé du dehors, il n'est jamais qu'une production, une projection de notre propre acte. Nous en sommes donc entièrement responsables ; alors que, dans le contexte chrétien, par exemple, nous croyons pouvoir échapper aux conséquences de nos actes grâce à la miséricorde divine, il n'existe ici aucune échappatoire.

> « Tout ce que nous sommes est le résultat de ce que nous avons pensé, est fondé sur nos pensées, est fait de nos pensées.
>
> Si un homme parle ou agit avec une pensée mauvaise, la souffrance le poursuit, comme la roue du char poursuit le sabot du cheval qui le tire.
>
> Si un homme parle ou agit avec une pensée pure, le bonheur le poursuit comme son ombre qui ne le quitte jamais. »

Ces vers extraits d'un sûtra bouddhique, le *Dhammapada*[51], reflètent un point de vue qui est commun à toute la pensée extrême-orientale. Il en va de même du texte suivant, provenant d'un autre sûtra, le *Majjhimanikâya*[52] :

> « En vertu de quelle cause, en vertu de quelle raison observe-t-on chez les hommes bassesse ou excellence ? On voit en effet [...] des hommes dont l'existence est brève et des hommes qui vivent longtemps, qui ont bonne ou mauvaise santé, qui sont laids ou beaux, influents ou sans pouvoir, riches ou pauvres, de basse extraction ou de haute naissance, qui sont sots ou intel-

ligents. En vertu de quelle cause, en vertu de quelle raison [...] observe-t-on chez les hommes bassesse ou excellence ?

En vertu de leurs actes [...], les êtres ont leurs actes pour héritage, leurs actes pour matrice, leurs actes pour parenté, leurs actes pour refuge. Ce sont les actes qui divisent les hommes en raison de leur bassesse ou de leur excellence. »

Un déterminisme aussi impitoyable devrait exclure le libre arbitre avec lequel il serait, dans notre logique, incompatible ; mais ce déterminisme résulte d'une liberté de choix qui est permanente, qui s'étend même au-delà des limites de notre vie présente, ainsi que le précise le passage qui, dans le *Majjhimanikâya*, suit celui que nous venons de citer :

« Il arrive qu'un moine [...] pense en lui-même : "Puissé-je après la mort renaître dans une maison princière." Il y fixe sa pensée, l'établit solidement et cultive sa pensée. Ses tendances associées à ses habitudes ainsi encouragées et développées le mènent à renaître dans l'existence à laquelle il aspire *. »

En effet, si notre mort, fût-elle accidentelle, est la résultante de nos actes, notre naissance elle-même n'est pas le fruit du hasard. Mais seul l'Éveillé connaît la totalité de son *karma*, au moment même où il s'en affranchit définitivement, de même il com-

* Le texte ne le précise pas, mais ce serait, pour un spirituel, faire un bien mauvais choix.

prend en sa totalité l'Ordre cosmique, le *Dharma*, parce que désormais il s'identifie avec lui.

Karma et Dharma

Dharma est, comme *karma*, un de ces mots qu'il est impossible de traduire correctement en nos langues, ne serait-ce qu'en raison de ses connotations multiples. Le *Dharma*, en bref, désigne tout ce qui sous-tend ce que nous appelons réalité, qu'elle soit matérielle ou spirituelle, il est la Réalité absolue dont découlent toutes les autres, la Norme de tout ce qui existe et finalement la Loi qui régit l'univers.

Mais le mot *dharma* s'emploie aussi pour dénommer la norme intériorisée, individualisée à laquelle il est dans la nature de tout être vivant de se conformer. Ici, non plus, il ne s'agit pas d'une règle imposée du dehors, mais bien des dispositions spontanées propres à chacun ; en ce sens, il y a autant de *dharmas* que d'individus. Celui qui suit son *dharma* ne produit plus de *karma*, ni négatif ni positif — les deux étant porteurs de fruits prolongeant ainsi l'existence samsârique —, mais seulement un *karma* neutre, une action qui se suffit à elle-même et s'accomplit sans laisser de traces.

Le *Dharma* est donc comparable au *Tao*, la « Voie », le courant universel, le flux de la vie, dans le sens duquel le sage se place et au gré duquel il se laisse aller. C'est d'ailleurs par le mot *Tao* que les introducteurs du bouddhisme en Chine traduisaient le mot sanskrit *Dharma*, ce qui explique en partie la future coalescence du bouddhisme et du taoïsme dans le tch'an. De même, les premiers traducteurs rendaient par *wou wei*, le « non-agir », le mot *nirvâna*, ce qui l'éclaire d'une nuance qui le rend pour nous plus compréhensible, le *wou wei* marquant la fin du *karma*, le terme de la Production conditionnée, cause motrice du *samsâra*.

Le *Dharma* est fort éloigné d'une conception mécaniste du monde, il s'y oppose même radicalement. Le cosmos dont il constitue la Loi est tout entier formé d'énergies animées d'un mouvement perpétuel, d'un dynamisme fluide en continuelle transformation. En son sein, coexistent énergies non manifestées donc intemporelles et manifestations matérialisées, qui sont de ce fait temporaires, avec cette conséquence que tout effet préexiste potentiellement dans sa cause, à la manière dont l'arbre est déjà présent dans la graine. Le non-manifesté est en ce sens beaucoup plus réel que le manifesté, puisque tout phénomène apparemment statique est impermanent, donc finalement illusoire. Or, une telle conception du monde, si étrangère à celle qui est encore à la base de notre mentalité, cadre fort bien avec les conceptions nouvelles de la physique, pour qui, par exemple, « des particules matérielles isolées sont des abstractions, leurs propriétés n'étant définissables et observables qu'à travers leur interaction avec d'autres systèmes [53] ».

Dans la conception orientale de l'univers, tout phénomène isolé, tout objet discernable et même tout individu n'existent qu'en fonction de leurs relations réciproques, de leurs interactions avec tous les autres ;

ils sont solidaires de l'ensemble. Rien n'existe en soi, de manière autonome, et surtout pas notre moi, tout est interdépendant. Aussi insignifiante qu'elle nous paraisse, toute action humaine a sa résonance dans le cosmos. Les *dharmas* individuels sont englobés dans le *Dharma* universel, ils ne font qu'un avec lui.

Il peut paraître étonnant et, à nos contemporains, contradictoire et quelque peu suspect que certains savants en soient venus à considérer des traditions, pour eux archaïques, comme pouvant fournir un ensemble cohérent de notions au sein duquel trouveraient place les plus récentes découvertes, véritablement révolutionnaires, lesquelles ont finalement disloqué le cadre rationaliste occidental, qui semblait constituer un progrès décisif et, croyait-on, définitif. Ce paradoxe résulte de la différence de méthode que nous avons soulignée : les vues cosmiques des anciens penseurs orientaux n'ont point été acquises seulement par l'observation du monde extérieur, mais aussi au moyen du regard intériorisé, cultivé par les disciplines de concentration et de méditation, autrement dit le *dhyâna*, mais n'est-il pas allé de même dans notre propre histoire, les penseurs présocratiques agissaient-ils autrement ? On sait la faveur, dans notre perspective, fort compréhensible, dont ils jouissent aujourd'hui.

Si l'homme peut parvenir à la connaissance du *Dharma*, c'est qu'il en possède en lui le reflet. Pour la tradition orientale, mais aussi pour celle avec laquelle l'Occident n'a rompu que depuis quelques siècles, le microcosme (l'homme) correspond au macrocosme (l'univers), tous les phénomènes émanent d'une même Réalité, puisque celle-ci est unique. Un des corollaires de cette conception du monde est que l'homme ne peut se considérer comme indépendant de la nature. En la saccageant, c'est sa propre existence qu'il compromet ; en la détruisant, il se détruit lui-même. Quand s'en rendra-t-il compte enfin ? Dans ce domaine non plus, il n'y a point de hasard et l'on ne peut se soustraire aux retombées de ses actes. L'homme est pleinement responsable des dégâts qu'il commet, même s'il croit pouvoir échapper à leurs conséquences ; il l'est, non vis-à-vis d'une instance supérieure, toujours récusable, mais face à lui-même.

Afin d'illustrer la notion de contre-finalité, c'est-à-dire celle du hasard en tant que suite imprévue d'une action, Jean-Paul Sartre, dans la *Critique de la raison dialectique*, donne l'exemple des défrichements inconsidérés de forêts entrepris en vue d'augmenter les ressources agricoles et qui finalement ont pour effets une érosion rapide et désastreuse du sol, une altération du régime des pluies et une détérioration du climat. Sans s'en être rendu compte, Sartre démontre le contraire de ce qu'il voulait prouver, car il ne s'agit point là de hasard, mais de la méconnaissance des équilibres et des rythmes biologiques, et finalement de la loi cosmique, du *Dharma*. Ici, le hasard apparaît bien comme le fruit de la nescience, de l'aveuglement née d'une avidité sans frein, celle propre à la société dite de consommation.

Nul aujourd'hui ne tente vraiment de s'opposer à cette fièvre destructrice qui a gagné la Terre entière, sinon, bien timidement, l'écologie. Or, la notion d'équilibre naturel, qu'il est vital de respecter, le principe de l'action du milieu sur le vivant et du vivant sur le milieu, celui de l'interaction des espèces entre elles, la conception de la Terre comme un super-organisme vivant, enfin l'utile rappel que l'homme est lui aussi une espèce animale et qu'il ne peut donc s'affranchir de conditionnements qui sont ceux de la vie elle-même, toutes ces évidences que l'écologie nous fait redécouvrir aujourd'hui ne sont que des principes traditionnels oubliés qui sont encore présents, mais cachés, au plus intime de chacun.

En définitive, la notion de hasard ne serait-elle pas tout simplement un subterfuge permettant à l'homme d'échapper à ses responsabilités [54] ?

Évolution et involution

En s'engageant dans la direction qui l'a fait devenir ce qu'il est, l'homme avait renoncé à l'esprit, il en vint même à l'oublier, ne se concevant plus que sous la forme d'une unité psychosomatique, duelle, donc antagoniste. En d'autres termes, après avoir perdu l'esprit, il devait nécessairement perdre son âme. Les éclatantes réussites qui lui faisaient croire qu'il avait pris la bonne voie, celle d'un progrès indéfini — et pourquoi pas ? infini —, ne pouvaient que l'aveugler *. Avait commencé une irrémédiable décadence qu'il faudrait qualifier d'involution plutôt que d'évolution. L'histoire de ce mot dans notre langue est de ce point de vue pleine de sens. Apparue seulement au XVIe siècle, « évolution » eut d'abord une signification militaire, celle de « déploiement des troupes », donc victorieuse, conquérante, qui, à la fin du XVIIIe siècle, parut convenir pour désigner la nouvelle hypothèse scientifique, révolutionnaire, de la

---

* La cause véritable de l'aveuglement est pour le bouddhisme *trishnā,* la convoitise.

progression biologique des espèces, qui devint par la suite un dogme, en utilisant la signification latine du mot *evoluere*, « dérouler » vers l'extérieur (*e* pour *ex*, *volvere*, « rouler »). Mais il fallait que cette expansion vers le dehors fût contrebalancée par une tension, une contraction vers le dedans, une « involution » (de *involvere*, « enrouler », « envelopper »), c'est-à-dire un repliement sur soi, un égocentrisme. C'est donc la domination sur le monde extérieur qui engendra l'individualisme forcené dont nous sommes aujourd'hui les témoins et qui, pour le bouddhisme, est non seulement une absurdité irréaliste, mais la cause même de la souffrance humaine.

De ce fait, la distance (imaginaire) entre le dehors et le dedans ne cessa de s'accroître. La séparation entre l'« objectif » et le « subjectif », condition du progrès scientifique, s'appliquait aussi à l'idée que l'homme se faisait de lui-même, engendrant un conflit intime que mirent en lumière et les développements de la psychanalyse et les pseudo-philosophies de l'existence. À toute avance, correspond un recul ; comme le dit le bon sens populaire, il faut « reculer pour mieux sauter ». Plus l'homme s'enflait dans ses prétentions de maître du monde, plus, en réalité, enfermé en lui-même, coupé de ses racines, de son principe vital, il se desséchait et s'amenuisait, son choix l'ayant amené à se débarrasser de ce qui lui semblait inutile et même nuisible à l'avancée scientifique. Aussi reconnaître que l'homme ne s'est développé que d'un seul côté (l'hémisphère gauche du cerveau), au point d'en être gravement déséquilibré, est-il un diagnostic insuffisant, donc inefficace.

Projetant d'« exploiter » la terre, d'asservir la nature, l'homme devait préalablement les désacraliser, puisqu'elles appartiennent à Dieu ou aux dieux. Il les a donc profanées — profane est ce qui se trouve devant le temple, *fanum*, ce qui n'est pas consacré, ce qui est « né-faste », *fas* étant « ce qui est permis par les dieux ». Mais ainsi, l'homme lui-même se profanait ; n'ayant plus à se respecter en tant que créature divine, il se trouvait livré sans défense ni scrupule à ses plus bas instincts. Notre époque en est arrivée à ce scandale que l'Église elle-même, afin de rejoindre ce monde qui la fuyait, en est venue à se désacraliser autant qu'elle l'a pu, abjurant ainsi ce qui la justifiait, puisqu'elle demeurait encore la sauvegarde du sacré.

L'homme n'a pas seulement renié l'ordre cosmique, auquel il prétend n'être plus soumis, il s'est renié lui-même, dès lors il ne pouvait que régresser. La course au progrès * est une fuite en avant, mais ce que l'homme fuit, n'est-ce pas finalement lui-même ? Ayant abdiqué, nous sommes devenus incapables d'être nous-mêmes. Le soi aliéné est ce que Heidegger dénomme un *Man*, mot qui en allemand signifie à la fois « on » et « ils ». « Chacun est l'autre, et personne n'est soi-même. Le "ils" qui donne la réponse à la question de savoir *qui* est l'être-là quotidien (*Dasein*), est la *personne* ** à qui chaque *Dasein*

---

* Telle la « course aux armements » qui en est non seulement la conséquence, mais le symbole.

** Il est clair que Heidegger, qui souligne ce mot, l'emploie dans son sens premier de « masque ».

dans l'être-en-commun s'est déjà abandonné. » Commentant cette phrase de *L'Être et le Temps (Sein und Zeit),* , un des exégètes de Heidegger[55] écrit : « L'être qui est en nous-mêmes s'érode en un être commun ; il sombre en un "on", dans et parmi un "ils" collectif, public, grégaire, qui est l'agrégat non d'êtres véritables, mais de "on" *. »

Qu'a donc laissé l'homme derrière lui, ainsi qu'une vieille défroque qui ne pouvait que le gêner dans sa marche victorieuse, sinon l'esprit ? L'Esprit, c'est-à-dire l'Être opposé à l'Avoir, le profane contre le sacré, le conscient (la « raison ») contre l'inconscient, devenu le refuge de tout ce qu'il a refusé, donc « refoulé », l'inconscient où, comme nous l'avons vu, ne s'abrite pas seulement le pire, comme le soutenait Freud, mais aussi le meilleur.

Ce processus inéluctable, étant donné la voie choisie, s'inscrit dans l'Histoire, non, bien sûr, l'Histoire officielle dont la mission consiste à chanter l'épopée du progrès[56], mais dans une autre Histoire qui est encore à écrire, car elle en constitue le revers, la partie restée obscure, ou plutôt volontairement occultée. L'évolution prétend constituer en quelque sorte l'achèvement d'un processus biologique, qui « a valeur de loi », comme l'écrit Cuénot, « puisque jamais un groupe éteint, classe, ordre, tribu ou famille n'a reparu » ; elle serait donc dans l'impossibilité de retourner en arrière et ne peut plus qu'aller de l'avant.

---

* N'est-il pas significatif qu'un heideggerien se trouve obligé de se servir, certainement à son insu, du mot « agrégat », caractéristique de la psychologie bouddhique ?

Historiquement, cette évolution-involution — cela dépend du point de vue que l'on adopte — s'est effectuée moins par étapes que par ruptures, la plupart du temps inaperçues des contemporains, mais qui correspondaient à autant d'abandons successifs. Il est évidemment difficile de les dater, puisque ce qui, surtout dans le domaine des idées, émerge à la surface se préparait dans l'ombre depuis longtemps.

Ainsi, quand le rationalisme est-il né ? Ou plutôt à quel moment a-t-il commencé à devenir le courant dominant qui en arrivera à exclure tous les autres ? Sans doute, triomphe-t-il définitivement avec Descartes [57], mais ses premiers succès, déjà décisifs, remontent au XIIIe siècle, époque charnière qui vit la disparition complète de la conception ternaire de l'homme [58], c'est-à-dire l'exclusion de l'esprit et, par suite, la bipartition de l'être humain écartelé entre le Bien et le Mal, incarné dans un corps, dans le sexe. La cause du péché n'est plus l'orgueil, mais la sexualité. Cette bipartition entraîne la hantise du péché de la chair, mais aussi la terreur de la mort, laquelle trahit, remarque Philippe Ariès [59], un souci d'attachement à soi-même qui n'existait pas auparavant. Dans les églises, règne désormais l'image de Jésus crucifié ; à leur tympan, le Christ lumineux entouré de l'amande mystique — celui du second avènement, la « Parousie », l'Homme-Dieu qui a vaincu la mort et apporte la paix, a laissé la place au redoutable Christ-Juge, qui « scrute les reins et le cœur ». L'emporte une esthétique nouvelle animée du goût de l'exploit technique plutôt que des préoccupations mystiques de l'art roman, et qui rompt définitivement, comme la nouvelle théologie rationaliste avec la mystique, avec le « hiératisme » de l'art byzantin, donc avec le monde grec oriental [60].

Dès lors, la communication était coupée qui à travers lui s'était tant bien que mal maintenue avec l'Asie. Orient et Occident s'éloignaient progressivement l'un de l'autre comme deux continents qui dérivent. Pourtant, comme le montre l'anthropologue Edgar Morin, il s'agissait moins d'un oubli que d'un refoulement volontaire. Selon lui, la vision occidentale de l'univers, établie sur la séparation de la science et de la philosophie et qui a pris une forme scientifique et technique, est « typiquement fondée sur le refoulement de tout ce qui avait aussi bien existé en Occident et qui a caractérisé la pensée chinoise, c'est-à-dire l'idée d'un cosmos organique, par exemple ; là, on a voulu voir un cosmos mécanique… L'Occident s'est fait en refoulant son propre Orient qui était en lui, parce qu'il y a même à côté de la tradition dominante des traditions refoulées, Jacob Boehme et Thérèse d'Avila — ou marginalisées — il y a eu Maître Eckhart… Je disais que l'Orient, c'est notre refoulé ; ça nous dit quelque chose, quelque chose d'une pensée qu'on a refoulée. Ce n'est pas une pensée étrangère, dans ce sens-là [61] ».

La raison, qui l'emporte au XIIIe, qu'est-ce à l'origine ? Le latin *ratio*, qui n'a pas d'équivalent en grec, signifie simplement « calcul » et secondairement « faculté de calculer, de compter », et par suite « jugement, intelligence, raison ». N'est-il pas hautement significatif que le mot désigne d'abord une opération purement quantitative et même une activité mercantile ? et l'on conçoit qu'il ait pris un sens très étendu chez les Romains, comme si la principale utilisation du raisonnement était de faire ses comptes ! Convenons qu'il restera toujours à la raison, même quand elle sera devenue déesse, quelque chose de cette provenance triviale.

Ce n'est que depuis Cicéron que *ratio* a servi à traduire le grec *Logos* qui, dès les débuts de la philosophie, exprimait tout autre chose. Pour Héraclite d'Éphèse (VIᵉ siècle av. J.-C.), le *Logos* est ce à quoi nous participons grâce à la respiration, la Loi universelle *, chez lui, le Feu immatériel qui gouverne sagement le cosmos. Le *Logos* lie entre eux les phénomènes, mais aussi les hommes, s'ils ne le renient : «… Bien qu'il appartienne à tous, le vulgaire n'en vit pas moins comme si chacun avait une intelligence particulière. » Le *Logos* nourrit l'âme et, si elle y consent, l'emplit. « À l'âme appartient le *Logos* qui s'augmente de lui-même [62]. » Chez Héraclite, le *Logos* correspond donc à l'Esprit, mais à l'Esprit enflammé, tel que le recevront chacun, mais pour tous identique, les apôtres, le jour de la Pentecôte **.

Si par la suite, les Grecs lui ont fait dire le « jugement », l'« opinion », le *Logos* est la Parole, la Parole créatrice. Seuls, et tardivement, les stoïciens l'ont entendu au sens de « raison ». Mais on sait que plus

---

* Il existe un lien étymologique entre le *Logos* et la Loi ; le radical *leg-* a donné en grec *Logos*, en latin *Lex-legis*.

** Il est donc abusif de parler de rationalisme à propos des présocratiques, d'invoquer par exemple Xénophane (VIᵉ siècle), car ce dont il parle est le *noũs*, l'intellect pur, lui-même divin.

tard encore, il est devenu la « raison divine » des derniers philosophes païens, le « Verbe » à partir de saint Jean, qui n'a évidemment pas inventé ce sens. Aussi, lorsqu'un professeur de philosophie contemporain écrit : « la raison cessera d'être simple faculté calculatrice… pour devenir saisie directe de la réalité en soi, de l'Être en lui-même », on peut se demander par quelle métamorphose quasiment miraculeuse, car il existe entre le « sujet » et l'« objet » une inadéquation manifeste.

Au XIIIe siècle, apparaissent les grandes dichotomies dont nous souffrons aujourd'hui et qui sont autant de ruptures. Le divorce est, sur tous les plans, consommé avec l'Orient, il y a néanmoins longtemps qu'il se préparait. La division était déjà nette entre les écrits des Pères de l'Église grecque et ceux des Pères de l'Église latine, au temps de saint Augustin (IVe-Ve siècle), et en partie du fait de son intransigeance, de son intolérance sectaire qui se montrent à découvert dans sa conduite envers ses anciens coreligionnaires manichéens, qu'il persécuta ou laissa persécuter avec un zèle suspect, allant jusqu'à encourager la délation et l'extorsion des aveux — ce en quoi il se montrait le précurseur de l'Inquisition —, voilà certains aspects de sa vie que ne soulignent guère ses hagiographes. Or, nous l'avons remarqué plus haut, l'évêque d'Hippone fut l'un des responsables, et apparemment le premier, du rejet de la structure ternaire de l'homme à laquelle restèrent fidèles les Grecs. Il suffit de comparer ses œuvres avec celles de « trois Cappadociens », Basile de Césarée, Grégoire de Nazianze et Grégoire de Nysse, les grandes lumières de la théologie orientale en formation, qui n'étaient que de très peu ses aînés, pour voir se dessiner les deux chemins qui vont de plus en plus diverger et que suivront en Occident l'Église romaine et en Orient l'Église orthodoxe, lesquelles rompirent définitivement en 1054 sur la question du *Filioque*, apparemment secondaire, en fait décisive, puisque se trouvait ainsi entérinée par l'Occident l'exclusion de l'esprit au profit de l'âme. Si l'Esprit procède du Fils comme du Père, la deuxième et la troisième personne de la Trinité ne sont plus à égalité, le Christ incarné, crucifié l'emporte sur l'Esprit qu'il a engendré et dont le règne n'apparaît plus que dans un avenir lointain, presque hypothétique, alors que, pour l'orthodoxie, il a commencé le jour de la Pentecôte.

Aux IVe-Ve siècles, s'était produit une autre rupture qui explique sans doute la précédente, celle de la continuité par rapport à l'enseignement primordial, la *Paradosis*, la « transmission » venue par voie orale des apôtres qui rapportaient ce qu'ils avaient entendu de la bouche même de Jésus. Pourtant, elle avait pénétré jusqu'en Gaule grâce à Irénée, né probablement vers 130, qui fut évêque de Lyon, la primatiale des Gaules, et périt martyrisé vers 202. Irénée tenait la *Paradosis* de son maître, l'évêque de Smyrne, Polycarpe, mort martyr très âgé vers 155, qui avait été à Éphèse le disciple de saint Jean.

Défendant, dans son traité *Contre les hérésies*, dont est plus révélateur le titre grec original *La Pseudo Gnose démasquée et réfutée*, l'unité de l'« orthodoxie » (« l'opinion droite, la doctrine juste ») contre les multiples déviations des gnostiques « qui se prêchent eux-mêmes… qui sont chacun à l'origine de leur propre doctrine[63] », Irénée expose ce qui est « la vraie Gnose : à savoir la doctrine des Apôtres » (IV, 33, 8), la *traditio ab apostolis*, dans sa *Démonstration de la prédication apostolique*, « avec une profondeur qui en manifeste la richesse spirituelle et qui porte en elle-même comme un témoignage d'authenticité divine[64] ». Énonçant la véritable doctrine, Irénée insiste sur les points que contestaient les hérétiques :

> « Ils ne comprennent pas que trois dimensions, ainsi que nous l'avons montré, constituent l'homme parfait : la chair, l'âme, l'Esprit. L'une d'elles sauve et forme, l'Esprit ; une autre est sauvée et formée, la chair ; une autre, enfin, se trouve entre celles-ci, à savoir l'âme, qui tantôt suit l'Esprit et prend grâce à lui son envol, tantôt se laisse persuader par la chair, et tombe dans les conditions terrestres. »

> « Que nous soyons un corps tiré de la terre et une âme qui reçoit de Dieu son esprit, tout homme quel qu'il soit le confessera. »

> « Si l'Esprit fait défaut à l'âme, un tel homme, restant en toute vérité psychique et charnel, sera inachevé[65]. »

Ce dont Irénée accuse les adversaires de l'orthodoxie, c'est donc de trahir l'Esprit et même de l'éliminer. Comment ne pas voir que l'opinion des hérétiques triomphera finalement en Occident ? En effet, le message transmis par la *Paradosis* sera recouvert non seulement par la masse des controverses et des décisions conciliaires, mais plus encore par la proclamation des dogmes dont s'attribua l'exclusivité le pouvoir autoritaire et centralisé de l'Église romaine, héritière de l'empire d'Occident. Seule, l'orthodoxie orientale en préservera l'essentiel.

Ne faudrait-il pas remonter plus avant encore, comme le soutient, par exemple, Heidegger, au-delà de l'« oubli de l'Être », de la banalisation du mystère fondamental de l'existence qui a finalement rendu inévitable « l'aliénation de l'être humain, la barbarie récurrente, issues de la technologie et de la consommation de masse », remonter par conséquent avant Aristote dont le concept d'énergie (*energeia*) et « l'exploration concomitante des "causes premières" et des "principes dynamique" établissent les fondements de notre science et de notre technologie [66] » ? Et ne faudrait-il pas remonter même avant le métaphysicien idéaliste, mais rhétoricien que fut Platon, afin de retrouver l'étonnement radical, l'émerveillement stupéfié devant l'Être qu'exprime, comme le souligne Heidegger, le verbe grec *thaumazein*, « s'étonner, s'émerveiller », d'où « admirer, vénérer », qui a donné *thaumaturgia*, en langage chrétien « faire des miracles », sentiment vertigineux, bouleversant, qui est à l'origine de la pensée grecque, celle des si indignement, mais si justement nommés présocratiques ? Eux ne se recommandaient pas de la philosophie, c'étaient des « physiologues », c'est-à-dire des observateurs et des interprètes de la nature. Le mot philosophie n'était en effet pas encore en usage, car il introduit une distance, exprime une nostalgie qui n'existaient pas encore. Quant à la métaphysique, qui est censée venir après la physique, elle n'apparut qu'avec Aristote qui l'entendait comme la science première et ultime, celle de l'Être, mais qui, parce qu'il prétendait l'analyser, le dissolvait en fait dans les « étants ».

Physis (du radical indo-européen *bheu-*, « croître », mais aussi « être ») signifie « naissance, formation, production », avant de désigner la « nature », en particulier la nature propre des choses, au-delà de leurs apparences, donc la Réalité en soi[67]. C'est de la *Physis*, de sa genèse, de ses métamorphoses que parlent les « physiologues », de Thalès à Empédocle, ainsi que du *Logos* qui la gouverne, et finalement, avec Parménide, de l'Être lui-même. Leur « philosophie » est encore conforme à la définition qu'en donne Heidegger pour qui elle est « la correspondance accomplie en propre, qui parle dans la mesure où elle prend en considération l'appel de l'Être de l'étant[68] ». Il y a alors concordance et correspondance véritables, question et réponse sont en relation harmonieuse, car « l'Être comme tel détermine le parler d'une façon telle que le langage s'accorde avec l'Être de l'étant[69] ». Accord assurément précaire et qui deviendra dissonant dès qu'on parlera de philosophie, c'est-à-dire au temps de Platon. Le mot lui-même signifie « amour » et « recherche » de la *Sophia*, la Sagesse, mais il s'agit déjà de la quête de la Sagesse perdue que la philosophie se donne pour mission de retrouver, la sagesse qui est entente primordiale de l'homme avec l'Être. L'étrange est que l'on ignore la provenance du mot *Sophia*, ce qui indiquerait qu'il n'est pas d'origine grecque. Mais alors ne faudrait-il pas chercher en d'autres langues ?

La plus intéressante des hypothèses, mais aussi la plus hardie, rapproche *Sophia* de l'hébreu *Sôph.* Dans la Kabbale qui procède d'une très ancienne tradition, *En Sôph* ou *Aïn Sôph*, « l'Infini », constitue le premier stade de l'activité créatrice de Dieu, représentée au centre de *Aïn Sôph* par un point, *Aïn Sôph Aur*, qui est « lumière illimitée » et « semence du monde ». *Aïn Sôph* forme un cercle qu'entoure de toutes parts *En* ou *Aïn*, le vide ultime, l'abîme vide et sans fond, qui est super-essence en Dieu lui-même [70], et dans lequel le lecteur de Jacob Boehme reconnaîtra l'*Ungrund*, le « sans-fond » que celui-ci place à l'origine de la Genèse, telle qu'il la conçoit. Pour les kabbalistes, la Création est « le langage dans lequel s'exprime la pensée de Dieu, en se manifestant comme la puissance créatrice de l'univers [71] », le langage, c'est-à-dire le « Verbe », au sens où l'entend saint Jean, désignant la deuxième personne de la Trinité (*Logos*) dont *Sophia* est la troisième. *Sôph* en hébreu désigne donc l'Absolu en train de prendre forme, autrement dit la Sagesse divine agissante, ce qui est bien, semble-t-il, le sens « mystique » du mot *Sophia.* On comprend mieux dès lors la valeur que prit ce mot dans l'orthodoxie, sens nullement oublié, puisque la *Sophia* divine réapparaît dans l'œuvre du grand théologien russe contemporain, le Père Serge Boulgakov, tel un retour vers le thème central oublié par la théologie classique, mais seul capable, selon lui, de résoudre les problèmes qu'elle a laissés en suspens [72].

Chez les Grecs, la Sagesse est aussi Connaissance ;

ils ne distinguaient pas sagesse et science, non plus que théorie et pratique ; ces séparations pour nous essentielles ne nous viennent que des Romains. Qu'est devenue ensuite cette Sagesse primordiale, qui est approche, sinon connaissance de l'Être ? *Sophos* voulait dire aussi « prudent », « habile », c'est ce sens qui l'a emporté, surtout quand *sophos* a engendré *sophistès*, « homme qui excelle dans son art », puis, au temps de Socrate, « expert en la parole », « maître de philosophie et d'éloquence », éloquence qui bientôt passa au premier rang. On connaît l'absence de scrupule de ces sophistes qui apprenaient le « bien dire », l'art de convaincre à tout prix, appuyé sur l'ambiguïté du langage, et en tiraient grand profit. Aussi *sophistès* en vint-il à désigner un charlatan chez les disciples de Socrate, Xénophon et Platon. Mais Platon ne mit-il pas ses talents de philosophe au service de la politique et Socrate lui-même n'était-il pas considéré comme « le plus grand des sophistes » ?

Les réticences du puriste Heidegger paraissent donc légitimes, puisqu'il s'agit, pour sauver ce qui peut encore l'être, d'opérer un retour, non seulement aux sources, mais, car pour lui il n'est plus d'autre issue, à la source elle-même, à l'Être occulté, autrement dit d'en revenir à la question posée par Héraclite et Parménide, à laquelle fait encore écho, en pleine ère cartésienne, l'interrogation de Leibniz : « Pourquoi y a-t-il quelque chose plutôt que rien ? » que reformule à son tour Heidegger : « Qu'est-ce que l'Être (*das Sein*) qui rend possible tout étant (*das Seiende*) ? »

Pour Heidegger, la vérité ne peut être que dévoilement de l'Être dissimulé dans les étants, les existences, le monde et nous-mêmes, conformément au sens du mot qui en grec la désigne : *alètheia*[73] dit en effet le dé-cèlement, la révélation, obtenue non sans effort, du secret, du clandestin, de ce qui échappe, qui est aussi l'oublié. *Lèthô* veut dire « échapper à, être oublié ou ignoré », et *lèthè*, l'« oubli », symbolisé par le Lèthé, le fleuve des enfers, auquel doivent s'abreuver les âmes défuntes, ce que se gardent bien de faire les initiés *.

La Vérité ne saurait être seulement l'accord ou l'adéquation entre la perception et l'objet, ainsi que l'ont soutenu, après Aristote, saint Thomas d'Aquin et Descartes, ne serait-ce que parce qu'elle transcende la distinction du sujet et de l'objet, qu'elle est nécessairement non dualiste. Étant dévoilement, elle est par là inconvenante, indécente. Comment ne pas penser à la manière dont la représente l'imagerie populaire, sortant nue d'un puits ? Ce puits, dans le symbolisme universel, donc dans l'inconscient collectif, figure l'eau vive cherchée au plus profond de la terre, ce qui signifie que la vérité ne peut se trouver qu'en creusant au plus intime de nous-mêmes, ainsi que l'a magnifiquement exprimé le poète :

> « chose inouïe, c'est au-dedans de soi qu'il faut regarder le dehors. Le profond miroir sombre est au-

---

* Afin de conserver la mémoire de leur existence antérieure.

> dedans de l'homme… En nous penchant sur ce puits, nous y apercevons à une distance d'abîme, dans un cercle étroit le monde immense… * ».

C'est cette vérité intérieure, le « visage originel » du Zen, qu'il s'agit d'exhumer et en quelque sorte d'obliger à se manifester ; elle ne peut être que provocante, dérangeante, puisque, à nos propres yeux, réciproquement, elle nous dénude.

L'Être l'est tout autant, puisque son dévoilement met en danger l'étant que nous sommes, notre moi. Peut-être est-ce là au fond ce qui explique l'« oubli de l'Être », dont Heidegger tient pour responsables les philosophes, du moins depuis Platon. Mais l'ont-ils vraiment oublié ? Ne l'ont-ils pas, ces habiles illusionnistes, escamoté, puisque, devant lui, ces beaux parleurs eussent été réduits au silence, celui de la contemplation ? La philosophie, constate Heidegger, s'est construite sur cet oubli, dans la mesure où l'Être est devenu pour elle un être « là dehors » (*Vorhandensein*), une sorte d'entité objective, présente extérieurement (*Gegenwart*).

Si Heidegger sape l'édifice majestueux, mais délabré, de la philosophie occidentale, c'est afin d'en dégager l'antique et authentique soubassement ; il parle lui-même d'une « ontologie des fondements » (*Fundamental Ontologie*), qui pose, ou posera la question de l'Être, la question sur l'Être qu'ont rendue invisible et inaccessible les étages hétéroclites

---

* V. Hugo, « La Contemplation suprême ».

accumulés par les siècles. La philosophie dans l'état où la trouva le penseur allemand ne se prêtait que trop bien à pareille entreprise d'assainissement. Depuis longtemps décrépite, malgré les efforts de certains, dont Husserl et Bergson, exacts contemporains qui avaient tenté de la renouveler mais en sens contraire, elle avait peu à peu abdiqué ses prérogatives devant la jeune science conquérante bien décidée à prendre sa place, et lui avait laissé envahir son domaine. Ainsi la quittèrent, « passées à l'ennemi », psychologie et sociologie, ethnologie et anthropologie, ainsi que d'autres disciplines se proclamant autonomes, bien que l'on puisse s'interroger sur le statut auquel elles prétendent, puisque la science est « instrument de domination », non de connaissance ; en effet n'existe-t-il pas une contradiction implicite dans l'expression moderne « sciences humaines » ? Même un enseignant spécialisé peut écrire : « Il est permis de se demander si les sciences humaines ne sont pas beaucoup trop importantes pour qu'on les abandonne à la libre entreprise de savants qui, au bout du compte, ne savent pas ce qu'ils font. L'épistémologie des sciences humaines, la réflexion générale sur leurs objets et sur leurs méthodes, est encore dans l'enfance[74]. » Les résultats les plus immédiatement perceptibles de cet éclatement furent en tout cas l'émiettement, l'incohérence, la multiplication des spécialistes parlant chacun leur jargon, inaccessible au profane même cultivé, et ne s'entendant même pas entre eux, phénomène conforme sans doute à l'« esprit du temps », mais assurément préjudiciable à l'esprit tout court. Quant à l'épistémologie, la

« science des sciences » en qui l'on voulut voir naguère la « nouvelle philosophie », au lieu de remplir son office ordonnateur et critique, elle « s'est transformée en légitimation de l'institution scientifique dans son entier », remarque F. Châtelet, directeur de la publication d'une *Philosophie au XXe siècle*[75], dont la table des matières est par elle-même éloquente, puisqu'on y trouve des chapitres consacrés au freudisme, aux existentialismes, aux marxismes, au structuralisme, au positivisme logique, à l'épistémologie mais un seul consacré à un véritable philosophe : Heidegger.

Quand survient celui-ci, l'œuvre de destruction est déjà bien avancée. Même son maître Husserl (1859-1938) fut hanté par la nécessité de faire de la philosophie une science, allant jusqu'à proclamer en 1911 « la philosophie est une science » et même une « science rigoureuse[76] », sauvant ainsi, a-t-on pu écrire, la philosophie allemande d'une « véritable hantise du suicide », puis le démontrant, en publiant deux ans plus tard son *Introduction générale à la phénoménologie pure*[77]. Dès lors, il n'est pas surprenant que Husserl ait été incapable de comprendre la démarche ontologique de son disciple ; il en résulta une rupture entre deux générations que l'on peut comparer, *mutatis mutandis*, à celle qui, quelques années plus tôt, opposa Jung à Freud.

Il est vrai qu'on ne voyait pas très bien où voulait en venir Martin Heidegger et qu'il est toujours malaisé, vingt-deux ans après sa mort, de le discerner, surtout si, rebuté par les difficultés d'un langage qui ne ressemble à aucun autre, on recourt à des commentateurs qui n'ont fait le plus souvent que répandre du brouillard sur de l'obscur. Pourtant, il est hors de doute que Heidegger a exercé et exerce encore une fascination qui ne s'explique ni ne se résout pas seulement par l'influence stimulante qu'il eut dans les domaines les plus divers, de la théologie à la poésie, ainsi que, bien entendu, dans les différentes disciplines issues du démembrement de l'ancienne philosophie. Que cette influence puisse sembler parfois désastreuse, faut-il l'imputer à Heidegger ? Autrement dit, a-t-on véritablement compris le sens d'une démarche qui n'est certainement pas « moderne » — même si elle a donné lieu à une mode —, ainsi qu'on a fait semblant de le croire, mais délibérément archaïsante, y compris dans sa langue qui, au premier abord, semble avoir été inventée de toutes pièces pour les besoins de la cause, alors qu'elle procède du sens sacré du *Logos*, qu'elle recourt à la signification originelle, mais oubliée, des mots, lesquels sont, par eux-mêmes, métaphysiques [78].

En fait, Heidegger interroge le langage plutôt qu'il ne s'en sert, il se soumet à lui, tout en le remettant en question. Il est un questionneur, non un répondeur, mais, en tant que questionneur, il pose les meilleures questions qui puissent être posées, celles que depuis des lustres personne ne posait plus ou, plus exactement, il n'en pose qu'une, dont découlent toutes les autres, sans laquelle il n'est pas de philosophie possible, mais à laquelle cependant la philosophie est incapable de répondre, celle de l'Être.

Sous ce rapport l'inachèvement, dès 1927, de

L'Être et le Temps (*Sein und Zeit*) — dont Heidegger a dit qu'il avait écrit le second volume que cependant il ne publia jamais — constituerait un échec apparent, s'il ne semblait que le penseur n'ait jugé qu'à ce qui lui restait à dire convenait une forme autre que celle de *Sein und Zeit*, somme dense et presque impénétrable. Aussi, l'œuvre qu'il composa ensuite, jusqu'à sa mort en 1976, donc pendant près de cinquante ans, si elle reprend certaines questions laissées en suspens, aborde toutes sortes de problèmes qui semblaient au départ annexes, mais qui se révélèrent finalement essentiels. De plus en plus, Heidegger se détournait des philosophes * pour solliciter poètes, écrivains et artistes, Sophocle et Hölderlin, Rilke, Dostoïevski et Van Gogh, par exemple dans *Approche de Hölderlin*[79] et dans la série de textes de 1941-1947, réunis autour du thème *Denken und dichten*. Si *denken* correspond à « penser », *dichten* est difficile à traduire, puisqu'il signifie à la fois « créer de la poésie » et « condenser ». Pour Heidegger, *denken* et *dichten* sont les deux « avenues du *Logos* » : « Le penseur dit l'Être. Le poète nomme le sacré » et, en « le nommant, appelle, conjure hors de l'Être caché, sans lui faire violence, ce qui est encore vivant sur la terre souillée ». Mais *denken* est aussi *danken*, « remercier, rendre grâce » ; écrire un poème, c'est rendre grâce en raison de la possibilité ainsi offerte à l'homme mortel d'un retour à l'Être, car le poète, l'artiste réactualisent la création originelle accomplie par les dieux.

---

* Mais Pascal n'a-t-il pas dit : « Se moquer de la philosophie, c'est vraiment philosopher » ?

Ceux qui persistaient à ne voir en Heidegger qu'un philosophe pouvaient estimer qu'il s'égarait ; c'est ce dont ils furent tout à fait convaincus devant l'état ultime de sa pensée qui laissa perplexes même ses admirateurs inconditionnels, lesquels voyaient en lui « le roi secret de la pensée »[80]. Logiciens et positivistes l'accusèrent alors de « mysticisme », terme pour eux infamant, et s'estimèrent de ce fait trahis. Assurément, Heidegger est un mystique, en ce sens qu'il a conservé vivant en lui le sens du mystère primordial qui, en définitive, seul importe pour lui. On dirait que, formé très jeune à la théologie, Heidegger en sa maturité y revient subrepticement, au grand scandale de ceux qui attendaient de lui tout autre chose. C'est pourquoi sa doctrine de l'Être a pu être qualifiée, non de « méta-physique », mais de « méta-théologie », ce contre quoi s'insurgèrent certains heideggeriens, à qui le maître de la Forêt-Noire répliqua non sans véhémence qu'il parlait de l'Être, non de Dieu, et qu'il ne tombait pas dans l'erreur qu'il n'avait cessé de combattre, la fusion illégitime de l'ontologie avec la théologie qu'il appelle la déviation « onto-théologique » de la pensée occidentale. Assurément, le mot de théologie, même précédé de *méta-*, est mal choisi. Si le fameux « *Was ist das Sein ? Es ist es selbst* » (*Qu'est-ce que l'Être ? C'est cela même qui est*) rappelle en effet la réponse de Yahweh à Moïse : « Je suis celui qui suis », qui est évidemment la seule réponse que puisse faire l'Être, quand il consent à répondre, la pensée de Heidegger n'est théologique que dans la mesure où on peut la rapprocher d'une « méta-théologie » post-doctrinale, post-systématique qui échappe à l'enseignement classique de l'Église — rappelons que Heidegger est né catholique, son père était même sacristain —, métathéologie qui évite de nommer Dieu [81], puisque ce serait limiter l'illimité, et ne le désignerait, s'il le fallait, que comme « celui qui est », c'est-à-dire l'Être. Cette théologie apophatique (du grec *apophasis*, « négation ») n'est point du tout une nouveauté, ce fut celle des Pères grecs de l'Église et de leurs continuateurs, tel Denys l'Aréopagite, celle encore des plus grands mystiques en Occident comme en Orient. Elle revit de nos jours chez les théologiens les plus audacieux, comme Rudolf Bultmann, le grand exégète luthérien dont on sait l'influence qu'a exercée très tôt sur lui Heidegger ; on a même pu parler d'une théologie « post-heideggerienne » dont Bultmann serait le premier représentant. Si, pour Heidegger, il l'a dit, « l'Être n'est pas Dieu », c'est qu'il refuse ce nom qui peut être celui d'une personne, fût-elle divine, mais la manière dont il parle de l'Être à la fois « au plus loin » et « au plus près de l'homme », donc à la fois en lui et dans la nature, la création, fait qu'en revanche, on peut, sans trahir le penseur, reconnaître en lui le Principe, l'Absolu [82].

Apophatique, l'est également, mais de manière encore plus radicale, l'exact contemporain de Heidegger, le mathématicien et logicien Wittgenstein qui récuse la validité de tout langage, précisant que s'il a un sens et si le monde en a un lui aussi, ils ne peuvent se rencontrer, puisque ce sens se trouve finalement hors du langage, hors du monde [83] et que ce qui s'exprime dans le langage, nous ne pouvons l'exprimer par le langage. Mais Wittgenstein ajoute que cet indicible, qui est peut-être un impensable, se révèle : « Il y a en tout cas un inexprimable ; il se montre : c'est la mystique » — Heidegger dit : « se dévoile » —, enfin que le mystique, qui semble seul représenter la plénitude de l'existence vécue, échapperait à ce cercle sans issue, car « le mystique, ce n'est pas : comment est le monde, mais le fait qu'il soit », formulation qui nous ramène à la contemplation heideggerienne de l'Être[84]. Deux études[85] ont montré les points de contact de ces penseurs : la méfiance à l'égard des prétentions du positivisme et de la logique formelle, l'accent mis sur le concret, le quotidien, la sensation directe, enfin la ressemblance entre ce que Heidegger appelle la « différence ontologique » et la séparation chez Wittgenstein entre ce qui peut et ce qui ne peut pas être dit.

Dans le cours de ce chapitre, on a vu à plusieurs reprises que les aperçus, les développements heideggeriens recouraient à des arguments ou à des concepts qui ne sont pas sans faire penser à ceux de la pensée bouddhique, ce qu'il faut sans doute interpréter, non comme une influence improbable et en tout cas tardive[86], mais bien plutôt comme une convergence non préméditée vers un objectif du même ordre : comment retrouver ce que nous avons perdu, l'Être ou l'Esprit. Peut-être, une lecture bouddhiste rétrospective de Heidegger, qu'autoriserait le rapprochement qu'il fit lui-même à la fin de sa vie, conduirait-elle à des éclaircissements tout à fait imprévus, ne serait-ce que parce que personne ne semble même en avoir envisagé la possibilité[87].

Trouverait, par exemple, son sens véritable le *Nichts* heideggerien qui a laissé perplexes ses commentateurs. Le penseur l'a lui-même précisé, il ne s'agit nullement du « néant » — même le mot néant (né-ant) indique d'ailleurs une présence, un être-là (*Dasein*) — mais bien du vide, tel est un des sens de *nichts* en allemand, ce que confirme le néologisme *Nichtung*, créé par lui, pour désigner la force active et créatrice de ce Non-Être qui est vacuité et, en tant que telle, origine et génératrice des phénomènes. Dans le dernier état de sa pensée, Heidegger va jusqu'à écrire : « *Sein* : *Nichts.* » L'Être trouve sa source dans le *Nichts* qui n'est pas la négation de l'Être, mais lui permet au contraire de s'affirmer, de se révéler en tant qu'Être : « La Négation du Néant est l'Être. » Ceux qui avaient suivi jusque-là Heidegger comme un maître à penser se récrièrent. Les plus fidèles déclarèrent dépités : « Toute détermination claire de ce que Heidegger veut vraiment dire par *Sein* est à ce jour virtuellement impossible. » Le logicien empirique R. Carnap, contempteur comme lui de la métaphysique, remarque avec mépris que le *Nichts* heideggerien ne peut être ni défini ni vérifié, ce à quoi Heidegger répondit que nous le connaissons tous, en des moments d'angoisse et de vertige, comme s'il faisait allusion à l'intrusion de la vacuité dans la vie spirituelle.

Chez le « dernier » Heidegger, de telles formulations, de plus en plus fréquentes et assurément incompréhensibles pour des penseurs demeurés dans l'optique dualiste occidentale, se rapprochent de celles du bouddhisme *Mahâyâna*, en particulier des énoncés de Nâgârjuna, qu'ils ne pouvaient ni ne voulaient connaître.

L'Être, c'est aussi, pour le solitaire qui médite dans sa retraite au sein de la forêt, le vivant compagnonnage des arbres, l'éclair bleu du martin-pêcheur rasant l'eau sombre du ruisseau, le chant éclatant de la grive musicienne et surtout la clairière, image clef de l'œuvre. Le mot allemand *Lichtung*, qui signifie aussi « éclaircie » et « levée de l'ancre », est symboliquement plus riche que le français qui le traduit, plus directement en rapport avec la lumière (*Licht*). *Die Lichtung* est vraiment l'endroit lumineux que l'on découvre, surpris — « L'ouverture pour » (mais aussi l'ouverture à) « la vérité » —, au sein de l'obscur de la forêt (Noire de surcroît, celle où habitait Heidegger). Lorsqu'en 1950 le penseur de Todtnauberg (dans ce mot, il y a *Tod*, la « mort » et *Berg*, la « montagne ») rassemble les textes où il est surtout question d'art et de poésie, mais dont la conclusion est une longue méditation, « La Parole d'Anaximandre », sur l'*apeiron*, l'« infini » ou l'« illimité », l'élément primordial pour Anaximandre de Milet (VIIe-VIe siècle av. J.-C.), l'un des tout premiers physiologues ioniens, il intitule le recueil *Holzwege*, « chemins du bois », mot qui rend en allemand l'idée de se fourvoyer, de faire fausse route, ce qui justifie la traduction française, *Chemins qui ne mènent nulle part*[88], mais évoque certainement aussi pour le promeneur méditatif les sentiers de la forêt (*Gehölz*), qui eux conduisent à des clairières, lesquelles ne mènent en effet nulle part, c'est-à-dire au cœur de l'Être.

Là, loin de l'agitation des foules, l'homme peut opérer le « pivotement » sur lui-même, le retournement (en latin, *conversio*), la « révolution » intérieure, qui lui fait découvrir en toute chose l'Être. « Cette compréhension de l'Être est elle-même l'Être ; elle n'est pas un attribut, mais le mode d'existence de l'homme » ; oui, mais de l'homme éveillé !

L'humain est l'ex-istant par excellence, mot qui chez Heidegger a un sens précis, conforme à son étymologie, celui de « se tenir hors de », de « se trouver dans une situation extérieure à », et, bien évidemment, hors de l'Être, extérieure à l'Être. Puisque seul il ex-iste, que seul il éprouve l'existence comme problématique, alors que les autres seulement sont, l'homme peut se tenir « hors de lui-même »[89], donc s'ouvrir au rayonnement de l'Être ; lui seul peut « questionner l'Être » ; en conséquence, il doit le faire, c'est sa vocation propre. Autrement dit, l'homme est capable de renverser la situation ; en se mettant hors de lui-même, il se retrouve dans l'Être, conception en effet « mystique », toute proche de ce qui se passe effectivement, par exemple, en zazen. *Sein und Zeit*, selon Heidegger lui-même, était une tentative de séparer l'authenticité de l'Être du caractère factice de l'existence[90].

Si l'homme moderne ne parvient pas à réfréner sa propension monomaniaque à la domination sur l'Autre, à surmonter son égocentrisme impérialiste, il est perdu. Il lui faut donc répudier au plus vite son héritage métaphysique et logique, positiviste et utilitaire, ainsi que les séductions de la technique qu'il a finalement engendrées, mais aussi un humanisme devenu irréaliste, entièrement subjectif, puisque dans le *Cogito ergo sum*, la pensée précède l'Être et semble même le créer. S'il veut survivre, il lui faut donc retourner à sa source, « repenser le sens de l'Être ».

Mais, comment peut-il le faire ? La vérité ne peut être simplement perçue, elle doit être éprouvée, expérimentée, vécue. « L'Être est plus éloigné que tout étant, que ce soit un rocher, un animal, une œuvre d'art, une machine, que ce soit un ange ou Dieu. L'Être est le plus proche. Cette proximité reste toutefois pour l'homme ce qu'il y a de plus reculé », écrit Martin Heidegger dans sa *Lettre sur l'humanisme*[91] de 1945-1946, où il dénonce la pensée de Sartre comme une perversion grossière de ses propres enseignements. Comment percevoir cette proximité, comment la vivre ? Étant donné sa formation, Heidegger ne peut que rester dans le vague, mais un vague qui est par lui-même significatif : la véritable pensée sera celle qui « laisse être l'Être ».

Plus tard, se faisant l'écho de l'ample courant international de révolte contre le libéralisme mercantile et ses conséquences, Heidegger sera amené à déclarer que les anciennes déités, c'est-à-dire les gardiens de l'ordre vital, peuvent encore ressusciter et faire de la terre de nouveau un *Spielraum*, « un espace, une aire de jeu », dans lequel l'homme pourra redevenir ce qu'il est depuis toujours, un « berger de l'Être ». Affirmant que « la réalité humaine comporte en son essence un pas-encore qui sera », le maître de

Todtnauberg perçoit dans le lointain « la pensée qui est encore à venir » (*das künftige Denken*), celle qui saura expérimenter à nouveau et proclamer l'Être ; seule en est capable la méditation qui peut « nous diriger vers le lieu de notre séjour ». Alors, observant l'être-là des existants particuliers et nous oubliant nous-mêmes, nous approcherons de l'étrangeté et de l'émerveillement absolus par quoi se trahit la présence de l'Être, cette « présence de tout ce qui est présent », grâce à l'« illumination », l'éclairement de l'Être qui « dé-cèle » (*alètheia*) toute chose.

Il n'y a donc pas lieu de s'étonner que le contact de Heidegger et du Zen ait paru à ses yeux souverainement éclairant. Mais là aussi les commentateurs, même les mieux disposés, n'ont pas pu, ou pas voulu, saisir le sens de cette rencontre. Elle ne fut pour eux qu'une anecdote qu'ils ne mentionnent qu'avec réticence. Comment pourtant se méprendre sur une déclaration aussi claire : « Si je comprends correctement [le Zen], voilà ce que j'ai essayé de dire dans tous mes écrits » ?

De la méditation à la connaissance

Au cours de ce livre, on a vu que, plus que toute autre École du bouddhisme, le Zen se fondait sur la méditation primordiale, la méditation sur l'Être, celle qui permit au Bouddha de découvrir la réponse à l'interrogation qu'est pour lui-même l'existant humain, à partir de quoi toutes les autres questions, devenues subsidiaires, se trouvent résolues.

Mais la méditation de l'Éveil, pas plus que la posture la plus apte à permettre d'y accéder, puisqu'elle réunifie organique et psychique, le Bouddha ne les avait inventées. Cette posture privilégiée, on la retrouve aussi bien sur un sceau cylindre de la civilisation de l'Indus (vers 2500-1500 av. J.-C.), donc antérieure d'au moins un millénaire à l'époque de Shakyamuni[92], qu'en Extrême-Occident, sur le chaudron de Gundestrup (Danemark), chef-d'œuvre de l'art celte du Ier siècle av. J.-C. La méditation assise a un caractère intemporel et universel, le Bouddha lui-même a dit :

« C'est ainsi, frères, que j'ai vu une ancienne voie, une ancienne route parcourue par les Bouddhas d'autrefois [93]. »

En effet, Shakyamuni eut dans un lointain passé des prédécesseurs, il doit avoir des successeurs. En termes bouddhiques, il n'a rien fait d'autre que remettre en branle la « Roue du Dharma » (*Dharma Chakra*) dont l'allure progressivement se ralentit au point de compromettre l'Ordre universel ; d'autres l'ont fait avant lui, d'autres le feront après lui, car il devient périodiquement nécessaire de redonner un nouvel élan, les hommes dans l'intervalle ayant oublié les enseignements qu'il faut restaurer, à ce *Dharma* « qui s'avance à contre-courant, subtil, profond, délicat, difficile à comprendre [94] ».

Quant à ce que l'on peut appeler la « philosophie » bouddhique, elle n'a été formulée que par des méditants au terme d'une longue ascèse et n'est véritablement accessible qu'à ceux qui pratiquent à leur tour. Elle est donc non spéculative, mais pragmatique, opérative, destinée à l'action, en l'occurrence, la libération. De ce fait, elle n'a cessé d'être actuelle, elle est de même nature, en somme, qu'une démarche scientifique, puisque l'expérience peut être indéfiniment vérifiée et renouvelée par chacun. La pratique régulière de la méditation conduit nécessairement à l'examen critique non seulement de nos connaissances, mais de la méthode employée pour les acquérir et même du mécanisme psychologique de leur acquisition ; elle est spontanément épistémologique.

Comme l'exprime fort bien un des premiers lamas d'Occident : « Le *Dharma* est la connaissance de l'esprit, et l'esprit n'est pas une chose... réductible à aucune de ces catégories spécifiques [95]. » Encore faut-il préciser, et répéter, qu'il ne s'agit point d'un enseignement extérieur qu'il faudrait accepter tel quel, mais d'une autorééducation. Comme le dit Heidegger, la vérité ne doit pas être seulement perçue, mais éprouvée.

Méditation, hésychasme et apophatisme

Afin d'éviter de fréquentes méprises, il convient de définir la méditation bouddhique, et plus précisément sous la forme qui nous intéresse ici, l'« éveil silencieux », le *Mokushô Zen* ou *Zen Sôto*, par rapport au sens ordinairement attribué en Occident au terme « méditation ». Lors d'une sesshin qui avait lieu à L'Arbresle, le noviciat des dominicains de la province de Lyon, un vieux Père avec qui je m'entretenais me dit brusquement : « Pour nous, comme pour tous les contemplatifs chrétiens, le Zen ne peut être qualifié de "méditation". Ce que nous appelons méditation est une réflexion concentrée et profonde sur un thème, en l'occurrence les enseignements de Jésus ou les mystères de la Foi. Le mot est à peu près synonyme d' "oraison mentale". Même si nous laissons de côté l'acception proprement religieuse, on médite toujours sur quelque chose : voyez les *Méditations de la vie de Jésus-Christ* de saint Bonaventure, les *Méditations sur l'Évangile* de Bossuet, que complètent ses *Élévations sur les mystères*, ce qui indique bien dans quel sens Bossuet entend ce mot, ou encore les *Méditations chrétiennes* de Malebranche. Dans le domaine profane, il n'en va pas différemment, prenez les *Méditations métaphysiques* de Descartes ou même les *Méditations poétiques* de Lamartine… Or vous, vous prétendez faire des méditations sur rien, ce qui pour nous est antinomique. » — « J'entends bien, mon Père, mais puisque vous avez participé à notre zazen, comment dénommeriez-vous ce que vous venez de faire, si toutefois cela est possible ? » — « Comme vous pouvez vous en douter, il n'existe pas chez nous de discipline mentale qui soit exactement comparable… Je dirais toutefois que votre méditation assise serait plutôt proche de la *contemplatio*, qui est le troisième degré de l'exercice spirituel, après la *cogitatio* et la *meditatio* et en quelque sorte son terme… On pourrait même avancer que votre pseudo-méditation n'est autre que la contemplation infuse, qui est passive, qui est ouverture au-dedans. Nous aussi, nous faisons le vide en nous, mais pour que Dieu le comble, et vous, par quoi, mon Dieu, vous laissez-vous envahir ? Ou plutôt, si j'ai bien compris, vous ne faites le vide que pour observer ce qui s'y passe. » Je répondis qu'en effet, c'était à peu près cela.

Ce frère prêcheur avait soulevé un problème qui a son importance lorsqu'on s'adresse à un public occidental. Ses réflexions m'amenèrent à me référer en dernier ressort à l'étymologie du mot, examen qui m'apparut, comme toujours, si profitable que j'en livre brièvement le résultat.

Le mot latin *meditatio* vient du verbe *meditor*, « donner des soins à », d'où méditer, réfléchir, penser à, mais aussi préparer, comme dans « méditer un mauvais coup ». *Meditor* est le fréquentatif (forme verbale qui marque la répétition, la fréquence) de *medeor*, « soigner », d'où *medico*, « traiter », « guérir », *medicus*, « médecin », *re-medium*, « remède ». Que, dans l'enseignement du Bouddha, la méditation soit proposée comme le remède essentiel n'a donc rien de surprenant. Si l'on remonte jusqu'à la racine indo-européenne *med-*, on trouve parmi les mots qu'elle a engendrés non seulement ceux qui évoquent l'idée de soigner et de penser, mais également ceux qui expriment la mesure, tel le latin *modus*, « mesure » (de surface), et aussi « modération ».

Quant à *contemplatio*, le mot se décompose en *cum-*, « avec » et *templum* qui, avant de désigner un édifice sacré, a voulu dire « l'espace délimité [de *temnô*, "couper" qui a donné *temenos*, "l'enclos divin"] dans l'air par le bâton de l'augure comme champ d'observation en vue des auspices », autrement dit le secteur correspondant au champ de vision d'un homme où le divin était invité à se manifester et sur lequel se concentrait l'attention de l'augure. Pour le contemplatif, ce « temple » est son propre cœur, vidé, purifié comme l'espace défini par le bâton augural, sacralisé dans l'attente de l'Être avec qui lui-même se confond. En définitive, mon dominicain avait techniquement raison. Nous pratiquions sans nous en douter la « contemplation infuse ».

Dans le contexte chrétien, mais oriental, il existe une forme de méditation qui, par certains aspects, est beaucoup moins éloignée de l'esprit de la méditation assise du Zen, c'est ce que l'on appelle d'ordinaire l'hésychasme *, la mystique de l'Église d'Orient, dite orthodoxe, telle qu'elle est pratiquée en particulier par les moines. Il ne s'agit pas dans ce cadre d'exposer ce qu'est la méditation hésychaste [96], mais seulement de souligner quelques traits essentiels communs sur lesquels on n'a guère jusqu'à présent attiré l'attention.

> « Assis dans une cellule tranquille, à l'écart dans un coin, fais ce que je te dis ; ferme la porte et élève ton esprit au-dessus de tout objet vain et temporel, ensuite appuyant [ton menton] sur ta poitrine et tournant l'œil corporel avec tout l'esprit sur le milieu du ventre, autrement dit le nombril, comprime l'aspiration d'air qui passe par le nez afin de ne pas respirer à l'aise et explore mentalement le dedans de tes entrailles pour y trouver l'âme. Dans les débuts, tu trouveras une ténèbre et une épaisseur opiniâtres, mais en persévérant et en pratiquant cette occupation de jour et de nuit, tu trouveras, ô merveille, une félicité sans borne. Sitôt en effet que l'esprit trouve le lieu du cœur, il aperçoit tout à coup ce qu'il n'avait jamais su : car il voit l'air existant au centre du cœur, et il se voit lui-même tout entier lumineux et plein de discernement… [97] »,

écrit Nicéphore l'Hésychaste, ermite au mot Athos au XIIIe siècle. Cette posture rappelle évidemment celle du zazen, avec toutefois cette différence importante

---

* Le mot grec *hésychia*, qui signifie « tranquillité, repos », veut dire aussi « solitude, retraite ».

que le pratiquant Zen doit avoir la nuque droite, alors que le moine se tient la tête penchée, afin de concentrer son esprit « sur le milieu du ventre », qui est, rappelons-le, le siège du *k'i*, le centre vital pour le méditant extrême-oriental, ce qu'il est aussi pour l'hésychaste, ainsi que le précise Olivier Clément : « La fixation du regard sur le nombril, c'est-à-dire sur le centre vital de l'homme, n'est pas une simple commodité de concentration, mais signifie que toute la force vitale de l'homme, se métamorphosant dans le "cœur conscient", doit elle aussi devenir offrande [98]. »

Pour l'hésychaste, l'assise s'accompagne aussi du contrôle de la respiration. Dans son traité, *Sur la garde du cœur*, le même Nicéphore enseigne à rythmer le souffle, ce qui permet de « faire revenir l'esprit dans le cœur » et de prendre conscience du « trésor caché » (la Présence divine) qui y est contenu. Le but est « la réunification de tout l'homme afin qu'il devienne capable d'unir son esprit (son souffle) à l'Esprit (Souffle) de Dieu [99] ». Mais là aussi il existe une nuance essentielle, sans parler de l'invocation qui accompagne cet exercice et agit à la façon d'un *mantra*, la « Prière de Jésus », en ce que le méditant doit effectuer une légère rétention du souffle, comme en yoga, mais non en zazen, encore que sa motivation ne soit guère éloignée de celle de toutes les disciplines orientales. Ainsi, résumant la tradition hésychaste dans la *Philocalie* (1782), Nicodème l'Hagiorite, moine de l'Athos [100], précise-t-il entre autres :

> « La rétention mesurée de la respiration subtilise le cœur [devenu] dur et épais... Le cerveau, d'autre part,

se subtilise lui aussi et, du même coup, avec lui, l'acte de l'esprit qui devient uniforme, transparent, plus apte à l'union que procure l'illumination surnaturelle de Dieu… par cette rétention mesurée de la respiration toutes les autres puissances de l'âme s'unissent aussi et reviennent à l'esprit et par l'esprit à Dieu [101], ce qui est admirable à dire. Ainsi l'homme offre à Dieu toute la nature sensible et intellectuelle dont il est le lieu et la synthèse, suivant Grégoire de Thessalonique [102]. […] Liée à la posture circulaire, l'attention au souffle permet à l'hésychaste de se réunifier et de se rendre docile au Souffle de l'Esprit. Sa respiration est orientée vers le cœur qu'il faut convertir et rendre habitable pour Dieu. »

En effet, comme dans le Zen, le cœur est pour l'hésychaste « le centre de l'être humain, la racine des facultés actives, de l'intellect et de la volonté, le point d'où provient et vers lequel converge toute la vie spirituelle [103] ». « Le cœur, écrit Théophane le Reclus [104], c'est l'homme profond. » Plus significativement peut-être encore, Macaire d'Égypte [105] désigne le cœur comme « une officine de la justice et de l'iniquité », un vase qui contient tous les vices, mais aussi « Dieu, les anges, la vie, le royaume, la lumière, les apôtres, les trésors de la grâce », conception qui ressemble fort à celle que se fait le bouddhisme *Mahâyâna* de la conscience *âlaya*, à la fois dépôt des « tendances fabricatrices », des « projections », causes de notre aveuglement, mais qui renferme néanmoins le germe de l'Éveil et qui, libérée de ses voiles, devient *amalavijñâna*, la conscience purifiée de l'Éveil.

Dans les deux disciplines spirituelles, même méfiance à l'égard du mental, de ses divagations. La description qu'en donne, au XIVe siècle, Grégoire le Sinaïte :

> « Lorsque, occupé à ton œuvre, tu vois une lumière ou un feu, en toi-même ou au-dehors, ou la soi-disant image du Christ, des anges ou des saints, ne l'accepte pas, tu risquerais d'en pâtir. Ne permets pas non plus à ton esprit d'en forger. Toutes ces formations extérieures intempestives ont pour effet d'égarer l'âme »,

correspond aux mises en garde des maîtres Zen contre les *makyôs* (littéralement « phénomènes démoniaques »), susceptibles de survenir durant la méditation : hallucinations visuelles ou, plus généralement, sensorielles, visions crues prophétiques, etc. Dans l'un comme dans l'autre cas, le méditant devra tenir pour suspectes ses pensées :

> « Celui qui désire voir son esprit tel qu'il est réellement doit se libérer de toutes ses pensées ; alors il verra son esprit comme un saphir ou de la même couleur que le ciel », dit saint Nil[106].

Enfin, dans la démarche mystique, n'est jamais oublié l'autre ; les acquisitions de chacun doivent, directement ou indirectement, profiter à tous. La compréhension s'accompagne nécessairement de compassion. Isaac le Syrien (VIIe siècle), abondamment cité dans la *Philocalie*, précise que l'itinéraire spirituel ne peut être compris de l'extérieur, mais seulement par celui qui l'entreprend — de même on ne peut comprendre le Zen sans pratiquer zazen. Il écrit :

> « Celui qui a le cœur [transformé par l'Esprit] ne pourra se rappeler les créatures et les voir sans que ses yeux se remplissent de larmes à cause de la compassion immense qui saisit son cœur »,

attitude comparable à celle des bodhisattvas dans le bouddhisme *Mahâyâna*, et, au premier chef, de leur modèle, Avalokiteshvara, censé pleurer du haut du ciel sur les misères de l'humanité.

Il ne faudrait pas néanmoins en concevoir l'idée d'une exacte ressemblance, car si les moyens sont effectivement comparables [107], les fins sont tout autres. Ce que recherche le chrétien, qu'il soit oriental ou occidental, c'est la Présence divine en lui-même, mais, pour ce qui est de l'hésychasme, « cette Présence est vide en soi, c'est-à-dire libre de toute détermination, ce qu'exprime à sa façon la théologie apophatique qui triomphe dans les écrits des Pères grecs de l'Église et n'a cessé depuis d'inspirer les théologiens de l'orthodoxie jusqu'à nos jours [108] ». Il convient d'ailleurs de rappeler que l'Église orientale ne parle pas de Personnes divines, termes qui aboutissent fatalement à personnaliser Dieu, mais d'« hypostases ». Hypostase est « ce qui est placé en dessous », le fondement, le support, la « sub-stance » (mot qui a étymologiquement le même sens), ce qui est permanent par-delà ce qui change, opposé à *ousia*, l'« essence », mot qui désigne aussi l'existence, la vie, et même les biens, la richesse [109], concepts que l'on pourrait rapprocher, sans cependant les confondre, des phénomènes, les choses « conditionnées » (la vérité « apparente ») d'une part, la Vacuité (*shûnyatâ*), la vérité absolue d'autre part. Les Pères de l'Église, qu'ils soient grecs ou latins, mettent en garde contre de telles confusions. Au IVe siècle, Grégoire de Nysse écrit[110] :

> « Tout concept formé par l'entendement [le mental] pour tenter d'atteindre et de cerner la Nature divine ne parvient qu'à façonner une idole de Dieu, non à le faire connaître. »

À quoi fait écho en Occident son contemporain, Hilaire de Poitiers[111] :

> « Dieu est invisible, ineffable, infini ; pour le décrire, la parole manque, l'esprit défaille dans sa recherche ; pour le saisir, l'intelligence ne trouve pas de prise. »

Plus tard, même en Occident, semblables conceptions se retrouvent dans le courant apophatique qui n'a cessé d'être représenté par des mystiques tels, aux XIIIe et XIVe siècles, Maître Eckhart et ses disciples Tauler et Suso, ou, en Flandre, Ruysbroeck, au XVe, l'auteur de la *Docte Ignorance*, Nicolas de Cues, au XVIe, saint Jean de la Croix, au XVIIe, Jacob Boehme et Angelus Silesius, courant très vivant et d'une richesse spirituelle extrême, mais devenu parfois souterrain en raison de la persécution que subirent certains de ses penseurs les plus audacieux, comme Eckhart au XIVe et Boehme au XVIIe. Maître Eckhart distinguait du Dieu (*Gott*) créateur, la « déité » (*Gottheit*), l'Être en soi, l'Essence absolue :

> « Dieu et la déité sont aussi différents l'un de l'autre que le ciel et la terre… Dieu opère, la déité n'opère pas, elle n'a rien à opérer, il n'y a pas d'opération en elle, elle n'a jamais eu aucune opération en vue. Dieu et la déité diffèrent par l'agir et le non-agir » (Sermon : *Nolite timere eos*) [112].

Quatre siècles plus tard, Jacob Boehme voit en Dieu le « Rien éternel », « le seul nom que l'on puisse lui donner est celui d'Absolu, d'*Ungrund* *, abîme sans fond et sans fondement [113] ». Dieu s'engendre, se réalise à partir de ce « Rien éternel », il est absolue liberté et « la liberté, c'est-à-dire le Rien, ne possède en soi aucune essence [114] ».

Héritier d'Eckhart et de Boehme, Angelus Silesius va jusqu'à dire que le spirituel doit « dépasser Dieu », afin de découvrir que « la Déité est Néant, Surnéant [115] ». On ne peut pas ne pas rapprocher de dénégations aussi énergiques les formulations de la Kabbale sur la genèse divine ** ni du concept de vacuité, tel qu'il est exposé dans le bouddhisme par Nâgârjuna et ses successeurs ***.

Tous les mystiques apophatiques insistent sur la nécessité préalable de se renoncer à soi-même, à son

---

* *Ungrund*, le sans-fond, l'abîme, l'indéterminé que l'on peut comparer à l'*En* ou *Aïn* de la Kabbale.

** Voir p. 46.

*** Voir p. 40.

moi, depuis Plotin [116], affirmant, au IIIe siècle, que l'homme qui nie sa propre individualité ne s'amoindrit pas, mais au contraire s'agrandit aux dimensions de la réalité universelle, conception essentiellement bouddhique, jusqu'aux grands mystiques rhénans, tel Maître Eckhart : « Tout ce que Dieu te demande de la façon la plus pressante, c'est de sortir de toi-même… et de laisser Dieu être Dieu en toi [117] », ou son disciple Tauler qui recommande de « faire le vide afin de laisser Dieu opérer au-dedans de nous », ou encore Ruysbroek l'Admirable qui, suivant la même tradition, indique que le plus important est d'abord d'entrer en soi-même et de s'y tenir librement et ajoute, dans l'*Ornement des noces spirituelles* :

> « Dans la simple nudité qui enveloppe toutes choses, le contemplatif se sent identique à la lumière grâce à laquelle il les voit. »

Commentant les principes de l'hésychasme, J.-Y. Leloup souligne que, pour lui, « la Réalité absolue est au-delà de la négation comme de l'affirmation, c'est-à-dire au-delà du fonctionnement duel de l'esprit : ni ceci ni cela », et ajoute : « L'apophase est ainsi appréhension directe du Réel "tel qu'il est", formule qui correspond à l'Ainsité (*Tathatâ*), la vraie nature de toutes choses qui se trouve par-delà tout concept, toute discrimination, toute projection. L'hésychasme et l'apophatisme en général sont résolument non dualistes, comme la doctrine bouddhique, comme la philosophie de Nâgârjuna, et pour la même raison. Comme le remarque P. Hadot, l'apophatisme,

« en habituant l'esprit à renoncer progressivement à toute détermination concevable sur laquelle il pourrait se reposer, produit une sorte de fluidité intérieure qui est peut-être la condition de la vie mystique » et, pourrait-on ajouter, celle de l'expérience directe.

Explicitement ou implicitement, tous ces maîtres, tous ces penseurs se réfèrent à la structure ternaire de l'être humain. Ainsi, Tauler écrit : « L'homme est tout à fait comme s'il était trois et cependant il est un. » Cette position est renforcée par le fait que pour eux la Trinité divine se reflète dans l'homme fait à son image. « L'affirmation de soi : “Je suis Moi” doit être “tri-hypostatique”, c'est-à-dire que le sujet, le “Je”, ne peut s'exprimer que dans une Nature qui soit elle-même totalement hypostase, qui soit un Moi-Non-Moi, c'est-à-dire un autre Moi, et ne peut vivre l'identité vivante avec cet autre Moi que dans une troisième hypostase, qui n'est plus le *Logos*, mais la copule l'Être [118]. » En d'autres termes, le Moi, qui est l'âme, se mire dans le Moi-Non-Moi, qui est le corps, la nature [119], mais ne peut dépasser cette contradiction que dans l'Être, c'est-à-dire l'Esprit, ce « Je » qui « est un Autre » [120].

Dans l'orthodoxie, comme chez Maître Eckhart et les mystiques rhénans, l'âme mortelle aspire à la rencontre de l'Esprit éternel qui la rendra elle-même immortelle ; elle souhaite même lui laisser la place, se réunifier avec Lui et en Lui qui est son essence et son achèvement. Elle soupire après la métamorphose promise par le Christ lors de la Transfiguration, qui s'est réverbérée sur ses témoins, Pierre, Jacques et Jean, et acquise par la descente de l'Esprit le jour de la Pentecôte, sa « divinisation ». L'Esprit, parce qu'il est divin, n'existe en l'homme qu'à l'état de germe, telle, en somme, la « nature de Bouddha », avec cette différence essentielle qu'il est don gratuit de Dieu.

La tâche du croyant consistera donc à offrir à ce qui déjà existe la possibilité de croître et de s'épanouir. Il lui suffit de ne pas se tromper sur son identité, de prendre conscience qu'il est véritablement image et ressemblance divines, pour qu'en lui opère la grâce. L'Église grecque considère l'avenir, non le passé, non pas la chute, mais la rédemption, moins l'acte du rachat que sa conséquence, le rétablissement de l'homme en sa dignité originelle. La parabole du fils prodigue n'est pas qu'une histoire édifiante, c'est un guide de vie, un code de conduite. Audacieusement la doctrine anticipe sur le futur qui ne peut être qu'accomplissement de la Promesse. Sa conception de la condition humaine la rapproche finalement beaucoup plus du bouddhisme en général et du Zen en particulier que de la chrétienté occidentale qui, par suitc de l'« oubli de l'Être », a adopté, tardivement, un tout autre point de vue.

Pas plus que le bouddhisme, l'orthodoxie ne nie l'état d'insatisfaction et de déréliction où se trouve l'être ordinaire ; pour elle, il est l'inéluctable séquelle de la séparation de la créature et du Créateur, qui fut un choix, que confirme et revit tout être incarné ; comme, pour le bouddhisme, il résulte de la loi de la Production conditionnée, donc du *karma*, auxquels nous nous sommes volontairement soumis, mais qui a fait de nous les victimes de l'aveuglement et du désir.

Pour l'une comme pour l'autre, le processus de guérison ne peut survenir que grâce à un renversement radical, à un retournement de l'homme sur lui-même, à un « pivotement », comme dit Heidegger. Ils ne partent pas de l'homme ordinaire, le pécheur dans le christianisme, l'ignorant dans le bouddhisme, mais de l'être déjà éclairé en marche vers sa propre réalisation, admirable anticipation qui crée l'avenir en démontrant qu'il est présent. En termes heideggeriens, on pourrait dire qu'orthodoxie et bouddhisme, particulièrement le bouddhisme *Mahâyâna*, partent non de l'étant, mais de l'Être lui-même[121], ce qui explique sans doute la phrase fameuse du penseur allemand sur le Zen.

Les perspectives se trouvant inversées, tout change. Le but est dévoilé, révélé, comme si l'on était en esprit transporté au sommet de la montagne qu'il s'agissait de gravir. De là-haut, on distingue parfaitement le chemin qui y conduit, mais qui d'en bas échappait très vite à la vue pour se perdre dans les nuages. L'ascension, si hasardeuse qu'on n'osait l'entreprendre, devient projet, devient élan vers.

Au terme de cette étude très sommaire, ce qui semble devoir être souligné, c'est que l'hésychasme remonte aux origines mêmes de la vie contemplative chrétienne, aux Pères du désert[122], fondateurs et modèles du monachisme. Leur enseignement, comme leur pratique, se concentre sur l'*hésychia*, « élimination des pensées, donc oubli de soi ». Une telle ressemblance avec l'essence de la méditation bouddhique n'est évidemment pas fortuite. Si l'influence de l'une sur l'autre ne peut être historiquement prouvée, il n'en reste pas moins que toutes deux procèdent d'une tradition commune, pour qui le développement spirituel de l'être humain, son véritable accomplissement ne peuvent naître que d'une volonté résolue de purification, de simplification et de renoncement, seule capable d'éliminer toute division, toute opposition nées du mental et par là de lui permettre de remonter à sa source. Ce n'est qu'au terme d'une ascèse rigoureuse et attentive, pacificatrice et réunificatrice que pourra s'effectuer le retour à l'Être, qui est donnée d'expérience directe, inaccessible au raisonnement et de ce fait informulable.

Le Vide libérateur

Cette évocation d'un passé officiellement révolu annonce cependant l'avenir, ou plutôt l'avenir ne saurait se concevoir sans un retour, par-delà ces déviations dont nous ne mesurons qu'aujourd'hui toute la nocivité, aux sources de la civilisation occidentale ni même sans ce « retour à l'Être » dont un penseur aussi rigoureux qu'actuel, Martin Heidegger, a montré l'urgente nécessité. Mais celui-ci ne peut s'effectuer qu'à la suite de la rencontre avec la vacuité, expérience assurément initiatique, vertigineuse pour nos contemporains et même inimaginable, dans la mesure où inconsciemment ils identifient vide et mort. Sans doute, s'agit-il bien d'un « autre monde », mais ce monde n'est pas au-dehors, il est en nous. Ce qui semblait n'être qu'une image est une réalité organique, scientifiquement constatée. Eddington[123] écrit :

«L'atome a la même porosité que le système solaire[124]. Si l'on éliminait tout l'espace vacant dans le corps humain et que l'on rassemblât tous les protons et tous les électrons en une seule masse, l'homme serait réduit à un point tout juste visible à la loupe.» Nous sommes, si l'on peut dire, pleins de vide, de même vie et mort sont en nous inextricablement entrelacées.

Pour qui s'y risque, l'expérience du vide se révèle immédiatement libératrice, mais aussi naturelle, spontanée, inéluctable et joyeuse[125]. C'est ce qu'affirment tous ceux qui l'ont faite. Le vide apparaît bien comme un néant*, mais «le Néant démuni de ses qualifications négatives, le néant transfiguré», remarque Cioran, qui précise :

> «C'est un signe d'indigence que de ne pouvoir s'ouvrir au vide purificateur, au vide apaisant… Nous avons besoin de quelque secousse salvatrice… Le vide — bond hors de cette fatalité (la déchéance) — est, comme tout produit du quiétisme, d'essence anti-tragique. Grâce à lui, nous devrions apprendre à nous retrouver en remontant vers nos origines, vers notre éternelle virtualité.»

Dans le même texte[126], Cioran souligne l'inadéquation du christianisme à cette quête essentielle :

> «Animal entamé, l'homme a dépassé le stade où l'on se contente d'un "espoir" ; ce qu'il attend, ce n'est pas

---

* Le *Nichts* heideggerien.

un artifice de plus mais la délivrance. Qui la lui apportera ? Sur ce point, le seul qui importe, le christianisme s'est révélé moins secourable que le bouddhisme et la spéculation occidentale moins efficace que l'orientale. »

L'expérience de la vacuité qui fut dans toute sa vie et toute son œuvre, Henri Michaux l'a multipliée par tous les moyens, elle pourrait porter tout entière le titre d'un de ses livres majeurs, *Connaissance par les gouffres* [127], l'intrépide et infatigable exploration du vide, et demeure pour l'avenir un modèle [128]. En résumant les effets, dans un texte très court, « Ineffable vide » [129], Michaux écrit :

« Avec une évidence souveraine, il apparaît que l'état habituel (qui dès lors ne semble plus que fortuit et subsidiaire) est, en fait, la perte prolongée de l'Infini, de l'Immense, de l'Absolu *. C'en est, on le voit à présent, l'abandon, incessamment renouvelé au cours de la vie… La personne qui se maintenait par renouvellement de l'avoir, qui par les multiples reprises se repersonnalisait incessamment, ne se continue plus… Criblé le physique, le métaphysique apparaît, est seul ressenti. Une onde métaphysique, une certitude métaphysique, un univers métaphysique. Le profane alors se retire. Rien ne le retient plus. C'est le tour du sacré maintenant, de l'immatériel… On a l'impression d'un retour merveilleux (qui pourtant va de soi, qui était plus ou moins fatal) retour à ce qui EST, virtuellement là depuis toujours. C'en est fini de la finitude. On en est délivré. »

---

* L'Être heideggerien.

Henri Michaux est un de ces poètes absolus, véritables « bergers de l'Être » qui « nomment le sacré » et sont capables de nous réenseigner la voie oubliée, de « nous diriger vers le lieu de notre séjour », bien mieux que les philosophes, comme l'a soutenu Heidegger dont un texte, « L'Être comme vide et comme richesse [130] », avoisine ceux de Michaux et de Cioran dans le même recueil.

> « L'Être est le vide extrême, et il est en même temps la richesse dont tout ce qui est, le connu et l'éprouvé, l'inconnu encore à éprouver, reçoit le mode d'être suivant lequel son être se déploie. L'Être est l'extrême universalité, rencontrée en tout ce qui est, et ainsi la chose la plus commune, qui a perdu ou n'a jamais possédé tout ce qui pourrait la distinguer et lui donner quelque relief. Il est en même temps l'extrême originalité (*das Einzigste*), à laquelle rien de ce qui est ne peut atteindre. Car, en face de tout "étant" qui voudrait s'élever audessus des autres, on trouve toujours son semblable : un autre étant, si différent qu'il puisse être du premier. Mais l'Être n'a rien qui lui soit semblable. Ce qui est en face de l'Être est le Rien, et peut-être ce dernier estil sous la dépendance de l'Être, et de lui seul [131]. »

Pour le pratiquant, la découverte du vide, paradoxalement comblante, ne peut que constituer une surprise émerveillée, puisqu'elle est découverte en lui de ce que de lui il ne connaissait pas encore. Si le vide est l'Être, il est, expérimentalement, délivrance, liberté définitive, absolue, éprouvée organiquement comme l'intense volupté de l'apesanteur. En lui, on s'étire, on se déplisse, on se déploie. On s'allège aussi prodigieusement, devenu montgolfière, remplie d'air surchauffé au foyer intérieur (le *pneuma* enflammé d'Héraclite et des mystiques) qui s'élève irrésistiblement. Dès lors, on peut se laisser tomber (dans le sens également où on l'entend, quand, en langage familier, on dit « laisser tomber quelqu'un »), en « chute libre », puisque dans le vide, on ne risque plus rien.

Le vide est délivrance de soi, il est absence à soi-même, l'« Absence absolue » que l'on est depuis toujours, selon le sixième patriarche. Où la poussière pourrait-elle maintenant se déposer ? Dès lors, tout éternellement commence et c'est à l'aube du monde que nous sommes conviés.

GLOSSAIRE [1]

Anâtman (s.) : Principe essentiel du bouddhisme, négation de l'*âtman* de l'hindouisme, selon lequel il existerait un « soi » permanent, principe de la personnalité et de même essence que le Principe absolu (*Brahman*). Pour le bouddhisme, la croyance en un *âtman* personnel et distinct est dépourvue de tout fondement, la personnalité n'étant constituée que par la réunion provisoire d'agrégats (*skandhas**), eux-mêmes impermanents et changeants, et finalement vides (*shûnya*, v. *shûnyatâ**).

Arhat (s.) : Celui qui, s'étant purifié de toute souillure et de toute passion et ayant acquis la connaissance parfaite, se trouve définitivement libéré du *samsâra** et prêt à entrer en *nirvâna**.

Avidyâ (s.) : L'ignorance, la « non-connaissance » en tant qu'aveuglement existentiel. Premier stade de la Production conditionnée (*Pratîtya-samutpâda**). Avidyâ est la cause première de l'attachement au *samsâra**.

Bodhi (s.) : Littéral. l'« Éveil ». Incorrectement traduit par « Illumination ». Accès au mode de penser non dualiste,

1. On trouvera ici, brièvement définis, la plupart des termes sanskrits (s.), chinois (c.) et japonais (j.), étudiés dans le texte.

réalisation de la Sagesse suprême (*Prajñâ**), révélation du « visage originel », de la « nature propre », en tant que « nature de Bouddha » (Busshô).

Bodhichitta (s.) : Littéral. l'« Esprit d'Éveil ». Aspiration à l'Éveil (*Bodhi**) ; entrée dans la Voie.

Bodhisattva (s.) : Littéral. « Être éveillé ». Celui qui, parvenu à l'Éveil (*Bodhi**), renonce à la délivrance finale, le *nirvâna**, afin d'aider tous les êtres à se libérer.

Bouddha (s.) : Littéral. l'« Éveillé ». Celui qui, étant parvenu à la compréhension parfaite, à la conscience de la véritable nature des choses (v. *Bodhi**), échappe au *samsâra** et accède au *nirvâna**. Le bouddhisme *Mahâyâna** postule l'existence d'innombrables bouddhas* dont seul un très petit nombre ont eu une existence historique. Le *Bouddha** de notre ère est Siddhârta Gautama (563-483), appelé, quand il devint ascète errant, Shâkyamuni, le « sage silencieux de la tribu des Shâkya », mais il n'est ni le premier ni le dernier ; six *bouddhas* correspondant aux grandes ères historiques sont censés l'avoir précédé et lui succédera dans la future ère nouvelle le bouddha *Maitreya* (« celui qui aime »), incarnation de l'amour universel. D'autre part, le *Mahâyâna* distingue les *Pratyeka Bouddhas* (« Éveillé solitaire »), qui ont obtenu l'Éveil par eux-mêmes et pour eux-mêmes, mais n'ont pas donné d'enseignement, des *Samyak-Sambuddhas* (« pleinement Éveillé ») ou *Tathâgata**, qui ont répandu la Doctrine, telle qu'ils l'ont découverte lors de l'Éveil, par exemple le Bouddha Shâkyamuni.

Dharma (s.) : La Loi cosmique, l'Ordre universel qui soutient et régit tous les êtres. Par extension, la doctrine du Bouddha*, qui, lors de l'Éveil, prit une parfaite conscience de la Loi universelle, la formula et l'enseigna. Au pluriel et sans majuscule, les *dharmas* sont les éléments constitutifs des phénomènes, tant psychiques que matériels, soumis à cet Ordre.

Dhyâna (s.) : La méditation, en tant que fondement de l'enseignement du Bouddha*. État de recueillement de l'esprit, obtenu par un effort de concentration et d'intériorisation. Seule la pratique de *dhyâna* permet de parvenir à la compréhension parfaite, à la Sagesse suprême (*Prajñâ**) ; voir aussi *Paramita**.

Dôjô (j.) : De *Dô* (*Tao*), la « Voie », et *Jô*, « l'endroit », « salle de la Voie », réservée à la pratique de différentes disciplines de formation, dont le zazen*, mais aussi certains arts martiaux. Pour le zazen, on emploie de préférence le mot plus précis de *zendo**.

Duhkha (s.) : La souffrance, en tant que caractéristique essentielle de l'existence. Première des Quatre Nobles Vérités*, ainsi exprimée par le Bouddha* lors de son premier sermon à Bénarès : « La naissance est *Duhkha*, la vieillesse est *Duhkha*, la maladie est *Duhkha*, la mort est *Duhkha*, le chagrin, la peine, la douleur, l'affliction sont *Duhkha*, la non-obtention de ce que l'on désire est *Duhkha* ; en un mot, les cinq formes de l'existence fondées sur l'attachement sont *Duhkha.* »

Gasshô (j.) Añjali (s) : Salutation, les mains jointes, paumes se touchant et les bras à l'horizontale.

Hînayâna (s.) : Le « Petit Véhicule », par opposition au « Grand Véhicule » (*Mahâyâna**), terme dépréciatif créé par les tenants du *Mahâyâna* pour désigner le « bouddhisme ancien », dont l'idéal est l'*arhat**. Les adeptes du *Hînayâna* se réclament du *Théravada** (la « Doctrine des Anciens ») qui, bien que ne constituant qu'une branche du *Hînayâna*, est la seule qui ait survécu jusqu'à nos jours. Comportant un très grand nombre d'Écoles, le *Hînayâna* est aujourd'hui répandu à Sri Lanka, en Birmanie, en Thaïlande, au Cambodge et au Laos, c'est pourquoi on l'appelle « bouddhisme du sud ».

Karma (s.) : Littéral. « acte ». Loi de causalité universelle en vertu de laquelle tout acte produit un « fruit » dont la maturation est plus ou moins longue ; les conséquences de l'acte peuvent se manifester soit dans cette vie-ci, soit lors d'existences postérieures, ce qui enchaîne l'être au *samsâra**, le cycle des naissances et des morts.

Klesha (s.) : De la racine klish-, « tourmenter ». En japonais, *bonno*. Les passions qui tourmentent l'homme, les souillures qui troublent la pureté originelle de l'esprit et que l'on ne peut vraiment identifier en tant que telles que par la pratique assidue de la méditation. Un des quatre grands vœux des moines consiste à y renoncer.

Kyosaku (j.) : Bâton consacré en bois poli, aplati à l'extrémité et gravé d'idéogrammes, au moyen duquel le maître ou l'assistant qu'il a désigné frappe un coup de part et d'autre de la nuque. Ces coups ont pour effet de calmer l'agitation du méditant ou de ranimer son attention défaillante.

Mahâyâna (s.) : Le « Grand Véhicule », par opposition à l'*Hînayâna**, le « Petit Véhicule ». Apparu au Ier siècle av. J.-C., le *Mahâyâna* ne faisait qu'entériner la division du bouddhisme en deux branches, division qui s'était manifestée deux siècles après la mort du Bouddha* et se fondait sur deux interprétations de son enseignement. Le *Mahâyâna* n'admettait pas l'idéal de l'*arhat**, qui atteint seul l'*Éveil* (*Bodhi**) et le *nirvâna** ; il lui opposait celui du bodhisattva*, lequel, parvenu à l'Éveil, refuse d'entrer en *nirvâna**, tant qu'il n'est pas arrivé à guider tous les autres êtres jusqu'à la délivrance finale. Pour le *Mahâyâna*, contrairement à l'*Hînayâna**, l'Éveil n'est pas accessible qu'aux moines, mais également aux laïcs, grâce à l'aide active des *bodhisattvas**, la « nature de Bouddha » étant commune à tous les êtres. À partir de l'Inde, le bouddhisme se répandit sous la forme mahâyâniste au Tibet, en Mongolie, en Chine, en Corée et au Japon, d'où son nom de « bouddhisme du nord ». Le Zen est une des Écoles du *Mahâyâna.*

Makyô (j.) : Ensemble des sensations illusoires, visions, hallucinations, peurs irrationnelles qui peuvent se manifester au cours du zazen* et dont le maître dénonce le caractère irréel aux disciples afin qu'ils n'y prêtent pas attention.

Manas (s.) : « Capacité de réflexion ». Le fondement des facultés et activités intellectuelles, considéré comme un sixième sens qui synthétise et interprète les données des cinq autres.

Mondô (j.) : Littéral. « question-réponse ». Questions des disciples et réponses du maître.

Nature de Bouddha (*Busshô*, en japonais) : Dans le Zen*, la « nature de Bouddha » est la « nature propre » ou « visage originel » de tout être, même s'il l'ignore ; la prise de conscience de cette identité ultime constitue l'Éveil (*Bodhi**).

Nirvâna (s.) : Littéral. « extinction ». Ce mot a fait l'objet d'un grave malentendu chez les auteurs qui ont écrit les premiers sur le bouddhisme en Occident. « Extinction » signifiait pour eux « anéantissement », alors que, pour les bouddhistes, il s'agit de l'extinction du désir et de l'aveuglement qu'il engendre, donc de la libération définitive, du passage de l'existence à l'Être. Le *nirvâna* est aussi la Réalité absolue par rapport au monde illusoire des phénomènes.

Octuple sentier : (*Ashtangika-Mârga*, en sanskrit). Développement de la dernière des Quatre Nobles Vérités*, énumération des huit vertus qu'il faut pratiquer afin de parvenir à la Délivrance : 1. « compréhension parfaite » de la nature de l'existence ; 2. « pensée parfaite », impliquant tolérance et bienveillance à l'égard de tous les êtres ; 3. « parole parfaite », abstention du mensonge, de la médisance, des paroles vaines ; 4. « action parfaite », résolution d'éviter tout acte qui pourrait porter préjudice aux autres, ou causer du scandale ; 5. « moyens d'existence parfaits », se refuser à exercer toute profession qui pourrait nuire à d'autres êtres vivants, quels qu'ils soient ; 6. « effort parfait », développer en soit tout ce qui peut bénéficier aux autres et à soi-même dans la Voie ; 7. « attention parfaite », prise de conscience et contrôle de toutes les activités du corps et de l'esprit, 8. « concentration parfaite », pratique de la méditation (*dhyâna**).

Pâramitâ (s.) : Littéral. « ce qui atteint l'autre rive ». Les six vertus transcendantales pratiquées par les bodhisattvas* ; *Dâna*, le « don », la compassion envers tous les êtres, première vertu majeure sans l'exercice de laquelle les autres seraient vaines ; *Shîla*, la moralité, la victoire contre les passions et les appétits égocentriques (*klesha**) ; *Khsânti*, la patience, l'acceptation qui supporte l'adversité sans se laisser détourner de la Voie ; *Virya*, l'énergie, la volonté de parvenir jusqu'au but ; *Dhyâna**, la méditation et *Prajñâ**, la réalisation de la Sagesse suprême. Ces six qualités éminentes sont les conditions de l'accès à l'Éveil (*Bodhi**).

Prajñâ (s.) : La Sagesse absolue, intuitive et immédiate, seule capable d'appréhender, par-delà les apparences, la Réalité. La connaissance obtenue grâce à *Prajñâ* est non dualiste, libérée de tout concept préalable, de toute projection (*samskara**), elle correspond à l'Éveil (*Bodhi**). *Prajñâ* est la dernière des *Pâramitâs**. Les auteurs français traduisent parfois *Prajñâ* par « Sapience » pour la distinguer de la sagesse profane.

Pratîtya-Samutpâda : La loi de la Production conditionnée et interdépendante, telle qu'elle est apparue au *Bouddha** lors de son Éveil. Selon cette loi, tous les phénomènes se trouvent en relation d'interdépendance et de conditionnement mutuel. À partir d'*avidyâ**, naît l'inexorable déroulement des étapes qui constituent le *samsâra** et dont seul permet de sortir l'accès à l'Éveil (*Bodhi**).

Quatre Nobles Vérités : (*Âryasatya*, en sanskrit). Base de l'enseignement du Bouddha*, énoncé aussitôt après son Éveil (*Bodhi**) dans son premier sermon à Bénarès-Sarnath. Les Quatre Nobles Vérités sont : la vérité sur la douleur (*Duhkha**), la vérité sur l'origine de la douleur, la vérité sur la cessation de la douleur, la vérité sur la Voie qui conduit à la cessation de la douleur.

Rinzaï (j.) : Une des deux grandes Écoles survivantes du Zen* (tch'an) avec le *Sôtô**. Elle descend du grand maître chinois Lin-tsi (Rinzaï en japonais), mort en 867, et fut introduite au Japon à la fin du XIIe siècle par Eisai (1141-1215), puis réformée au XVIIIe siècle par Hakuin (1686-1769). Bien que l'enseignement soit fondamentalement le même dans les deux Écoles, leurs méthodes de formation diffèrent sensiblement, le Rinzaï faisant un usage systématique des *kôans** (*Kanna-zen*, Zen de la « contemplation de la Parole ») et pratiquant le zazen* en vue de l'obtention du *satori**.

Rôshi (j.) : Traduction en japonais du chinois Lao-tseu, « vieux maître », titre attribué à un maître du Zen*.

Samâdhi (s.) : Recueillement de l'être tout entier, stabilisation du psychisme, obtenus par la diminution progressive de l'agitation du mental, condition indispensable à toute méditation (*dhyâna**). État de conscience non dualiste qui seul permet l'accès à la sagesse absolue (*Prajñâ**).

Samsâra (s.) : Littéral. « migration ». Le cycle des naissances et des morts s'engendrant interminablement les unes les autres et auquel on ne peut échapper que par l'obtention de la délivrance finale (*nirvâna**) ; plus généralement, l'écoulement incessant des phénomènes, le monde apparent en tant qu'opposé à la Réalité absolue. Pour le Zen, résolument non dualiste, *samsâra* et *nirvâna** ne s'opposent pas ; ce ne sont que deux points de vue, deux perceptions différentes de la même réalité.

Samskâra (s.) : Littéral. « formations, fabrications psychiques ». Phénomènes psychiques, tels qu'ils émanent du mental et qui lui font prendre pour des réalités ce qui ne sont que ses propres projections.

Samu (j.) : Littéral. « service par le travail ». Toute tâche matérielle exécutée dans les monastères Zen, et, par extension, au cours des sesshins*. Le *samu* est considéré comme un prolongement du zazen*, comme un zazen en actes et, par conséquent, doit être accompli pour le bien de tous, dans le recueillement de l'esprit, comme un acte parfait et désintéressé.

Satori (j.) : Du verbe *satoru*, « reconnaître ». L'expérience de l'Éveil (*Bodhi**).

Sesshin (j.) : Littéral. « concentration de l'esprit ». Période de retraite plus ou moins longue, consacrée au zazen*. Les sesshins se déroulent dans un parfait silence, les participants sont coupés du monde extérieur pendant toute leur durée.

Shikantaza (j.) : Littéral. « être assis sans rien rencontrer ». Forme épurée du zazen*, propre au Zen *Sôtô**, au cours duquel, tout en conservant une attention soutenue, on ne se fixe sur aucun objet, on ne s'attache à aucune pensée.

Shûnyatâ (s.) : (Ku, en japonais). La vacuité (de *shûnya*, « vide »). Concept central du bouddhisme, particulièrement développé dans le *Mahâyâna**, où *shûnyatâ* est souvent assimilé à l'Absolu, transcendant toute dualité.

Skandha (s.) : Agrégat, groupe de phénomènes. Selon le bouddhisme, nous sommes constitués de cinq *skandhas* : *rûpa,* la forme, *vedanâ*, la sensation, *samjnâ*, la perception, *samskâra**, les formations mentales, et *vijñâna**, la conscience.

Sôtô (j.) : Une des deux grandes Écoles survivantes du Zen* (tch'an) avec le *Rinzaï.* Elle remonte au maître chinois Tung-shan (807-869) et à son disciple Ts'ao-shan (840-901) et fut introduite au Japon par Maître Dôgen (1200-1253). À la différence du *Rinzaï*, le *Sôtô* privilégie la pratique de *shikantaza**, le zazen sans but ni objet ; c'est le *Mokushô Zen*, le « Zen de l'Éveil silencieux ».

Sûtra (s.) : Littéral. « fil ». Spécialement le fil d'un collier. Discours ou sermon censé avoir été prononcé par le Bouddha*.

Tathâgata (s.) : Littéral. « Celui qui est parvenu ». Celui qui est arrivé par lui-même à l'Éveil définitif (*Bodhi**), à la compréhension parfaite de la Réalité absolue (*Tathatâ**) ; on l'appelle aussi *Sammyak-Sambuddha* (« pleinement éveillé »). *Tathâgata* désigne en particulier le Bouddha* historique Shakyamuni.

Tathâgatagarbha (s.) : Littéral. « germe de *Tathâgata* ». Concept du *Mahâyâna**, selon lequel tous les êtres sont des Bouddhas*, des Éveillés en puissance, même s'ils l'ignorent.

Tathatâ (s.) : L'« Ainsité », la véritable nature des choses telles qu'elles sont, qui ne peut être réellement perçue que par un Éveillé (Bouddha*).

Théravâda (s.) : Littéral. « Doctrine des Anciens ». Fondé au cours du concile de Pâtalipoutra (vers 244 av. J.-C.), le *Théravâda*, qui se distingua alors des autres Écoles existantes du bouddhisme, fut introduit peu après à Sri Lanka. Seule branche du *Hînayâna** ayant survécu, le *Théravâda* se confond pratiquement avec lui.

Vijñâna (s.) : La conscience en général, dixième maillon de la Production conditionnée, *Pratîtya-Samutpâda**. Terme global désignant l'ensemble du psychisme, dans lequel le bouddhisme distingue les six consciences élémentaires, correspondant aux cinq sens et à *manas**, tenu pour le sixième sens. Dans l'analyse du psychisme par l'École *Yogâchâra*, à ces six consciences élémentaires, s'ajoute *manas**, considéré ici comme une septième conscience, la sixième conscience intermédiaire entre les cinq sens et *manas** étant dénommée *manovijñâna*, et surtout *âlayavijñâna*, la « conscience héréditaire » ou « conscience de tréfonds ».

Zafu (j.) : Coussin rond, recouvert de tissu noir et bourré de kapok sur lequel on s'assied en zazen*.

Zazen (j.) : Littéral. « Zen assis », de *za*, « être assis ». La pratique du Zen*, la méditation assise. La forme la plus pure du zazen est *shikantaza**.

Zen (j.) : Transcription japonaise du chinois tch'an, dérivé du sanskrit *dhyâna**, méditation, concentration ; retour par la pratique du zazen* à la condition originelle de l'esprit.

Zendô (j.) : Salle spécialement consacrée à l'exercice du zazen* (voir *dôjô**).

Zenji (j.) : Littéral. « maître du Zen ». Titre honorifique attribué à un grand maître. Dans le *Sôtô*, il est réservé au chef de l'École, depuis son introduction au Japon par Dôgen Zenji (1200-1253).

ORIENTATION BIBLIOGRAPHIQUE

I. LES FONDEMENTS

BLYTH R.H., *Zen and Zen classics*, 5 vol., Tokyo, 1960-1970.

BROSSE Jacques, *Maître Dôgen, moine zen, philosophe et poète*, Albin Michel, Paris, 1998.

BROSSE Jacques, *Les Maîtres Zen*, Bayard Éditions, Paris, 1996.

CHANG Chung-Yuan, *Original Teachings of Ch'an Buddhism selected from The Transmission of the Lamp*, Vintage Books, New York, 1971.

DAICHI, *Poèmes*, trad. et commentés par T. Deshimaru, 2 vol., Daruma, Paris, 1994-1995.

DESHIMARU Taisen, *Textes sacrés du Zen* I, *Hokyo Zan Mai* et *San Do Kai*, Seghers, Paris, 1975.

DESHIMARU Taisen, *Textes sacrés du Zen* II, *Shin Jin Mei*, Seghers, Paris, 1976.

DESHIMARU Taisen, *Le Chant de l'immédiat Satori*, de Yoka Daishi, trad. et commenté, Albin Michel, Paris, 1992.

DÔGEN Zenji, *Shôbôgenzô, The Eye and Treasury of the*

True Law, trad. angl. de Nishiyama Kojen et Stevens John, 3 vol., Tokyo, 1975-1985.

DÔGEN Maître, *Polir la lune et labourer les nuages*, Œuvres présentées et traduites par Jacques Brosse, Albin Michel, Paris, 1998.

FA-HAI, *Le Soûtra de l'estrade du Sixième Patriarche Houei-neng*, trad. et commenté par Patrick Carré, Le Seuil, Paris, 1995.

FAURE Bernard, *Dôgen. La Vision immédiate*, trad. et commentaire, Le Mail, Paris, 1987.

GERNET Jacques, *Entretiens du maître de Dhyâna Chen-houei de Ho-tsö*, Publications de l'École française d'Extrême-Orient, vol. XXI, Paris, 1977.

HOUANG-PO, *Les Entretiens de Houang-po, Maître Tch'an du IXe siècle*, présentation et trad. de Patrick Carré, Les Deux Océans, Paris, 1985.

ISSHU MIURA et Ruth Fuller SASAKI, *Zen Dust*, Harcourt, Brace and World, New York, 1966.

LIN-TSI, *Entretiens*, trad. fr. de Paul Demiéville, Fayard, Paris, 1972.

MA-TSU, *Les Entretiens de Mazu, Maître chan du VIIIe siècle*, introduction, traduction et notes de Catherine Despeux, Les Deux Océans, Paris, 1980.

Passe sans porte (*Wou-men-kouan*), texte essentiel Zen, trad. et annoté par Masumi Shibata, Édit. Traditionnelles, Paris, 1962.

PO-CHANG Huai-hai, *The Zen Teaching of Hui-hai on Sudden Illumination*, trad. angl. de John Blofeld, Rider, Londres, 1962.

REPS Paul, *Le Zen en chair et en os*, trad. fr., Albin Michel, Paris, 1993.

ROMMELUÈRE Éric, *Les Fleurs du vide. Anthologie du bouddhisme Sôtô Zen*, Grasset, Paris, 1995.

SUZUKI Daisetz Teitaro, *Essais sur le bouddhisme zen*, 3 vol., trad. fr., nouv. édit. Albin Michel, Paris, 1972.

SUZUKI Daisetz Teitaro, *Les Chemins du zen*, trad. fr., Albin Michel, Paris, 1995.

SUZUKI Daisetz Teitaro, *Le Non-Mental selon la pensée Zen : commentaires sur le sûtra de Hui-nêng,* trad. fr., Courrier du Livre, Paris, 1975.

TANAHASHI Kazuaki, *Rien qu'un sac de peau. Le Zen et l'Art de Hakuin*, trad. fr., Albin Michel, Paris, 1987.

Tch'an-Zen, racines et floraisons, Hermès, Les Deux Océans, Paris, 1985.

TOSHIHITO Izutsu, *Le Kôan Zen*, trad. fr., Fayard, Paris, 1978.

Le Traité de Bodhidharma, trad. et commenté par Bernard Faure, Édit. Le Mail, Paris, 1986.

WU John, *L'Âge d'or du zen*, trad. fr., Édit. Marchal, Paris, 1980.

YUHO Yokoi, *Zen Master Dôgen. An Introduction with Selected Writings*, trad. angl. Weatherhill, New York-Tokyo, 1976.

II. LA PRATIQUE

BECK Charlotte Joko, *Vivre Zen*, trad. fr., Pocket, Paris, 1996.

BOVAY M., KALTENBACH L., DE SMEDT E., *Zen*, Albin Michel, Paris, 1993.

BROSSE Jacques, *Satori, dix ans d'expérience avec un maître zen*, nouv. édit. Albin Michel, Paris, 1984.

DESHIMARU Taisen, *La Pratique du Zen*, réédition, Albin Michel, Paris, 1984.

DESHIMARU Taisen, *Zen et vie quotidienne*, Albin Michel, Paris, 1985.

DESHIMARU Taisen, *Questions à un maître Zen*, Albin Michel, Paris, 1984.

DÜRCKHEIM K. Graf, *Le Zen et nous*, Courrier du Livre, Paris, 1976.
DURIX Claude, *Cent Clés pour comprendre le Zen*, Courrier du Livre, Paris, 1976.
DURIX Claude, *Zen ou l'Esprit de l'eau courante et du rayon de lune*, Trédaniel, Paris, 1984.
HOOVER Thomas, *L'Expérience du Zen*, Albin Michel, Paris, 1989.
JACQUEMARD Simonne, *L'Huître dans la perle*, Trédaniel, Paris, 1993.
JYOJI Taïkan, *Itinéraire d'un maître zen venu d'Occident*, Calmann-Lévy, Paris, 1996.
KAPLEAU Philip, *Les Trois Piliers du zen*, trad. fr., Stock, Paris, 1980.
KAPLEAU Philip, *Questions Zen*, trad. fr., Le Seuil, Paris, 1992.
KASULIS T.P., *Le Visage originel*, trad. fr., Les Deux Océans, Paris, 1993.
KOSEN moine, *Zen, la révolution intérieure*, Édit. du Rocher, Paris, 1998.
KRAFT Kenneth, *Le Zen. Tradition et transformation*, trad. fr., Christian de Bartillat, Paris, 1993.
LASSALE Enomiya s.j., *Méditation zen et prière chrétienne*, Albin Michel, Paris, 1996.
LU K'UAN YU, *Ch'an and Zen Teachings*, 3 vol., Rider, Londres, 1960-1962.
MERTON Thomas, *Mystique et Zen*, suivi de *Journal d'Asie*, trad. fr., Albin Michel, Paris, 1995.
MERZEL Dennis Genpo, *Au cœur du Chan*, trad. fr. J.-C. Lattès, Paris, 1997.
NAN Huai-chin, *L'Expérience de l'éveil*, trad. fr., Le Seuil, Paris, 1998.
NGUYEN Huu Khoa, *Petite Histoire du Tchan*, Le Seuil, Paris, 1998.

Rech Roland, *Moine Zen en Occident*, Albin Michel, Paris, 1996.

Rommeluère Éric, *Guide du Zen*, Le Livre de poche, Paris, 1997.

Ronce Philippe, *Guide des centres bouddhistes en France*, Noêsis, Paris, 1998.

Suzuki Shunryu, *Esprit zen, esprit neuf*, trad. fr., Le Seuil, Paris, 1977.

Thich Nhat Hanh, *Clefs pour le zen*, Seghers, Paris, 1973.

Thich Nhat Hanh, *La Vision profonde. De la pleine conscience à la contemplation intérieure*, Albin Michel, Paris, 1996.

Thich Nhat Hanh, *La Respiration essentielle. Notre rendez-vous avec la vie*, Albin Michel, Paris, 1997.

Uchiyama Kôshô, *Réalité du Zen*, trad. fr., Courrier du Livre, Paris, 1974.

Uchiyama Kôshô, *Opening the Hand of Thought. Approach to Zen*, trad. angl. Aikana, New York, 1993.

Watts Alan W., *Le Bouddhisme zen*, trad. fr., Payot, Paris, 1975.

NOTES

I. L'EXPÉRIENCE

1. Rappelons que ce mode respiratoire est à la base de toutes les techniques d'arts martiaux. V.K. Graf Dürckheim, *Hara*, Courrier du Livre, Paris.

2. Reproduits par Philip Kapleau dans *Les Trois Piliers du Zen*, Stock, Paris, 1980.

3. Définition d'*hi-shiryô* par M.S. Diener, in *Dictionnaire de la sagesse orientale*, R. Laffont, Paris, 1989.

4. « L'ignorance voile le monde, la torpeur et le sentiment de manque font obstacle à la claire vision ; le bavardage de la pensée la souille, l'instabilité en est la grande angoisse. » *Samyutta-nikâya*, 756.

5. Lilian Silburn dénomme les *samskâras* « tendances fabricatrices », ajoutant qu'elles forment « les grands moules directeurs dans lesquels notre expérience de la réalité va se couler et se durcir ». *Le Bouddhisme*, Fayard, Paris, 1977, p. 44.

6. Jacques Gernet, *Entretiens du Maître de Dhyâna Chen-houei de Ho-tsö*, Hanoï, 1949, réédit. Paris, 1977.

7. Dans *Le Concile de Lhassa*, PUF, Paris, 1952.

8. T. Deshimaru et Dr Paul Chauchard, *Zen et cerveau*, Courrier du Livre, Paris, 1976. — Dr Ikemi et T. Deshimaru, *Zen et self-control*, Albin Michel, Paris, 1991. — Professeur Akishige, *Psychology of Zen*, Komazawa university, Tokyo.

9. D. Bowsher, *Introduction to the Anatomy and Physiology*

of the Nervous System, Oxford, 1967, trad. fr., Medsi, Paris, 1980.

10. H. Ey, *La Conscience*, Paris, 1968 — H. Ey et collab., *L'Inconscient*, Paris, 1966.

11. K. Graf Dürckheim, *La Voie de la transcendance. L'homme à la recherche de son intégralité*, trad. franç., Édit. du Rocher, Paris, 1991.

12. Marc, 10, 14.

13. Je dois avouer que, si le docteur D. vint à la sesshin, continua zazen et entretint avec moi pendant quelque temps une correspondance, il quitta finalement le Zen pour suivre un tout autre enseignement. La boule en fusion, il n'avait pu l'avaler.

14. *Tao tö king*, XI, trad. Liou Kia-hway, Gallimard, Paris, 1967.

15. Guy Bugault, « La mystique du bouddhisme indien », dans l'*Encyclopédie des mystiques orientales*, R. Laffont, Paris, 1975, p. 131.

16. Les *samskâras*, v. p. 272.

17. L. Silburn, dans *Le Bouddhisme, op. cit.*, p. 182 et suivantes.

18. John Wu, *L'Âge d'or du Zen*, Marchal, Paris, 1980, p. 56.

19. Traité du Milieu (*Madhyamakârikâ*) v. 8, 9, 10, 11.

20. Comme l'affirment les penseurs de l'autre branche de la philosophie bouddhique, le *Yogâchâra* d'Asanga et de Vasubandhu, ce dernier étant considéré, à l'égal de Nâgârjuna, comme l'un des patriarches du tch'an, l'un de ses maîtres à penser.

21. Commentateur au VIIe siècle des œuvres de Nâgârjuna, auteur de *L'Entrée au milieu*, trad. fr., éditions Dharma, 1985.

22. L. Silburn, *Le Bouddhisme, op. cit.*, p. 221.

23. H. Serouya, *La Kabbale*, Grasset, Paris, 1947 — *Le Zohar. Le Livre de la Splendeur*, Le Seuil, Paris, 1980. — Adin Steinsaltz, *La Rose aux treize pétales*, Albin Michel, Paris, 1989.

24. Z'ev ben Shimon Halevi, *L'Arbre de vie*, « Spiritualités vivantes », Albin Michel, Paris, 1985.

25. Pure, telle la source dont parlent les maîtres du tch'an, la source qui reste claire, même si ses affluents sont boueux.

26. Or, précisément, celui qui récuse la philosophie classique, Martin Heidegger, en reparle.

27. Dans ses *Purifications*, Empédocle écrivait : « Vagabond exilé du divin séjour… Je fus autrefois garçon et fille, buisson et oiseau, poisson muet dans la mer… »

28. Le *Sîvaka sutta* fait partie du *Samyutta-nikâya* du canon pali. Traduction française dans Môhan Wijayaratna, *Sermons du Bouddha*, éd. du Cerf, Paris, 1988.

29. *Bhagavad Gîtâ*, chant IV, 18, 19, 23.

30. Dans *Le Bouddhisme, op. cit.*, p. 49.

31. Ce que précise le *Tao tö king* : « Il [l'adepte du *Tao*] arrive à ne plus agir ; en n'agissant plus, il n'est rien qu'il ne fasse » : il se conduit alors à l'instar du *Tao* lui-même, qui « reste toujours sans action et il n'est rien qu'il ne fasse ».

32. Étude publiée dans *Tch'an-Zen, racines et floraisons*, Hermès, nouvelle édition, Les Deux Océans, Paris, 1985.

33. L. Silburn, *Instant et cause : le discontinu dans la pensée philosophique de l'Inde*, Paris, Vrin, 1955.

34. Zoran Zec, « Aux sources de la non-demeure », in *Tchan-Zen, op. cit.* p. 65.

35. L. Silburn, *Le Bouddhisme, op. cit.*, p. 70.

36. 1961, réédition Éditions du Rocher, Paris, 1978, p. 183-187.

37. Ce qui fait une appréciable différence avec la charité d'un christianisme dans lequel certains auteurs, dont saint Thomas d'Aquin lui-même, sont allés jusqu'à soutenir que la vue des damnés en enfer contribuait à la félicité des élus.

38. Le *Lankâvatarâsûtra*, un des textes fondamentaux du tch'an originel, distingue ces différents degrés au sein de la boddhéité, en définissant leur compréhension progressive et la réalisation propre à chacun.

39. *Mahâyâna sûtra lamkâra*, d'Asanga, XVII, 33 et v. 2.

40. Il s'agit vraisemblablement, dans ce très important complexe religieux où se mêlent bouddhisme et shintoïsme, d'une assimilation du bodhisattva avec un kami (une des divinités de

l'ancien panthéon) protecteur des animaux ; le shintoïsme est en effet un culte de la nature.

41. Parmi les ouvrages consacrés au Zen, il faut en effet faire la distinction entre ceux composés par des enseignants et ceux, beaucoup plus nombreux, écrits par des auteurs qui se font une certaine idée du Zen, sans l'avoir pratiqué. Pour séduisants qu'ils puissent paraître, ce ne sont là que des élucubrations personnelles, susceptibles d'introduire confusion et malentendu dans l'esprit du lecteur.

42. À ne pas confondre avec l'érudit, Daisetz Teitaro Suzuki (1870-1966), auteur, entre autres, des fameux et volumineux *Essais sur le bouddhisme Zen.* Shunryu Suzuki Rôshi (1905-1971), maître japonais venu aux États-Unis en 1958, y fonda le premier monastère Zen *Sôtô* d'Occident.

43. *Passe sans porte, op. cit.* Règle 46.

II. L'HÉRITAGE

1. *Dhammapada*, stances 153-154.
2. *Majjhimanikâya*, 167-169.
3. *Samyuktâgamasûtra.*
4. *Lalitavistara*, ch. XXII.
5. Ainsi que le remarque Guy Bugault dans son étude sur « La mystique du bouddhisme indien », *Encyclopédie des mystiques orientales*, R. Laffont, 1975.
6. « À l'ignorance se rattachent les plus nocives des méprises : prendre pour permanent ce qui est impermanent, pour heureux ce qui est douloureux et pour un soi ce qui est dépourvu de soi », a dit le Bouddha (*Suttanipâta*, 756).
7. Cf. G. Bugault, article cité.
8. Wu-men Hui-k'ai (1183-1260), auteur du *Wu-men Kuan (Passe sans porte)*, l'un des deux principaux recueils de *kôans.*
9. Traduit et commenté par E. Lamotte, sous le titre *La Somme du Grand Véhicule* d'Asanga, Louvain, 1939-1939, réédit. en 1973.

10. Traduit en anglais par D.T. Suzuki, Londres, 1932 et 1968.

11. Cité d'après *Le Bouddhisme*, textes traduits et présentés par L. Silburn, *op. cit.* p. 494.

12. A. Watts, *Le Bouddhisme zen*, trad. franç. Payot, Paris, 1975.

13. De ce croquemitaine, on a fait au Japon un jouet, buste sans jambes, terminé en demi-sphère lestée de grenaille de plomb. Qu'on le pousse dans tous les sens, il se redresse immédiatement, belle leçon d'équilibre pour les pratiquants !

14. Maître Dôgen, *Polir la lune et labourer les nuages*, *op. cit.*, p. 19-21.

15. *Bendô-wa*, 6, cité dans *Polir la lune et labourer les nuages, op. cit.*, p. 43.

16. *Gakudôyôjin-shû*, 10, cité dans *Polir la lune…*, *op. cit.*, p. 86.

III. LE ZEN ET L'OCCIDENT

1. Une édition partielle avait déjà été publiée entre 1940 et 1946, mais en raison des événements, était passée à peu près inaperçue.

2. Trad. franç., Dangles, Paris, 1976. Cet ouvrage fut suivi d'une étude plus mûrie et sérieusement documentée, *Le Bouddhisme zen*, trad. franç., Payot, Paris, 1975.

3. Cité par William Barret, dans *Zen Buddhism. Selected Writings of D.T. Suzuki*, 1956.

4. Le premier volume des *Chan and Zen Teachings* parut en 1960, Jung mourut l'année suivante.

5. Lettre de M.-L. von Franz à Ch. Luk datée du 12 septembre 1961.

6. Claude Durix, *Le Sabre et la Vie. Chronique d'un combat pour l'unité de l'être*, Trédaniel, Paris, 1985.

7. De cet auteur, voir en particulier *Le Zen et nous*, trad. franç., Courrier du Livre, Paris, 1976.

8. *Les Trois Piliers du Zen*, trad. fr., Stock, Paris, 1972. — *Questions Zen*, tr. fr., Seuil, Paris, 1992.

9. T. Deshimaru, *Zen et vie quotidienne : la pratique de la concentration*, Albin Michel, Paris, 1975.

10. Ainsi *Zen, Tao et Nirvâna, esprit et contemplation en Extrême-Orient*, trad. fr., Fayard, 1979, contient un important dialogue entre Th. Merton et D.T. Suzuki.

11. Il n'avait aucun lieu de parenté avec D.T. Suzuki. Voir Shunryu Suzuki, *Esprit zen, esprit neuf*, trad. fr., Seuil, Paris, 1977.

12. Lama Denis Teundroup, *Dialogue avec un lama occidental*, Dervy-Livres, 1991, p. 93.

13. Lama Denis Teundroup, *op. cit.*, p. 92.

14. Dans son livre qui porte ce titre (*La Philosophie éternelle — Philosophia perennis*, trad. franç., Seuil, Paris, 1977), Aldous Huxley la définit ainsi : « *Philosophia Perennis*, la formule a été créée par Leibniz ; mais la chose — la métaphysique qui reconnaît une Réalité divine substantielle au monde des choses, des vies et des esprits ; la psychologie qui trouve dans l'âme quelque chose d'analogue, ou même d'identique, à la Réalité divine, l'éthique qui place la fin dernière de l'homme dans la connaissance du Fondement immatériel et transcendant de tout ce qui est —, la chose est immémoriale et universelle. »

15. Un philosophe célèbre avait pris rendez-vous avec un maître de Zen pour discuter avec lui de certaines questions philosophiques. Le maître reçut le philosophe avec beaucoup d'égards et lui offrit le thé. Lorsque le bol fut plein, il continua à verser. Le thé se répandit sur la table.

« Attention, dit le philosophe, la tasse déborde !

— Tout comme votre esprit. Comment voudriez-vous qu'on y ajoute quelque chose ! »

16. *Zen and Zen Classics*, 5 vol., Tokyo, 1960-1970.

17. Une première ébauche de ce texte a été publiée dans la revue *Dharma*, de l'Institut tibétain Karma Ling, printemps-été 1990.

18. On sait le parti qu'a tiré de cette opposition C.G. Jung en incluant dans la psyché l'image du sexe opposé.

19. Une telle distinction des souffles est plus développée dans la philosophie de l'Inde qui reconnaît l'existence de cinq *prânas*, dont le premier est la force vitale en soi et le dernier, *udâna*, unissant le physique et le spirituel, est l'instrument du développement de ce dernier.

20. On sait l'emploi qu'a fait du néologisme « noosphère », forgé par lui, Teilhard de Chardin, qui connaissait ses auteurs.

21. Une telle conception n'est pas très éloignée de la *bodhi*, la connaissance parfaite dans l'hindouisme, l'instance la plus élevée du psychisme dans le bouddhisme, la faculté d'Éveil qui est déjà par elle-même la « nature de Bouddha ».

22. *Mahaparinirvânasûtra*, cité par E. Lamotte, dans son introduction (p. 56) au *Vimalakîrtinirdesa*, Louvain, 1962.

23. C'est pourquoi un adage Zen définit ainsi le rôle du maître : « Je peux vous conduire à l'abreuvoir, mais je ne peux boire pour vous. »

24. Cette « Démonstration », traduite par Hsuan-tsang (600-664), illustre pèlerin chinois qui étudia à l'université monastique indienne de Nalanda, centre de diffusion du *Yogâchâra*, donna naissance à l'École chinoise *Fa-hsiang* (École des caractéristiques de l'existence). La « Démonstration » comporte deux traités traduits en français par S. Levi, *Matériaux pour l'étude du système Vijñaptimâtra*, Champion, Paris, 1932.

25. Le « *buddhagotra* » est « comme le gène qui établit la "parenté" de tous les êtres avec le Bouddha en leur permettant de devenir des Fils de Bouddha et de naître dans sa Famille… et qui leur donne la certitude d'atteindre un jour le suprême et parfait Éveil du Bouddha », D.S. Ruegg, « La Théorie du *Tathâgatagarbha* et du *gotra* », cité par L. Silburn dans *Le Bouddhisme, op. cit.*

26. *Lankâvatârasûtra*, st. 236-237.

27. Ainsi qu'il est dit dans le même *sûtra* : « La conscience mentale en union avec les cinq consciences (sensorielles) forge un monde visible et constitue la scène du théâtre. »

28. Les Auditeurs (Srâvaka), déjà délivrés du cycle des renaissances, n'ont pas encore reconnu que la réalité objective est illusoire, les Bouddhas pour soi (*Pratekya-Bouddha*) ont

obtenu par leurs propres efforts la pleine connaissance, mais ne la communiquent pas, Auditeurs et Bouddhas pour soi ne recherchant la Délivrance que pour eux-mêmes. Dans le *Lankâvatârasûtra*, ces trois catégories sont précisément définies par l'enseignement particulier que les Bouddhas communiquent à chacune d'entre elles en fonction de son niveau de compréhension propre.

29. À un tel rapprochement, le philosophe américain marginal Alan Watts a consacré un livre, *Psychothérapie occidentale et orientale* (trad. fr., Fayard, Paris, 1974), qui abonde en vues non seulement pertinentes, mais souvent impertinentes.

30. *Cinq Leçons sur la psychanalyse*, trad. fr., réédition, Gallimard, 1966, Paris.

31. E. Perrot, *La Voie de la transformation d'après C.G. Jung et l'alchimie*, Paris, 1970.

32. C.G. Jung, *Dialectique du moi et de l'inconscient*, trad. fr., Gallimard, Paris, 1971.

33. Mais, comme s'il craignait de s'être trop avancé, Jung ajoutera plus tard : « L'empiriste n'a rien à dire de la relation entre le Soi et Dieu. »

34. E. Perrot, article Jung dans l'*Encyclopedia universalis*, Paris, 1968.

35. *Dialectique du moi et de l'inconscient, op. cit.*, p. 142-143.

36. Jolande Jacobi, *La Psychologie de C.G. Jung*, Delachaux et Niestlé, Neuchâtel, 1950. On ne voit pas pourquoi un médecin serait plus particulièrement apte à assumer une telle fonction.

37. C.G. Jung, *Psychologie et Religion*, Buchet-Chastel, Paris, 1960.

38. Cité par A. Watts, *op. cit.*, p. 93.

39. Voir en particulier, *Vie, souvenirs, rêves et pensées*, ouvrage qui ne fut publié qu'en 1962, un an après sa mort, trad. fr., sous le titre *Ma Vie*, Gallimard, Paris, 1973.

40. *Essais sur le bouddhisme Zen,* I, *op. cit.*

41. A. Watts, *Joyeuse Cosmologie*, trad. fr., Fayard, Paris, 1974.

42. F. Capra, *Le Tao de la physique*, trad. franç., Tchou, Paris, 1979.

43. J. Andouze, M. Cassé, J.-Cl. Carrière, *Conversations sur l'invisible*, Belfond, Paris, 1988. Ouvrage où les auteurs font de suggestifs rapprochements entre les données de l'astrophysique et les philosophies extrême-orientales.

44. C. Javary, *Le Yi Jing*, édit. du Cerf, Paris, 1989, p. 101-102.

45. K.R. Popper, *The Logic of Scientific Discovery*, Londres, 1960.

46. C. Javary, *op. cit.*, p. 101.

47. Bossuet, *Politique*, t. V, chap. III, p. 41.

48. *Dictionnaire philosophique*, article « Athéisme ».

49. Chap. XII « Croyance au hasard et superstition ».

50. *Essai sur les fondements de nos connaissances et sur les caractères de la critique philosophique* (1851).

51. *Le Dhammapada*, trad. franç. Les Deux Océans, Paris, 1989.

52. *Majjhima Nikâya*, « *Les Moyens Discours du Bouddha* », trad. franç. Les Deux Océans, Paris, 1987.

53. Niels Bohr, *Atomic Physics and the Description of Nature*, p. 57.

54. Un premier état de ce texte a été publié dans « Figures de la Fortune », numéro spécial, consacré au Hasard, par *Traverses* (n° 23), revue du Centre de création industrielle du Centre Georges-Pompidou, en novembre 1981.

55. George Steiner, *Martin Heidegger*, trad. fr., Flammarion, Paris, 1987.

56. Cette croyance au progrès, devenu dogme, et même tabou, a conduit à considérer comme « primitives » des peuplades contemporaines qui mènent une vie différente de la nôtre ; elle est à l'origine de la distorsion qu'a longtemps présentée la paléontologie humaine, distorsion si évidente, au vu des innombrables découvertes faites depuis quelques décennies, qu'elle est unanimement dénoncée par les paléontologistes actuels.

57. Dont Heidegger montre que l'*ergo* du *Cogito ergo sum*

contient tout un programme de souveraineté volontaire. En tant qu'il connaît et utilise, l'ego est un « prédateur ».

58. Voir M. Fromaget, *Corps, Âme, Esprit, Introduction à l'anthropologie ternaire*, Albin Michel, Paris, 1991.

59. Ph. Ariès, *L'Homme devant la mort*, Seuil, Paris, 1977.

60. Ainsi, comme le note O. Clément, dans *La Révolte contre l'Esprit*, Stock, Paris, 1979, Thomas d'Aquin ne voit-il plus dans la « déification » une réalité concrète, mais simplement une image. Voir J. Brosse, *Histoire de la chrétienté d'Orient et d'Occident,* Albin Michel, Paris, 1995.

61. Entretien avec Marc de Smedt, cité par celui-ci dans *Le Rire du Tigre*, Albin Michel, Paris, 1985.

62. Héraclite, fragments 2 et 115.

63. J. Daniélou, dans *Nouvelle Histoire de l'Église*, Seuil, Paris, t. I, 1963, p. 142-144.

64. *Idem.*

65. Textes cités par M. Fromaget, *op. cit.*, p. 167-168.

66. G. Steiner, *op. cit.*, p. 45.

67. Heidegger remarque que *phusis* vient de *phuô*, qu'il traduit par « émerger, en venir à se tenir par soi », et que le radical *phu-(bheu)* se rapproche de *pha-(bha)* comme dans le verbe *phainô*, « faire briller », qui a donné « phénomène ». Pour lui, *phainesthai* signifie : « ce qui s'avance et se pose dans la lumière », « ce qui se déclare en tant que phénomène ».

68. On pourrait faire de très instructifs rapprochements entre l'enseignement Zen et ce qui nous reste des écrits des présocratiques dont les fragments prennent souvent la forme de *kôan*, en particulier chez Héraclite.

69. Formule que l'un des meilleurs commentateurs de Heidegger, Georges Steiner, qualifie d'orphique, et qui l'est en effet, car le philosophe entend remonter jusqu'au temps où un tel accord était non seulement possible, mais naturel. Le langage dont il est ici question est bien évidemment le *Logos*.

70. Gershom G. Scholem, *La Kabbale et sa symbolique*, trad. fr., Payot, Paris, 1989.

71. Robert Weil, « Les origines de la Kabbale », in *Encyclopédie des mystiques*, R. Laffont, Paris, 1972. — Voir également

Z'ev ben Shimon Halevi, *L'Arbre de vie. Introduction à la Cabale*, Albin Michel, Paris, 1985.

72. Démarche comparable, en somme, à celle de Heidegger dans un autre champ, mais voisin. Voir Père Serge Boulgakov, *Du Verbe incarné*, édit. L'Âge d'Homme, Lausanne, 1982.

73. M. Heidegger, *De l'essence de la vérité* (*Vom Wesen der Wahrheit*), 1943, trad. fr. dans *Questions I*, Gallimard, Paris, 1968.

74. Le même auteur (article « Sciences humaines » de l'*Encyclopedia universalis*), G. Gusdorf, remarque, sarcastique : « Les sciences humaines sont aujourd'hui un objet de consommation » et gravement ajoute : « Le déchaînement incontrôlé de rationalités partielles et contradictoires a fait des sciences humaines la forme moderne de l'inhumanité. Les sciences de l'homme brouillent le visage de l'homme, elles semblent si bien l'avoir perdu de vue que la plupart des spécialistes seraient incapables de définir leur propre discipline et d'en marquer la portée et les limites. Le domaine des sciences humaines semble se réduire à un amas inextricable de techniques pour la manipulation des individus. »

75. Hachette, 1973, Marabout, 1979.

76. *La Philosophie comme science rigoureuse*, trad. fr., PUF, Paris, 1955.

77. Traduction française sous le titre *Idées directrices pour une phénoménologie*, Gallimard, Paris, 1952.

78. Alors que le langage de ses disciples et successeurs n'est souvent que verbiage, abstrait, infondé, autosatisfait. Au « verbiage (*Gerede*) d'une apparente technicité », Heidegger opposait la « nudité absolue de l'expression » qui sera le langage de la nouvelle philosophie. R. Munier, *Stèle pour Heidegger*, Arfuyen, Paris, 1992.

79. *Approche de Hölderlin*, trad. fr., Gallimard, Paris, 1962, et « Hölderlin et l'essence de la poésie », dans *Qu'est-ce que la métaphysique*, trad. fr., Gallimard, Paris, 1938.

80. Heidegger lui-même reconnaît qu'il n'en pouvait aller autrement avec des esprits formés à l'école du positivisme occidental.

81. Ainsi faisaient, et pour les mêmes raisons, Maître Eckhart comme Jacob Boehme. Le bouddhisme, quant à lui, refuse de parler de Dieu.

82. Voir « Heidegger et les mystiques », entretien de Stanislas Fumet avec un moine catholique, ainsi que « La pensée du Néant dans l'œuvre de Heidegger » de Jean Beaufret, dans le numéro spécial de *La Table Ronde* (mars 1963) : *La Civilisation du Néant.*

83. *Tractatus logico-philosophicus*, trad. fr., Gallimard, Paris, 1961 (6.41, 6.522, 6.44).

84. Et même au *mysterium magnum revelans seipsum* (le « grand mystère qui se révèle de lui-même ») de Jacob Boehme.

85. K.O. Apel, *Wittgenstein und Heidegger*, 1965 et 1969, cité par G. Steiner, *op. cit.*, p. 193.

86. Heidegger n'a pas connu le Zen seulement à travers Suzuki, mais grâce à son voisin en Forêt-Noire, K. Graf Dürckheim.

87. Une telle convergence apparaît cependant de manière très nette, si l'on compare, par exemple, la conception du temps dans *Sein und Zeit* avec le point de vue exprimé au XIIIe siècle par Dôgen dans la section Uji (Être-Temps) du *Shobogenzo*, où il écrit : « Le temps est l'Être et réciproquement », ou « chaque chose est un temps ». (Voir Yuhô Yokoi, *Zen Master Dôgen*, Weatherhill, New York-Tokyo, 1976, p. 40 ; et *Polir la lune et labourer les nuages,* Albin Michel, Paris, 1998, p. 151-163).

88. Gallimard, Paris, 1962.

89. Heidegger remarque l'étymologie commune d'ex-istence et d'ex-tase.

90. Ce que, remarque amèrement le penseur allemand, son plus célèbre disciple français, Jean-Paul Sartre, n'a jamais compris.

91. Trad. fr., nouvelle édition, Aubier, Paris, 1983.

92. Cette civilisation, dont les archéologues ont exhumé les imposantes ruines des cités au N.-O. de l'Inde, fut détruite vers – 1500, probablement par l'invasion des Aryens.

93. *Samyutta Nikaya*, trad. angl., Londres, 1950-1956.

94. *Majjhimanikâya*. Il en va de même, et pour les mêmes

raisons, de la pratique du *dhyâna* (tch'an-Zen), la méditation, qui doit être perpétuellement ranimée.

95. Lama Denis Teundroup, *Dialogue avec un lama occidental, op. cit.*, p. 180-181.

96. Sur ce sujet, on pourra consulter : J.-Y. Leloup, *Écrits sur l'hésychasme, une tradition contemplative oubliée*, Albin Michel, Paris, 1990. — Festugière, *Les Moines d'Orient*, édit. du Cerf, Paris, 1963. — I. Hausherr, *Solitude et vie contemplative d'après l'hésychasme*, édit. Bellefontaine, 1962.

97. Traduit par J.-Y. Leloup, *op. cit.*

98. O. Clément, *La Prière du cœur*, édit. Bellefontaine, 1977.

99. J.-Y. Leloup, *op. cit.*, p. 192.

100. *Petite Philocalie de la prière du cœur*, trad. et présentée par Jean Gouillard, Seuil, Paris, 1968.

101. L'orthodoxie traditionnelle, même tardive, distingue encore soigneusement l'âme de l'esprit.

102. Grégoire Palamas, qui mourut archevêque de Thessalonique après avoir été moine au mont Athos (1296-1359), fut le défenseur et le grand théoricien de l'hésychasme au XIVe siècle. V. Meyendorff, *Saint Grégoire Palamas et la mystique orthodoxe*, Seuil, Paris, 1959.

103. J.-Y. Leloup, *op. cit.*, p. 194.

104. Théophane le Reclus, *L'Art de la prière*, édit. Bellefontaine, 1976, p. 262 et ss.

105. Macaire d'Égypte (301-392), disciple de saint Antoine et fondateur du célèbre monastère de Scété. V. J.-Cl. Guy, *Paroles des anciens, Apophtegmes des Pères du désert*, Seuil, Paris, 1976.

106. Saint Nil de la Sora (1433-1508), l'un des premiers grands *starets* russes, auteur d'une *Règle* destinée à ses moines.

107. Coïncidence qui peut sans doute s'expliquer par les nécessités communes à toute vie spirituelle, mais n'exclut pas l'éventualité d'une influence indienne, plus précisément celle des enseignements de missionnaires bouddhistes dont la présence est considérée comme probable à Alexandrie, dans les tout premiers siècles de l'ère chrétienne.

108. V. Lossky, *Essai sur la théologie mystique de l'Église d'Orient*, Aubier, Paris, 1944.
109. L'Avoir, opposé à l'Être.
110. Dans la *Vie de Moïse*, édit. du Cerf, Paris, 1943.
111. *De la Trinité*, II, n° 6.
112. J. Ancelet-Hustache, *Maître Eckhart*, Seuil, Paris, 1971.
113. A. Koyré, *La Philosophie de Jacob Boehme*, 3e édit., Vrin, Paris, 1979.
114. N. Berdiaeff, « Études sur Jacob Böhme », en introduction au *Mysterium magnum*, 2 vol., Aubier, Paris, 1945.
115. *Le Pèlerin chérubinique*, trad. fr. Aubier, Paris, 1946, I, 111.
116. Plotin, *Ennéades* VI, v. 12,20. Plotin (v. 203-270) connaissait la philosophie indienne qu'il étudia sans doute à Alexandrie.
117. Cf. le « laisser être l'Être » (*Sein-lassen*) de Heidegger.
118. Serge Boulgakov, *Le Verbe incarné. L'Agneau de Dieu*, trad. fr. L'Âge d'homme, Lausanne, 1982.
119. En termes freudiens, le Ça.
120. Comme l'a écrit un adolescent inspiré, Arthur Rimbaud.
121. Ce qu'a tenté d'exprimer, mais de manière quelque peu emphatique et non sans maladresse K.G. Dürckheim dans *La Voie de la transcendance*, trad. fr., Édit. du Rocher, Paris, 1991.
122. J.-Cl. Guy, *Paroles des Anciens, Apophtegmes des Pères du désert, op. cit.*
123. Cité par L.C. Beckett, dans « À partir du rien. Considérations sur la Vacuité et la Physique contemporaine », n° 6 de la revue *Hermès* (1969), *Le Vide. Expérience spirituelle en Occident et en Orient.*
124. Confirmation imprévue de la similitude entre le microcosme et le macrocosme, soutenue par l'ésotérisme, raillée il n'y a pas si longtemps par les milieux scientifiques, mais ici magnifiée.
125. Dans le Zen, cette délivrance soudaine s'accompagne souvent d'un éclat de rire.
126. Qui paraphrase la dernière exhortation du Bouddha, intitulé « L'Indélivré », publié dans *Hermès, op. cit.*

127. Gallimard, Paris, 1961.

128. Dans *Henri Michaux ou la sagesse du Vide* (Albin Michel, Paris, 1992). F. Trotet a excellemment retracé son parcours et indiqué les leçons qu'on pouvait en tirer.

129. Publié dans le même numéro d'*Hermès*.

130. Texte extrait de sa grande étude sur *Nietzsche*, 2 vol., 1961.

131. Hermès, *op. cit.*, p. 332.

TABLE

III. Le Zen et l'Occident

« *Spiritualités vivantes* »
Collection fondée par Jean Herbert

au format de poche

DERNIERS TITRES PARUS

140. *Le Yoga et saint Jean de la Croix*, de Swâmi SIDDHESWARANANDA.
141. *Traces de lumières, paroles initiatiques soufies*, de F. SKALI.
142. *Aux sources de la joie*, de MÂ ANANDA MOYÎ, traduction et préface de Jean HERBERT.
143. *Temps et prières*, de AL-GHAZÂLÎ.
144. *L'Enfant de pierre et autres contes bouddhistes*, de THICH NHAT HANH.
145. *Le Livre du dedans*, de RÛMI.
146. *Trois mystiques grecs, Orphée, Pythagore, Empédocle*, de S. JACQUEMARD.
147. *Le Miroir des âmes simples et anéanties*, de M. PORETE.
148. *Présence de Râm*, de SWÂMÎ RAMDAS, trad. de J. HERBERT.
149. *Traité du Vide parfait*, de LIE TSEU, trad. de J.-J. LAFITTE.
150. *Les Illuminations de La Mecque*, d'IBN ARABÎ, trad. sous la direction de M. CHODKIEWICZ.
151. *Le Silence foudroyant*, de THICH NHAT HANH, trad. de Z. BIANU.
152. *Comme un éclair déchire la nuit*, du DALAÏ-LAMA.
153. *Jung et la question du sacré*, d'Y. TARDAN-MASQUELIER.
154. *La Religion des Chinois*, de M. GRANET.
155. *La Saveur du Zen. Poèmes et sermons d'Ikkyû et de ses disciples*, traduits et présentés par M. et M. SHIBATA.
156. *L'Étincelle de l'âme, Sermons de I à XXX*, de Maître ECKHART, traduits et présentés par G. JARCZYK et P.-J. LABARRIÈRE.
157. *Poèmes mystiques*, de HALLAJ.
158. *Sagesses de la mort*, de Z. BIANU.
159. *Polir la lune et labourer les nuages*, de Maître DÔGEN, anthologie présentée par J. BROSSE.
160. *L'Éveil subit de Houei-hai et Dialogues du Tch'an*, de M. et M. SHIBATA.
161. *L'Imitation de Jésus-Christ*, trad. par P. CORNEILLE.
162. *Dieu au-delà de Dieu*, de Maître Eckhart, trad. et prés. par G. JARCZYK et P.-J. LABARRIÈRE.
163. *Zen et Occident*, de J. BROSSE.

EXTRAITS DU CATALOGUE

Spiritualités vivantes / poche

Essais sur le Bouddhisme Zen, première série, Daisetz Teitaro Suzuki (n° 9).
Id., deuxième série (n° 10).
Id., troisième série (n° 11).
La Pratique du Zen, Taisen Deshimaru (n° 25).
Zen et arts martiaux, Taisen Deshimaru (n° 38).
Satori. Dix ans d'expérience avec un Maître Zen, Jacques Brosse (n° 41).
Questions à un Maître Zen, Taisen Deshimaru (n° 44).
Zen et vie quotidienne, Taisen Deshimaru (n° 47).
Le Trésor du Zen, Maître Dôgen, traduit et commenté par Taisen Deshimaru (n° 54).
Le Bol et le Bâton, cent vingt contes Zen racontés par Taisen Deshimaru (n° 59).
Mystères de la sagesse immobile, Maître Takuan, traduits et présentés par Maryse et Masumi Shibata (n° 64).
L'Autre Rive, textes fondamentaux commentés par Taisen Deshimaru (n° 67).
Nuages fous, Ikkyû, traduit et commenté par Maryse et Masumi Shibata (n° 90).
Le Chant de l'immédiat Satori, de Yoka Daishi, traduit et commenté par Taisen Deshimaru (n° 99).
Sermons sur le Zen. Réflexions sur la Terre pure, traduits et présentés par Maryse et Masumi Shibata (n° 108).
L'Anneau de la voie, Taisen Deshimaru (n° 110).
Zen et samouraï, Suzuki Shôsan, traduit et présenté par Maryse et Masumi Shibata (n° 119).
Moine Zen en Occident, Roland Rech (n° 123).
L'Enfant de pierre et autres contes bouddhistes, Thich Nhat Hanh (n° 144).
La Saveur du Zen, poèmes et sermons d'Ikkyû et de ses disciples, traduits et présentés par M. et M. Shibata (n° 155).
L'Éveil subit de Houei-hai, suivi de *Dialogues du Tch'an,* trad. et prés. par M. et M. Shibata (n° 160).

Espaces libres

Zen et self-control, Dr Ikemi et Taisen Deshimaru (n° 11).
Le Zen et la Bible, Kalichi Kadowaki (n° 27).
Le Zen en chair et en os, Paul Reps (n° 41).
Méditation zen et prière chrétienne, Enomiya Lassale s.j. (n° 47).
Les Chemins du Zen, Daisetz Teitaro Suzuki (n° 57).

La Bibliothèque spirituelle

Mystique et Zen suivi du *Journal d'Asie*, Thomas Merton.

Spiritualités vivantes / grand format

L'Expérience du Zen, Thomas Hoover.
Le Rire du Tigre. Voyage avec un Maître Zen, Marc de Smedt.

Hors collection

Zen (album illustré), Michel Bovay, Laurent Kaltenbach et Evelyn de Smedt.
Rien qu'un sac de peau, Tanahashi Kazuaki.
Le Zen et l'art de Hakuin, Tanahashi Kazuaki.
Paroles Zen, Marc de Smedt.

*La composition de cet ouvrage
a été réalisée par l'**Imprimerie Bussière,**
l'impression et le brochage ont été effectués
sur presse Cameron
dans les ateliers de **Bussière Camedan Imprimeries**
à Saint-Amand-Montrond (Cher),
pour le compte des Éditions Albin Michel.*

*Achevé d'imprimer en janvier 1999.
N° d'édition : 17945. N° d'impression : 2492-985239/1.
Dépôt légal : février 1999.*